RUPERT SCHOLZ · RAINER PITSCHAS

Gemeindewirtschaft zwischen Verwaltungs- und Unternehmensstruktur

Schriften zum Öffentlichen Recht

Band 416

Gemeindewirtschaft zwischen Verwaltungs- und Unternehmensstruktur

Rechts- und Organisationsfragen zur modernen Wirtschaftsführung von gemeindlichen Eigenbetrieben

Von

Prof. Dr. Rupert Scholz
Rainer Pitschas

DUNCKER & HUMBLOT / BERLIN

Gedruckt 1982 bei Buchdruckerei A. Sayffaerth - E. L. Krohn, Berlin 61
Printed in Germany

ISBN 3 428 05146 7

Vorwort

Vitaler Kern aller gemeindlichen Selbstverwaltung ist und war seit jeher die Gemeindewirtschaft und innerhalb dieser die breite Palette der gemeindlichen Verkehrs- und Versorgungsbetriebe. Ebenso altbekannt sind jedoch die vielfältigen organisatorischen Probleme, die eine ebenso wirtschaftlich wie verwaltungsrechtlich adäquate Struktur der gemeindlichen Wirtschaftsunternehmen aufgibt. Von zentraler Bedeutung ist seit der Vorkriegszeit die Figur des gemeindlichen Eigenbetriebes — eine Unternehmensorganisation, die ganz auf die kommunalen Organisationsbedürfnisse zugeschnitten war und die auch heute noch in vielfältiger Hinsicht von vorbildlichem Charakter ist. Dennoch haben sich verschiedene neue Strukturfragen ergeben. Der alte Konflikt zwischen dem gemeindlichen Wirtschaftsunternehmen als essentiellem Bestandteil der demokratisch legitimierten Gemeindeverwaltung einerseits und dem gemeindlichen Wirtschaftsunternehmen als funktionalem Teil und Partner einer gesamtwirtschaftlichen Ordnung andererseits, die immer stärker zu großräumigen und integrierten Verbundstrukturen tendiert, ist längst wieder aufgebrochen. Hinter diesem Konflikt steht die permanente Aufgabe der Versöhnung von gemeindlich-demokratischer Verwaltungslegitimation einerseits und effektiver sowie konkurrenzfähiger Gemeindewirtschaft andererseits.

Im Lichte dieser grundsätzlichen Problemstellung stellen sich heute vor allem Fragen, in welcher Form die Begriffsfigur des Eigenbetriebes den organisatorischen Erfordernissen einer modernen und effektiven Gemeindewirtschaftsführung angepaßt werden kann. Dieser Problematik dient die vorliegende Studie. Sie ist aus einem Rechtsgutachten hervorgegangen, das die Verfasser der Stadt München im Frühjahr 1981 zur Neuorganisation der Münchner Stadtwerke erstattet haben. Rechtsgrundlage der Untersuchung ist die in Bayern fortgeltende Eigenbetriebsverordnung von 1938 sowie das Gemeindewirtschaftsrecht der BayGO. Da das Gemeindewirtschaftsrecht jedoch nach wie vor über im wesentlichen einheitliche Grundstrukturen im gesamten Bundesgebiet verfügt und da die Eigenbetriebsverordnung von 1938

Fundament wie Ausgangspunkt aller landesrechtlichen Eigenbetriebsgesetzgebungen ist, beschränken sich Bedeutung und Aussagen der nachstehenden Untersuchung nicht auf das bayerische Kommunalrecht; die zu ihm getroffenen Feststellungen sind vielmehr von exemplarischem und allgemeinem Aussagegehalt.

Rupert Scholz Rainer Pitschas

Inhaltsverzeichnis

A. Die Organisation der Gemeindewirtschaft als unternehmenspolitisches Problem

I. Gemeindewirtschaft durch Eigenbetriebe

1. Die öffentliche Hand als Unternehmer

Die unternehmerische Tätigkeit der öffentlichen Hand im Wirtschaftsverkehr rechtlich einzuordnen, bereitet noch immer mehr als nur terminologische Schwierigkeiten. Die von *Rüfner*[1] vorgenommene und an sich zutreffende Einbeziehung der wirtschaftenden Anstalten, Körperschaften und Stiftungen des öffentlichen Rechts einerseits sowie der ganz oder überwiegend unmittelbar oder mittelbar im Eigentum von juristischen Personen des öffentlichen Rechts stehenden wirtschaftenden juristischen Personen des Privatrechts andererseits in einen Begriff des „öffentlichen Unternehmens" führt nur allzu leicht über die eigentliche Problematik dieser bunten Formenvielfalt wirtschaftlicher Betätigung der öffentlichen Hand hinweg. Selten genug wird beachtet, daß es weder eine rechtliche noch ökonomische Zusammenfassung dieser auf den drei Ebenen der Gemeinden, der Länder und des Bundes tätigen öffentlichen Unternehmen im Sinne einer gemeinsamen Wirtschaftspolitik oder auch nur „öffentlichen Wirtschaft" gibt. Vor allem die gesetzlichen Grundlagen bieten ein überaus vielgestaltiges und verwirrendes Bild. Sie lassen erst so recht die Vielschichtigkeit der öffentlichen Wirtschaft erkennen, der es an der einheitsstiftenden Rechtsform einer wirtschaftenden juristischen Person des öffentlichen Rechts ermangelt. Einheitlich bzw. gleichförmig ist nur der wirtschaftliche Grundsachverhalt, der ohne Rücksicht darauf, ob die unternehmerische Tätigkeit der öffentlichen Hand in öffentlich-rechtlichen oder privat-rechtlichen Organisations- und Handlungsformen ausgeübt wird, darin besteht, daß der Bund, ein Land oder eine sonstige juristische Person des öffentlichen Rechts durch eigenes Handeln Waren oder Dienstleistungen im Wirtschaftsverkehr anbietet bzw. an diesem Anerbieten in irgendeiner Form teil hat[2].

---

1 Formen öffentlicher Verwaltung im Bereich der Wirtschaft, 1976, S. 142.

2 Vgl. *Badura*, Die Erfüllung öffentlicher Aufgaben und die Unternehmenszwecke bei der wirtschaftlichen Betätigung der öffentlichen Hand, FS *Schlochauer*, 1981, S. 3 ff., 4; rechtsvergleichend zu Begriff und Handlungs-

In dem Umstand, daß der Rechtsbegriff des öffentlichen Unternehmens an diesen wirtschaftlichen Grundtatbestand anknüpft, liegt auch das Dilemma begründet, in dem die wirtschaftliche Tätigkeit der öffentlichen Hand trotz ihrer Formenvielfalt steht. Bei aller ihrer Vielschichtigkeit begegnet nämlich die öffentliche Wirtschaft gewissen zusätzlichen, durch die jeweils gewählte Unternehmensform noch vermehrten Schwierigkeiten in der Erreichung wirtschaftlicher Planziele. Ihre unternehmerische Beweglichkeit leidet darunter, daß sie auch dort, wo sie ihre Leistungen marktwirtschaftlich anbietet, nicht zugleich in den privatwirtschaftlichen Sektor übertritt. Vielmehr unterliegt öffentliches Wirtschaften auch dann der Maßgabe, öffentlichen Interessen dienen zu müssen[3]. Auch die nur scheinbar rein erwerbswirtschaftliche Betätigung öffentlicher Unternehmenseinheiten bleibt somit dem öffentlichen Auftrag der Verwaltung verbunden. Hiermit aber kollidiert prinzipiell die unternehmerisch-wirtschaftliche Führungsaufgabe: Der Markt, auf welchem öffentliche und private Unternehmen tätig sind, erzwingt in immer stärkerem Ausmaß ein „ungestört" unternehmerisches Verhalten aller Wirtschaftseinheiten[4].

Die demgegenüber für öffentliche Wirtschafter zu beachtenden möglichen und zulässigen öffentlichen Zwecksetzungen sind allerdings außerordentlich vielfältig und dabei von unterschiedlichem Gewicht[5]. Diese Verschiedenartigkeit verbietet es ebenso wie die gegebene „gleitende Skala" von Unternehmensformen[6], sich auf allgemeine Grundsätze für die Wirtschaftstätigkeit der öffentlichen Hand zurückzuziehen, wenn es um die Frage geht, ob für die Effektuierung der wirtschaftlichen Betätigung von Verfassung oder Gesetzes wegen besondere Bindungen oder Maßgaben bestehen.

2. *Die wirtschaftliche Betätigung der Gemeinden*

Derart speziellen Maßgaben unterliegt jedenfalls und in der Nachfolge der §§ 67 ff. DGO[7] der Betrieb von Wirtschaftsunternehmen durch die Gemeinden. Entscheidend ist auch hier und zunächst die prinzipielle

rahmen des öffentlichen Unternehmens in Frankreich siehe den Bericht von *Jarass*, AöR 106 (1981), 403 ff., 405 ff.

[3] So z. B. *H. Geiger*, Öffentliche Unternehmen als Grundlage privatwirtschaftlicher Betätigung, in: *P. Eichhorn* (Hrsg.), Auftrag und Führung öffentlicher Unternehmen, 1977 S. 21; *Rittner*, Wirtschaftsrecht, 1979, S. 177; *Stober*, ZHR 145 (1981), 565 ff.

[4] Vgl. *R. Schmidt*, Öffentliche Unternehmen als Instrumente planender Verwaltung — rechtsvergleichende und europarechtliche Aspekte, in: *J. H. Kaiser* (Hrsg.), Planung III, 1968, S. 291 ff., 297.

[5] Vgl. *Mertens / Kirchner / Schanze*, Wirtschaftsrecht, 1978, S. 91 f.

[6] Zu dieser siehe *R. Schmidt* (Fn. 4), S. 299.

[7] Deutsche Gemeindeordnung (DGO) vom 30. Januar 1935 (RGBl. I S. 49).

Bindung an einen „öffentlichen Zweck“: Zu den gemeinderechtlichen Voraussetzungen kommunaler Wirtschaftstätigkeit, mit denen die Errichtung, Übernahme oder Erweiterung „wirtschaftlicher Unternehmen“ eingeschränkt wird, gehört z. B. nach Art. 89 Abs. 1 Nr. 1 der Gemeindeordnung für den Freistaat Bayern (GO)[8], daß der öffentliche Zweck das Unternehmen erfordert.

Darüber hinaus unterliegt die wirtschaftliche Betätigung der Gemeinden nach bayerischem Gemeinderecht[9] noch besonderen (kumulativen) Bindungen. Das Unternehmen muß nach Art und Umfang in einem angemessenen Verhältnis zu der Leistungsfähigkeit der Gemeinde und zum voraussichtlichen Bedarf stehen, d. h. eine Gemeinde darf sich nicht mit einem Unternehmen belasten, das ihre wirtschaftliche Leistungsfähigkeit übersteigt. Der in der Gemeinde auftretende Bedarf muß im übrigen und gerade ein Unternehmen dieser Art erfordern (Art. 89 Abs. 1 Nr. 2 GO).

Schließlich darf der Zweck nicht ebenso gut und wirtschaftlich durch einen anderen erfüllt werden bzw. erfüllt werden können (Art. 89 Abs. 1 Nr. 3 GO)[10]. Die Gemeinde hat demgemäß darzulegen, daß sie gegenüber anderen Unternehmen besser und wirtschaftlicher tätig sein wird.

Insgesamt bleibt damit die wirtschaftliche Betätigung der Gemeinden wegen dieser Bindungen im wesentlichen auf die *Leistungsverwaltung* verwiesen[11]. Anderes gilt für die Beteiligung an öffentlichen Sparkassen und Zweckverbänden. Hier existieren besondere Vorschriften[12].

3. Daseinsvorsorge als wirtschaftlicher Betätigungszweck gemeindlicher Eigenbetriebe

Gegenstand leistungsverwaltungsrechtlicher Zweckerfüllung durch gemeindliche Wirtschaftstätigkeit ist vornehmlich die kommunale Da-

---

[8] Gemeindeordnung für den Freistaat Bayern (GO) i. d. F. der Bekanntmachung vom 31. Mai 1978 (GVBl. S. 353); allgemein zum „öffentlichen Zweck“ kommunaler wirtschaftlicher Unternehmen vgl. *Hidien*, Gemeindliche Betätigungen rein erwerbswirtschaftlicher Art und „öffentlicher Zweck“ kommunaler wirtschaftlicher Unternehmen, 1981, S. 24 ff., 51 ff., 121 ff., 138 ff.

[9] Vgl. aber auch und z. B. § 88 Gemeindeordnung für Nordrhein-Westfalen i. d. F. vom 19. Dezember 1974 (GVBl. 1975 S. 91), § 2 Abs. 1 S. 3 Gemeindeordnung für Schleswig-Holstein i. d. F. vom 11. November 1977 (GVBl. S. 410).

[10] Diese Bestimmung geht damit über § 67 Abs. 1 Nr. 3 DGO hinaus, der nur verlangte, daß ein Unternehmen *nicht besser* oder *wirtschaftlicher* durch einen anderen erfüllt würde; vgl. auch *Hidien* (Fn. 8), S. 31 ff.

[11] Vgl. *Badura* (Fn. 2), S. 10; *Köttgen*, Gemeindliche Daseinsvorsorge und gewerbliche Unternehmerinitiative, 1961, S. 59 f.

[12] Siehe Art. 89 Abs. 3, 91 Abs. 3 GO und dazu *Knemeyer*, Bayerisches Kommunalrecht, 3. Aufl. 1980, S. 174.

seinsvorsorge. Hierzu rechnen „alle Leistungen der Verwaltung an die Staatsgenossen“, wobei sich die Vorsorge der öffentlichen Verwaltung nicht auf die elementaren Bedürfnisse der Bürger zu beschränken braucht[13]. Umgekehrt gilt aber auch: Alle öffentliche Daseinsvorsorge in diesem Sinne ist öffentliche Verwaltung, gleichgültig in welchen Formen sie auftritt[14]. Mit dem daseinsvorsorgerischen Handlungszweck kann es in diesem Rahmen durchaus vereinbar sein, daß die unternehmerische Handlungsweise einer Kommune marktwirtschaftlichen Gegebenheiten folgt und sich den privatwirtschaftlichen Konkurrenten anpaßt. Gemeindliche Daseinsvorsorge im sozialen, wirtschaftlichen und kulturellen Bereich ist also nicht davon abhängig, daß ihr Träger eine öffentlich-rechtliche Organisationsform aufweist und daß die Leistungsbeziehungen zu Dritten öffentlich-rechtlich ausgestaltet sind.

Die wirtschaftliche Betätigung der Gemeinden darf sich allerdings durch die eröffnete Möglichkeit des Rechtsformenwechsels nicht zugleich von den ihr prinzipiell auferlegten und schon beschriebenen öffentlich-rechtlichen Bindungen freizeichnen. Auch für den (weiten) Bereich der Daseinsvorsorge gewährleisten diese, daß sich die Kommunen auf ihre eigentlichen Aufgaben konzentrieren und privatwirtschaftliche Betriebe durch kommunale Wirtschaftsunternehmen nicht geschädigt werden[15].

Eine *Sonderstellung* nehmen freilich in dieser Hinsicht die *gemeindlichen Versorgungs- und Verkehrsbetriebe* — die Gemeinde- bzw. Stadtwerke — ein. Sie gehören zwar zu den wirtschaftlichen Unternehmen der Gemeinde — insofern verwendet das geltende Kommunalrecht im Anschluß an die DGO den Unternehmensbegriff synonym mit dem Betriebsbegriff —, doch unterliegt ihre Führung insoweit gelokkerten Grenzziehungen. Wie nämlich der Bayerische Verfassungsgerichtshof hierzu in seiner grundlegenden Entscheidung vom 23. Dezember 1957 festgestellt hat[16], ist ihnen nur die Stellung wirtschaftlicher Unternehmen im weiteren Sinne zugewiesen[17]. Die eben dargestellten engen Voraussetzungen des Art. 89 Abs. 1 und 2 GO für die wirtschaftliche Betätigung der Gemeinden gelten deshalb nicht für die-

[13] *Forsthoff*, Lehrbuch des Verwaltungsrechts Bd. I, 10. Aufl. 1973, S. 370; *Gröttrup*, Die kommunale Leistungsverwaltung, 1976, S. 58 ff., 68 ff.; *Krieger*, Schranken der Zulässigkeit der Privatisierung öffentlicher Einrichtungen der Daseinsvorsorge mit Anschluß- und Benutzungszwang, 1981, S. 7 ff.

[14] *Forsthoff* (Fn. 13), S. 370; *Rüfner* (Fn. 1), S. 414, 421 ff.

[15] Vgl. oben A. I. 2.; siehe ferner *Knemeyer* (Fn. 12), S. 173.

[16] BayVerfGH 10, 113 (124); dazu z. B. *Kratzer*, BayVBl. 1962, 133 ff.; *Stern*, ebd., 129 ff.

[17] Als *wirtschaftliche Unternehmen im engeren Sinne* verbleiben demnach z. B. Betriebe der Urproduktion oder der Weiterverarbeitung, wie etwa landwirtschaftliche Güter, Sägewerke, Ziegeleien etc.; vgl. *Knemeyer* (Fn. 12), S. 172 f.

jenigen kommunalen Unternehmen, die der Versorgung der Bevölkerung mit Gas, Wasser, Strom und Verkehrsmitteln dienen[18].

Verantwortlich für diese Differenzierung ist die besondere Bedeutung, die den gemeindlichen Versorgungsbetrieben und örtlichen Verkehrsunternehmen zukommt. Die Versorgung mit Wasser, Gas und Elektrizität sowie die Bereitstellung von Verkehrsmitteln dienen der Befriedigung lebensnotwendiger Bedürfnisse der Bevölkerung. Überdies stehen sie in unauflöslichem Zusammenhang mit der Erfüllung anderer öffentlicher Aufgaben, zu denen etwa das öffentliche Gesundheitswesen, die Wahrung der öffentlichen Sicherheit und Ordnung oder auch eine umfassende Umweltschutz- und Energieplanung — soweit kommunalrechtlichen Zuständigkeiten zugänglich — zählen. Es ist deshalb unerläßlich, wie der Bayerische Verfassungsgerichtshof festgestellt hat, daß die Versorgungsbetriebe krisenfest sind und die andauernde bzw. ungestörte Versorgung der Bevölkerung in allen Lebenslagen gesichert ist. Ebenso müssen den Leistungsangeboten sozial gerechtfertigte Bedingungen zugrundeliegen. Die Führung der Verkehrs- und Versorgungsbetriebe ist daher eine Aufgabe, die nicht an bloßen Erwerbschancen orientiert sein darf. Die Gemeinde- bzw. Stadtwerke haben vorrangig wirtschafts- und sozialpolitische Anliegen zu erfüllen, ohne Gewinne erzielen zu müssen.

Die strengen gesetzlichen Erfordernisse für die wirtschaftliche Betätigung der Gemeinden werden also für den Versorgungs- und Verkehrssektor erheblich eingeschränkt. Damit wird allerdings nicht eine Entscheidung zugunsten der privatwirtschaftlichen Rechtsform getroffen. Im Gegenteil: Gemäß Art. 91 Abs. 1 Nr. 2 GO darf eine Gemeinde wirtschaftliche Unternehmen *in einer Rechtsform des Privatrechts* nur noch gründen bzw. sich an solchen Unternehmen nur beteiligen, wenn der öffentliche Zweck nicht ebenso gut durch einen *Eigenbetrieb* der Gemeinde erfüllt wird oder erfüllt werden kann. Die kommunale Daseinsvorsorge durch Stadtwerke ist damit vorrangig der *eigenbetrieblichen Wirtschaftsführung* überantwortet.

II. Eigenbetriebliche Entwicklung der Gemeindewirtschaft und unternehmerische Defizienzen

1. Die unternehmenspolitische Bedeutung der daseinsvorsorgerischen Wirtschaftsbetätigung

Zu der durch den Gesetzgeber postulierten Präferenz für eine Gemeindewirtschaft durch Eigenbetriebe steht die in den letzten Jahren

[18] Kritisch z. B. *Stern* (Fn. 16), 129 ff.; *Krieger* (Fn. 13), S. 33 f.

fortlaufend ansteigende unternehmerische Bedeutung der kommunalen Versorgungs- und Verkehrsbetriebe in einem tiefgreifenden Spannungsverhältnis. Gemeinde- und Stadtwerke aller Größenordnungen sehen sich durch neue Akzente in ihrer Aufgabenstellung zur Maximierung der Versorgungs- und Verkehrsleistungen bis hin zur Deckung jeglichen Bedarfs gezwungen. Die Gewährleistung eines ausreichenden, sicheren und preiswerten Angebots an Strom, Fernwärme, Gas und Wasser sowie der Betrieb öffentlicher Verkehrsmittel und gegebenenfalls öffentlicher Bäder umfassen dabei mehr und mehr auch andere als bloß versorgungspolitische Aspekte. Im weiteren Sinne bedeutet komunale Daseinsvorsorge öffentliche Verantwortung für Angebot, Durchführung und Erfolg daseinsvorsorgerischer Wirtschaftsbetätigung; sie ist damit in breitem Umfang *sozialwirtschaftlich* ausgerichtet. Mit dem Begriff „Sozialwirtschaft" sieht sich heute der gesamte Bereich staatlicher und kommunaler Wirtschaftsbetätigungen umrissen, die öffentlichen Zielsetzungen verpflichtet sind und deren ebenso gewichtiges wie immer differenzierteres Funktionsmandat allein mit dem Begriff der „Daseinsvorsorge" nicht ausreichend erfaßt werden kann[19].

Die durch diese Entwicklung vorgegebene Erweiterung der Unternehmensziele bietet nicht nur neue unternehmerische Chancen, sondern verlangt ebenso eine Ausweitung der unternehmerischen Risiken. Erforderlich wird vor allem die (sinnvolle) Mitwirkung an einem *regionalen, gemeindeübergreifenden Leistungsangebot.* Dies gilt besonders für den öffentlichen Nahverkehr, der zu einem gebietsübergreifenden Infrastruktur-Faktor ersten Ranges geworden ist[20].

Zu den wichtigsten Akzentveränderungen in der kommunalen Aufgabenstellung zählt ferner die Sicherstellung der Versorgung der Gemeindebürger mit Energie und Wasser: Die Gewährung einer nachhaltig ausreichenden und möglichst billigen Strom-, Gas- und Fernwärmeversorgung bedingt eine aktive, über die Stadtgrenzen und über Bayern hinausgreifende Gestaltung der Energiebeschaffung, teils in Kooperation, teils im Wettbewerb mit privatwirtschaftlich organisierten Großunternehmen der Versorgungswirtschaft. In der Folge dieser Entwicklung rücken die Gemeinden zunehmend in den Vordergrund von Konzepten integrierter Energieversorgung in den Verdichtungs-

---

[19] Zu Begriff, Abgrenzung und Reichweite „sozialwirtschaftlicher" Betätigung der öffentlichen Hand vgl. namentlich *R. Scholz,* Wettbewerb zwischen Ersatzkassen und Privatversicherung, in: *ders. / Isensee,* Zur Krankenversicherung der Studenten, 1973, S. 6 ff., 12 ff.; *ders.,* FS *K. Sieg,* 1976, S. 507 ff., 516 f.; ihm folgend *Grupp,* ZHR 140 (1976), 367 ff., 372 ff.

[20] *Cholewa,* Der Städtebund 1972, 227 ff.; *K. Lange,* Möglichkeiten und Grenzen gemeindlicher Wirtschaftsförderung, 1981, S. 14 ff.; *Potthoff,* Der öffentliche Auftrag kommunaler Versorgungs- und Verkehrsunternehmen, in: *P. Eichhorn* (Fn. 3), S. 49 ff., 56 f.

gebieten bei gleichzeitigem Wachstum ihrer Betriebsgrößen und zunehmender Technisierung des Energieversorgungssystems. Die Energieversorgung bildet insofern eine typisch kooperative Aufgabe von privater und kommunaler Energiewirtschaft. Ihre vermittelnde Organisationsform ist der technologisch-planhafte Verbund in gemischtwirtschaftlichen Energieunternehmen unter Koordinierung aller involvierten Interessen[21].

Diese und andere Entwicklungstendenzen im Aufgabenfeld der kommunalwirtschaftlichen Daseinsvorsorge bewirken nicht nur ein kontinuierliches Wachstum der *Unternehmensgrößen* unter gleichzeitiger Zunahme *kooperativer Wirtschaftsorganisation* in Beteiligungsgesellschaften. Die beschriebene Ausweitung der Unternehmensziele hat auch veränderte Ansprüche an die *Organisation der Unternehmensführung* zur Folge: Deren Einheitlichkeit und Selbständigkeit wird vorausgesetzt. Die vorgegebenen Ziele können nur dann vollständig erreicht werden, wenn durch eine einheitliche Willensbildung der Unternehmensführung ein planvolles, abgestimmtes Handeln in der gesamten Unternehmung gewährleistet ist. Die Entscheidungen der Unternehmensleitung müssen stets im Gesamtzusammenhang getroffen werden, wobei der Gesamtplanung eine besondere Bedeutung zukommt.

Nicht zuletzt gehört dazu die Personalplanung. Die Unternehmensziele lassen sich nur erfüllen, wenn die Personalplanung, aber auch die Personalführung und damit letztlich die gesamte Personalpolitik integraler Bestandteil der Unternehmenspolitik und Führung ist. Um die Einheitlichkeit und Selbständigkeit und darüber hinaus auch die Flexibilität dieser Führung sicherzustellen, bedarf es schließlich einer organisatorisch klar definierten und abgegrenzten Verteilung der Aufgaben, Verantwortung und Kompetenzen[22].

2. *Organisatorische Defizienzen traditioneller Betriebsführung*

Die spezifische Zielvorgabe, öffentliche Versorgungsaufgaben zu übernehmen und die Verkehrsbedienung in einem bestimmten Gebiet sicherzustellen, dabei aber als *Wirtschaftsunternehmen* zu handeln, hat die kommunalen Stadtwerke von Anfang an in ein Spannungsfeld zwischen den Grundsatz der „Einheit der öffentlichen Verwaltung" einerseits und dem Prinzip der „Selbständigkeit der Unternehmensführung" andererseits versetzt. Die ihnen zugedachte Organisationsform des

---

[21] Siehe näher *Püttner*, Das Recht der kommunalen Energieversorgung, 1967, S. 26 ff.

[22] Vgl. zu alledem *Emmerich*, Die kommunalen Versorgungsunternehmen zwischen Wirtschaft und Verwaltung, 1970, S. 9 ff.; *Oettle*, Grundfragen öffentlicher Betriebe I, 1976, S. 9 ff., 55 ff.

„Eigenbetriebes“ als Weiterentwicklung des verwaltungsinternen Regie- und Verwaltungsbetriebes, der im Haushaltsplan der Gemeinde mit Einnahmen und Ausgaben erscheint und auch sonst kein Sonderrecht außerhalb des allgemeinen Gemeinderechts kennt, bildete daher einen naheliegenden Kompromiß: Der Eigenbetrieb soll die Einheit der Verwaltung bewahren, zugleich aber jene Sonderstellung einnehmen, die ein im Wettbewerb stehendes Wirtschaftsunternehmen benötigt[23].

Freilich werden aufgrund der skizzierten neueren Entwicklungen in den letzten Jahren an die unternehmerische Erfüllung der versorgungs- und verkehrswirtschaftlichen Aufgaben, zu der man sich bereits mit der organisatorischen Verselbständigung des Eigenbetriebes entschloß, nunmehr erheblich höhere Ansprüche gestellt. Wachsende Unternehmensgrößen, verstärkt kooperative Wirtschaftsorganisation und die Anforderungen zeitgemäßer Unternehmensführung stoßen insofern immer häufiger auf die Grenzen einer traditionellen Betriebsführung, die sich noch allzu sehr dem Grundsatz einer auch formalen Einheitlichkeit öffentlicher Verwaltung verpflichtet sieht und dadurch in der selbständigen Unternehmensführung gehemmt ist[24].

Bereits die Anzahl der regelmäßig an der herkömmlichen Betriebsführung beteiligten Ressorts und Gremien in den Gemeinden macht deutlich, daß zwischen Kommunalverwaltung und Werken eine enge Verflechtung besteht und die Werke weitgehend in die Organisation der Kommunalverwaltung integriert sind. Eine unternehmenseinheitliche Willensbildung ist bei dieser Integration durch Mitwirkung zahlreicher Gremien und Institutionen aber nur schwer praktizierbar. Die Voraussetzungen für eine selbständige Unternehmensführung sowie für ihre Flexibilität sind jedoch nicht nur wegen der Anzahl der insgesamt für die Werke zuständigen Organe, Gremien und Institutionen in Frage gestellt, sondern auch dadurch, daß eine Reihe geborener Aufgaben der *Unternehmensleitung* von außerbetrieblichen Institutionen wahrgenommen wird. Darüber hinaus sind Beratungsfunktionen und Kontrollrechte teilweise nicht klar abgegrenzt. Die Fragen der Angestelltentarife des öffentlichen Dienstes, der personalpolitischen Kompromisse in den Aufsichtsgremien, der Haushalts- oder Wirtschaftspläne sowie der sicheren Vermögensanlage sorgen zusätzlich für eine verminderte unternehmerische Beweglichkeit. Es nimmt daher für den klassischen Eigenbetriebssektor der Verkehrs- und Versorgungsbetriebe nicht wunder, daß etwas, was zunächst unmittelbare öffent-

---

[23] *Gröttrup* (Fn. 13), S. 171 f.; *Knemeyer* (Fn. 12), S. 174 f.

[24] Vgl. *Potthoff* (Fn. 20), S. 58 ff. In den privatrechtlichen Organisationsformen erblickt daher *Geisel*, Die wirtschaftlichen Gründe für die Umwandlung gemeindlicher Wirtschaftsbetriebe in die Rechtsform der Aktiengesellschaft, 1965, S. 87, 93 ff., den Vorteil einer generell wirksameren Unternehmensführung.

liche Verwaltung war und in einer weiteren Entwicklung Eigenbetrieb wurde, heute mit Macht zur Aktiengesellschaft oder GmbH strebt[25].

3. *Das Beispiel der „Stadtwerke München“*

Ein kennzeichnendes Beispiel für die voraufgehend umrissene unternehmenspolitische Problematik effizienter Organisation der wirtschaftenden kommunalen Daseinsvorsorge bildet die unlängst abgeschlossene Neuorganisation der Stadtwerke München[26]. Anlaß hierfür war die überkommene eigenbetriebliche Struktur sowie die wichtige daseinsvorsorgerische Bedeutung, die diesen Stadtwerken zukommt. Die ihnen übertragene Aufgabe, die Bevölkerung mit Strom, Gas, Wasser und Wärme zu versorgen sowie die öffentlichen Verkehrsmittel und Bäder zu betreiben, hat nämlich die Stadtwerke München in die Spitzengruppe kommunaler Unternehmen in der Bundesrepublik Deutschland geführt[27].

Im Zuge dieser Entwicklung warf vor allem ihre unternehmensmäßige Organisation Probleme von großer Tragweite auf. Dabei ging es in erster Linie um eine möglichst effiziente Unternehmensstruktur, d. h. eine Struktur, die — allgemeinen betriebswirtschaftlichen Organisationsprinzipien gemäß — vor allem ein möglichst großes Maß an kompetentieller Geschlossenheit, funktioneller Selbständigkeit und einheitlicher Eigenverantwortlichkeit der Unternehmens- bzw. Betriebsleitung fordert. Der gegebenen Struktur des Eigenbetriebes „Stadtwerke“ und ihrer Einbindung in die gegebene kommunale Organisation der Stadt München gemäß erwiesen sich vor allem die Leitungsstrukturen der Stadtwerke als reformbedürftig. Eine zu große Anzahl von Institutionen bzw. kommunalen Kompetenzträgern wirkte über unterschiedliche und sich funktionell vielfältig überschneidende Entscheidungs- und Mitwirkungsbefugnisse bis in den Bereich der laufenden Geschäfte der Werkleitung hinein. Vor allem deren Leitungskompetenz bzw. Eigenverantwortlichkeit litt hierunter in gravierender Weise. Neben der Kompetenzaufteilung bzw. -aufsplitterung bei Investitionsentscheidungen und im Vergabewesen waren es vor allem Personalangelegenheiten sowie Probleme der Kompetenzverteilung unter den an der Verwaltung des Eigenbetriebes unmittelbar beteilig-

---

25 Vgl. *R. Schmidt* (Fn. 4), S. 293; *Schnettler*, Betrieb, öffentliche Haushalte und Staat, 1965, S. 21 ff., 109.

26 Vgl. Beschluß der Vollversammlung des Stadtrates der Landeshauptstadt München vom 15. Juli 1981 betr. Organisation der Stadtwerke; siehe dazu auch die Berichterstattung in SZ vom 3. 9. 1981, S. 13; Münchner Stadtanzeiger vom 5. 6. 1981, Nr. 43, S. 1, 3.

27 Vgl. Geschäftsbericht der Stadtwerke München 1978, 1979, S. 4.

ten Organen, die zur Belastung der Unternehmens- und Leitungsstruktur wurden bzw. deren Effizienz beeinträchtigten[28].

III. Rechtsformenwechsel als Organisationsalternative

1. *Formenfreiheit und Organisationshoheit der Gemeinde*

Allerdings sind die skizzierten Problemlagen nicht allein auf die Stadtwerke München beschränkt. Die in bezug auf sie dargestellten unternehmerischen Führungsdefizienzen bilden vielmehr ein repräsentatives Beispiel für jene der eigenbetrieblichen Wirtschaftsführung innewohnende Strukturproblematik, wie sie sich vor allem für die Daseinsvorsorge in Großstädten oder großflächigen Kommunen ergibt.

Angesichts der organisatorischen Defizienzen traditioneller Betriebsführung liegt der Wechsel zur Rechtsform der *Eigengesellschaft* nahe. In der Tat sind denn auch in den letzten Jahrzehnten aus Gründen größerer Beweglichkeit und aus steuerlichen Rücksichten sehr viele Großstädte in der Bundesrepublik, aber auch mittlere und selbst kleinere Städte dazu übergegangen, die Versorgungs- und Verkehrsunternehmen in privat-rechtliche Gesellschaften umzugründen[29]. Die für die Änderung der Rechtsform dieser ursprünglich als Eigenbetrieb geführten Unternehmen verantwortlichen Kommunalpolitiker waren — aus unterschiedlichen Gründen — der Auffassung, daß sich die Verwirklichung der versorgungs- und verkehrswirtschaftlichen Aufgaben im Rahmen der gemeindlichen Selbstverwaltung durch Eigengesellschaften besser erfüllen ließe.

Verwiesen ist damit auf den Gesamtbereich *kommunaler öffentlicher Einrichtungen*, mit denen die Gemeinden und Gemeindeverbände ihrem Recht und ihrer Pflicht nachkommen, die Bedürfnisse der Daseinsvorsorge zu befriedigen. Die gemeindlichen öffentlichen Einrichtungen gehören mit dieser Maßgabe zu den Kernzuständigkeiten der gemeindlichen Selbstverwaltung, wie sie in Art. 28 Abs. 2 GG verfassungskräftig garantiert sind und wie sie für den Freistaat Bayern in Art. 83 Abs. 1 BV eine weitere Konkretisierung gefunden haben[30].

---

[28] Vgl. Beschlußvortrag (Fn. 26), S. 6 ff.

[29] *Püttner*, Besonderes Verwaltungsrecht, 1979, S. 166; WIBERA (Wirtschaftsberatung AG), Stadtwerke München: Vorstudie über die Vor- und Nachteile einer Änderung der Rechtsform, verv. Mskr., 1979, S. 13, mit Nachweis einzelner Unternehmen in Anlage 1; zu den steuerrechtlichen Fragestellungen vgl. im einzelnen die Beiträge in: *Friedrich / Kupsch* (Hrsg.), Die Besteuerung öffentlicher Unternehmen, 1981.

[30] Zu dieser Bedeutung der gemeindlichen öffentlichen Einrichtungen und der — diese mitumfassenden — gemeindlichen Wirtschaftsunternehmen vgl. z. B. BayVerfGH 10, 113 (122 f.); *Stern / Püttner*, Die Gemeindewirtschaft.

In der Organisation dieser öffentlichen Einrichtungen und ihrer Wirtschaftsunternehmen besteht grundsätzlich *kein Formenzwang*. Sie werden von den Gemeinden im Rahmen der eigenständigen und verfassungsrechtlich garantierten Organisationsgewalt errichtet bzw. im einzelnen ausgestaltet. Kommunale Organisationsgewalt, kommunale Personalhoheit, kommunale Finanzhoheit und kommunale Vermögenshoheit heißen die dem zugrundeliegenden verfassungsrechtlichen Gewährleistungen der gemeindlichen Selbstverwaltung, die sich mit den funktionellen Gewährleistungen gemeindlicher Daseinsvorsorge bzw. gemeindlicher Einrichtungen und Wirtschaftsunternehmen verbinden[31].

Für die konkrete Gestaltung einzelner öffentlicher Einrichtungen oder Wirtschaftsunternehmen gilt vor diesem Hintergrund das *Prinzip der organisatorischen Formenfreiheit*. Die Gemeinde entscheidet grundsätzlich nach ihrem eigenverantwortlichen Ermessen über die Rechts- und Organisationsformen, in die sie ein Unternehmen einkleidet bzw. mit denen sie die einzelnen unternehmensmäßigen oder betrieblichen Fallstrukturen ausstattet[32]. Das Gemeinderecht statuiert dabei zwar verschiedene Einschränkungen bzw. für die Gemeinde nicht übersteigbare Direktiven; doch sind auch diese im Lichte der verfassungsrechtlichen Selbstverwaltungsgarantie zu sehen und zu praktizieren. Letzteres Gebot gilt gerade für die gemeindlichen öffentlichen Einrichtungen und Wirtschaftsunternehmen in ganz besonderer Weise; denn diese gehören funktionell zum absolut gesicherten Wesensgehalt der kommunalen Selbstverwaltung[33].

Für das Verhältnis von Staat und Gemeinden bedeutet dies, daß der Staat namentlich im Rahmen seiner Aufsichtsbefugnisse auf die grund-

---

Recht und Realität, 1965, S. 160 ff.; *Stern / Burmeister*, Die kommunalen Sparkassen, 1972, S. 58 ff., 64 ff.; *R. Scholz*, Das Wesen und die Entwicklung der gemeindlichen öffentlichen Einrichtungen, 1967, S. 89 ff.; *ders.*, Neue Entwicklungen im Gemeindewirtschaftsrecht — Strukturfragen und Verfassungskritik, DÖV 1976, 441 ff.

31 Zur verfassungsrechtlichen Garantie dieser organisatorischen und wirtschaftlichen Gemeindezuständigkeiten vgl. u. a. BVerfGE 1, 167 (175); 7, 358 (365); 8, 332 (359); 9, 268 (289); 17, 172 (182); 21, 117 (128 ff.); 23, 353 (365 ff.); 26, 228 (237 ff.); BayVerfGH 2, 143 (154); 13, 153; *Gönnenwein*, Gemeinderecht, 1963, S. 111 ff.; *Köttgen*, VVDStRL 16, 154 (170 f., 186 f.); *ders.*, Die Gemeinde und der Bundesgesetzgeber, 1957, S. 41, 49, 82 ff., 91 ff.; *Pagenkopf*, Kommunalrecht, Bd. 2: Wirtschaftsrecht, 2. Aufl. 1976, S. 157; *Stern*, Bonner Kommentar, Art. 28, Rdnr. 97, 99, 102, 147 ff., 151 ff.; *R. Scholz*, Öffentliche Einrichtungen (Fn. 30), S. 92, 93 ff.; *Schmidt / Jortzig*, Kommunale Organisationshoheit. Staatliche Organisationsgewalt und körperschaftliche Selbstverwaltung, 1979, S. 81 ff., 123 ff., 161 ff.

32 Vgl. näher hierzu *H. J. Wolff*, Rechtsformen gemeindlicher Einrichtungen, AfK 1963, S. 149 (153 ff.); *R. Scholz*, Öffentliche Einrichtungen (Fn. 30), S. 22 ff., 91 ff.; *Gönnenwein* (Fn. 31), S. 475 ff., 480 ff., 489 ff., 492 ff.

33 Vgl. u. a. *Stern* (Fn. 31), Art. 28, Rdnr. 125, 163; *Stern / Püttner* (Fn. 30), S. 98; *R. Scholz*, Gemeindewirtschaftsrecht (Fn. 30), 442 f.

sätzliche Entscheidungs- und Organisationsfreiheit der Gemeinden in besonderer Weise Rücksicht zu nehmen hat. Obwohl für den Bereich der Selbstverwaltungsaufgaben ohnehin nur die staatliche Rechtsaufsicht gilt, ist auch in deren Rahmen von staatlicher Seite stets der Grundsatz eines „gemeindefreundlichen Verhaltens“ zu beachten[34]. Staatliche Eingriffe müssen deshalb die Eigenverantwortung der Gemeinden möglichst unangetastet lassen. Etwaige Restriktionen sind am verfassungsrechtlich gebotenen Ziel der Sicherung einer lebendigen, funktionsfähigen und ihrem Verfassungsauftrag gemäßen Selbstverwaltung zu orientieren. Staatliche Eingriffe dürfen somit vor allem das gemeindliche Einrichtungs- und Wirtschaftswesen jedenfalls dort nicht übermäßig beschneiden, wo es um deren daseinsvorsorgerische Grundaufgaben geht. Hier dominieren von Verfassungs wegen für Gemeinde wie aufsichtsführenden Staat die Prinzipien daseinsvorsorgerischer Wirksamkeit, effizienter Eigenverantwortung und entsprechender Organisationsprägorative der Gemeinden auf organisatorischem, personal- und finanzpolitischem Gebiet[35].

2. Der Eigenbetrieb als rechtlich unselbständige und die Eigengesellschaft als rechtlich selbständige Formen gemeindlicher Unternehmensorganisation

Im Lichte dieser verfassungsrechtlichen Vorgaben nimmt die für die Organisation der kommunalen Stadtwerke mögliche Wahl zwischen Eigenbetrieb einerseits und Eigengesellschaft andererseits auf die beiden Hauptgruppen gemeindlicher Unternehmensformen Bezug[36]. Soweit es dabei um die Rechtsform des Eigenbetriebes geht, handelt es sich um eine spezifisch öffentlich-rechtliche Organisationsform des gemeindlichen Wirtschaftsunternehmens ohne eigene Rechtspersönlichkeit (Art. 95 Abs. 1 S. 1 GO). Der Eigenbetrieb verkörpert eine besondere vom staatlichen Gesetzgeber den Gemeinden für ihre nicht-rechtsfähigen Unternehmen als Organisationsmodell[37] zur Verfügung gestellte Rechtsform, von der die Gemeinden im Rahmen ihrer Organisationsgewalt nach grundsätzlich freiem Ermessen Gebrauch machen dürfen[38].

---

[34] Zum Grundsatz des „gemeindefreundlichen Verhaltens“ vgl. *Stern* (Fn. 31), Art. 28, Rdnr. 139; *ders.*, Staatsrecht I, 1977, S. 313.

[35] Vgl. *Berg*, Städte- und Gemeinderat 1979, 345 ff., 350 ff.; *Gröttrup* (Fn. 13), S. 100 ff., 147 ff.; *Scheuner*, Grundbegriffe der Selbstverwaltung, in: *Püttner* (Hrsg.), Handbuch der kommunalen Wissenschaft und Praxis, Bd. I, 2. Aufl. 1981, S. 7 ff.

[36] Siehe *Knemeyer* (Fn. 12), S. 173 ff.; *Püttner* (Fn. 29), S. 166 f.

[37] Vgl. z. B. *Köttgen*, VVDStRL 16, 171; *R. Scholz*, Öffentliche Einrichtungen (Fn. 30), S. 103; *ders.*, Gemeindewirtschaftsrecht (Fn. 30), 444 f.; vgl. allerdings auch *Gönnenwein* (Fn. 31), S. 475.

[38] Vgl. bereits *R. Scholz*, Öffentliche Einrichtungen (Fn. 30), S. 103 f., 180; vgl. auch *Loschelder*, Städtetag 1950, 251 ff.

Der Eigenbetrieb steht insoweit neben dem Regiebetrieb als einem ebenfalls rechtlich unselbständigen Teil der Gemeindeverwaltung. Im Gegensatz zu diesem ist der Eigenbetrieb jedoch organisatorisch weitgehend verselbständigt und finanzwirtschaftlich als gemeindliches Sondervermögen getrennt zu verwalten und nachzuweisen[39]. Dies ändert jedoch nichts daran, daß es sich beim Eigenbetrieb stets um ein Unternehmen mit wirtschaftlicher Zielsetzung handelt (Art. 94 Abs. 1, 2 GO). Im Gegensatz hierzu ist die Eigen*gesellschaft* dadurch gekennzeichnet, daß sie in privatrechtlicher Rechtsform errichtet wird und rechtsfähig ist. In Betracht kommen insoweit vor allem die Rechtsformen der Aktiengesellschaft und der GmbH[40].

3. Rechtliche Voraussetzungen für die Beteiligung an wirtschaftlichen Unternehmen des privaten Rechts

Die wirtschaftliche Betätigung der Gemeinde in einer Rechtsform des privaten Rechts unterliegt allerdings nach bayerischem Gemeinderecht, worauf bereits hingewiesen wurde[41], bestimmten Voraussetzungen. Nach Art. 91 Abs. 1 Nr. 1 GO darf eine Umgründung der Stadtwerke nur unter den Voraussetzungen des Art. 89 Abs. 1 und 2 stattfinden. Ferner darf eine Gemeinde gemäß Art. 91 Abs. 1 Nr. 2 GO nur dann auf Eigengesellschaften zurückgreifen, wenn der öffentliche Zweck nicht ebensogut durch einen *Eigenbetrieb* der Gemeinde erfüllt wird oder erfüllt werden kann. Damit ist der Umwandlung von Eigenbetrieben in Eigengesellschaften durch die Gemeinden vom Gesetzgeber ein gewisser Riegel vorgeschoben worden[42]. Die hierfür maßgeblichen Intentionen werden von der Bayerischen Staatsregierung besonders deutlich in ihrer Begründung zum Entwurf eines Gesetzes zur Neuordnung des kommunalen Haushaltsrechts hervorgehoben[43]. Die Staatsregierung betont insoweit die Notwendigkeit eines Vorrangs des Eigenbetriebes gegenüber der Eigengesellschaft und führt — unter ausdrücklichem Hinweis auf die Versorgungs- und Verkehrsbetriebe — aus, daß die Gemeinden die zum Kern des verfassungsrechtlichen Aufgabenbereichs der gemeindlichen Selbstverwaltung gehörenden Aufgaben nicht außerhalb unmittelbarer kommunalpolitischer Verantwortung erledigen sollten. Die Staatsregierung vertrat demgemäß die Auffassung, daß die Gründung von Eigengesellschaften die kommunale Selbstverwaltung schädige, da die Gemeinde dadurch Steuerungs- und Einflußmöglich-

[39] Vgl. schon oben zu A. II. 2.

[40] Vgl. z. B. *Pagenkopf* (Fn. 31), S. 179 ff.

[41] Vgl. oben zu A. I. 2. und 3.

[42] Vgl. *Widtmann*, Kommentar zur Bayerischen Gemeindeordnung, 4. Aufl. 1980, Art. 91, Anm. 4.

[43] Vgl. Drucks. des Bayer. Landtags 7/3103, S. 39 ff.

keiten verliere. Rechtlich verselbständigte Unternehmen würden nämlich zu einem rein erwerbswirtschaftlichen Geschäftsgebaren neigen und auf das Wohl der Bevölkerung wenig Rücksicht nehmen.

Im Lichte einer verfassungskonformen Interpretation ist demgegenüber jedoch davon auszugehen, daß den Gemeinden im Rahmen ihrer organisatorischen Formenfreiheit der *grundsätzlich freie Zugriff* auch auf die Rechtsformen der Eigengesellschaft offensteht und daß den staatlichen Aufsichtsbehörden insoweit nur ein relativ enger Korrekturspielraum eröffnet ist.

IV. Die Entscheidung für die Rechtsform des Eigenbetriebes

1. Der Problemrahmen eigenbetriebs- und privatrechtlicher Aufgabenerfüllung durch die öffentliche Hand

Die Freiheit der Formenwahl wird allerdings seit einiger Zeit auch in anderen Bundesländern durch Subsidiaritätsklauseln zugunsten der Eigenbetriebsform eingeschränkt[44]. Dies deutet darauf hin, daß die Problematik der Umgründung von Eigenbetrieben in privatrechtliche Gesellschaften mit dem Verweis auf die prinzipiell bestehende und verfassungsrechtlich abgesicherte organisatorische Formenfreiheit gemeindlicher Daseinsvorsorge nicht abgetan sein darf: Bei Unternehmen, deren Träger die öffentliche Hand ist, stellt sich zwar immer wieder die Frage, wie Initiative und Flexibilität der Unternehmensleitung mit einer wirksamen, auch die Erfüllung der öffentlichen Aufgaben überwachenden *Kontrolle* fortlaufend und beständig in Einklang gebracht werden kann[45]. Offenkundig sind auch die *Zielkonflikte*, die bei den kommunalen Versorgungs- und Verkehrsbetrieben auftreten, und die um so größer sind, je mehr diese öffentlichen Unternehmen auf ihren Märkten im Wettbewerb stehen[46]. Diese haben nicht nur nach dem ihnen aufgegebenen gemeinwirtschaftlichen Versorgungsprinzip bei der Preisbildung auf angemessene Preise zu achten[47], sondern müssen aus Gründen der Versorgungssicherheit auch eine bestimmte Leistungsbereitschaft vorhalten; gleichzeitig sollen sie dem Postulat der Sparsamkeit und Wirtschaftlichkeit in ihrer Ausgabenpolitik genügen

[44] Siehe die Hinweise bei *Püttner* (Fn. 29), S. 166.

[45] Vgl. dazu in grundsätzlicher Auseinandersetzung *Janson*, Rechtsformen öffentlicher Unternehmen in der europäischen Gemeinschaft, 1980, S. 37 ff., 197 ff.

[46] Vgl. *Witte / Hauschildt*, Die öffentliche Unternehmung im Interessenkonflikt, 1966, passim; zur Konkretisierung der Aufgaben in einer *Zielkonzeption* siehe *Bätz*, Administrative Preispolitik öffentlicher Unternehmen, 1979, S. 93 ff.

[47] Vgl. *Potthoff* (Fn. 20), S. 58 f.; siehe ferner oben zu A. I. 3.

und sich mit einer Vielfalt von Einflüssen Dritter auseinandersetzen[48]. Im Vergleich zu Unternehmen, die primär ergebnisorientiert arbeiten können, haben somit die kommunalen Versorgungs- und Verkehrsbetriebe Nebenbedingungen zu berücksichtigen, die zu Zielkonflikten, Einschränkungen bei der Aufgabenerfüllung und Kontrollproblemen führen[49].

Der deshalb so häufig als Organisationsalternative empfohlene und — wie aufgezeigt — auch praktizierte Rechtsformenwechsel zur privatrechtlichen Gesellschaftsform ist jedoch nicht minder problematisch. Die in solcher „Vergesellschaftung" bestehenden *Grundgefahren* liegen nicht allein in der Einbuße an politischer Verantwortung und Steuerung der wirtschaftenden Daseinsvorsorge seitens der Kommunalverwaltung bei parallel dazu verlaufender Auflösung der „Einheit" öffentlichen Verwaltungshandelns[50]. Auch und vor allem erscheint die damit verbundene, insofern auf lange Sicht wohl unabwendbare grundsätzliche Herauslösung der daseinsvorsorgerischen Wirtschaftstätigkeit aus dem gesamten öffentlich-rechtlichen Rechtssystem nicht unproblematisch[51].

2. Der Zusammenhang von Rechtsformenwahl, kommunaler Selbstverwaltung, sozialwirtschaftlichem Funktionsmandat und öffentlicher Unternehmenskontrolle

Die skizzierten Problemlagen der wirtschaftenden Daseinsvorsorge werfen die Frage nach dem *Ausmaß* auf, in dem die Kommunen über die Organisations- bzw. Rechtsform ihrer wirtschaftlichen Betätigung frei verfügen dürfen. Feststellungen hierzu hängen vor allem von der Reichweite der gemeindlichen Selbstverwaltungsgarantie ab. Der einfache (Landes-)Gesetzgeber hat insoweit und gemäß Art. 28 Abs. 2 GG, 83 Abs. 1 BV[52] zu gewährleisten, daß sich die Gemeinden auf dem Gebiet der Daseinsvorsorge nach den verfassungsrechtlichen Maßgaben betätigen[53].

---

48 Siehe nur *Decker / Ludwig*, Politiker, Verwalter, Werkleiter und Bedienstete in Organen von Eigenbetrieben, in: ZögU 1978, Heft 2, 2 ff.

49 *Potthoff* (Fn. 20), S. 59 f.; vgl. auch *W. Lange*, JZ 1981, 689 ff., 699.

50 Vgl. *Emmerich*, Entziehen sich öffentliche Unternehmen der bürgerschaftlichen Kontrolle?, in: *P. Eichhorn* (Fn. 3), S. 88 ff., 91 ff., 97 ff.; *Grabbe*, Verfassungsrechtliche Grenzen der Privatisierung kommunaler Aufgaben, 1979, S. 195 ff.; *Janson* (Fn. 45), S. 197 ff., 201 ff.

51 *Emmerich* (Fn. 50), S. 92 f.; *Janson* (Fn. 45), S. 202 f.; *Schieder*, BayVBl. 1980, S. 62; aus betriebswirtschaftlicher Sicht vgl. auch *Oettle*, Leitung und Kontrolle öffentlicher Unternehmen, in: *O. Issing* (Hrsg.), Zukunftsprobleme der sozialen Marktwirtschaft, 1981, S. 535 ff., 545 ff., 549 ff.

52 Verfassung des Freistaates Bayern (BV) vom 2. Dezember 1946 (BayBS I S. 3).

53 BayVerfGH 10, 113 (123); siehe auch oben zu A. III. 2.

Eine wichtige Bedeutung für die Frage der Rechtsformenwahl erlangt vor diesem Hintergrund und *komplementär zur Organisationshoheit der Gemeinde*[54] der *öffentliche Auftrag* kommunaler Versorgungs- und Verkehrsunternehmen, der einen charakteristischen Bestandteil der Daseinsvorsorge und damit der sie umgreifenden Selbstverwaltungsgarantie bildet. Er hat zum Gegenstand, daß daseinsvorsorgerische Leistungen regelmäßig und preiswert unter jedermanns Einbezug zu erbringen sind. Der einzelne Empfänger ist auf diese Leistungen in einem solchen Maße angewiesen, daß sie nicht allein der privatwirtschaftlichen Initiative überlassen bleiben dürfen[55]. Die Gemeinde- bzw. Stadtwerke sehen sich insoweit in die *statusrechtliche* Verankerung der kommunalen öffentlichen Einrichtungen einbezogen: Weil und soweit diese Ausdruck eines materiell-einrichtungsrechtlichen Bürgerstatus sind, unterliegen auch die gemeindlichen Versorgungs- und Verkehrsunternehmen der Verpflichtung, entsprechend bedarfsorientierte Leistungsangebote unter Beachtung sozialer Tarifgerechtigkeit vorzuhalten[56].

Kommunale Daseinsvorsorge erfordert deshalb eine Leistungsordnung, die im wesentlichen eine soziale Funktion enthält, d. h. *sozialwirtschaftlich* geprägt ist[57]. Zwar darf hieraus wegen der organisatorischen Eigenverantwortung der Gemeinden nicht unbedingt geschlossen werden, daß sie die öffentlichen Unternehmen selbst im Eigentum haben und führen müssen. Es handelt sich vielmehr und materiell um Funktionen im Bereich von staatlich-administrativer und gesellschaftlich-privater (Sozial-)Verantwortung. Eine Betätigung in diesem Sektor ist deshalb auch für Private möglich und wird von diesen auch in weitem Umfang praktiziert. Doch obliegt es den Gemeinden, Vorkehrungen dafür zu treffen, daß die wirtschaftende Daseinsvorsorge ohne Störungen betrieben wird. Die ausreichende Versorgung mit „Infrastrukturleistungen" sowie die bürgerschaftliche Kontrolle dieser Funktion gehören ebenso zum kommunalen Verantwortungsbereich i. S. der Art. 28 GG, 83 BV wie die kommunale Organisationsgewalt. Damit sieht sich die Wahl der Organisations- bzw. Rechtsformen für die daseinsvorsorgerische Wirtschaftsbetätigung in ein Spannungsfeld gerückt, das auf der einen Seite durch den Grundsatz der freien Formenwahl, auf der anderen Seite durch die Maßgaben eines sozialwirtschaftlichen Funktionsmandats und einer öffentlichen Unternehmenskontrolle gekennzeichnet ist.

---

[54] Vgl. dazu unter A. III. 1.

[55] *Deimer*, Die öffentliche Aufgabenreform aus kommunaler Sicht, in: *Hannusch* (hrsg.), Reform öffentlicher Leistungen, 1978, S. 95 ff., 103 f., 105 ff.; *Forsthoff* (Fn. 13), S. 370; *W. Lange* (Fn. 49), 699.

[56] *R. Scholz*, Öffentliche Einrichtungen (Fn. 30), S. 85 ff., 219 ff., 238 f., 242.

[57] Vgl. hierzu näher schon oben zu A. II. 1. mit Fn. 19.

3. *Der Eigenbetrieb als funktionsadäquates Organisationsmuster wirtschaftender Daseinsvorsorge*

Wenn auf diese Weise die verfassungsrechtliche Selbstverwaltungsgarantie die Entscheidungs- bzw. Wahlfreiheit der Gemeinden begrenzt, sprechen verschiedene Gründe dafür, die wirtschaftliche Betätigung der Gemeinden auf dem Feld der Daseinsvorsorge dem öffentlichrechtlich organisierten Eigenbetrieb als *Regelform* vorzubehalten. Die Gemeinde ist als solche grundsätzlich prädestiniert, die Funktion der Daseinsvorsorge „elementar und unmittelbar zu übernehmen"[58].

Erreicht wird damit die unmittelbare Verknüpfung der wirtschaftlichen Betätigung von Gemeinde- bzw. Stadtwerken mit den aus dem Selbstverwaltungsrecht der Gemeinden bzw. Städte abgeleiteten Aufgaben zur Erfüllung verwaltungsmäßiger Daseinsvorsorge. Gerade wegen dieser Verknüpfung räumen die Art. 89 ff. GO der kommunalen Betätigung durch eigenbetriebliches Handeln eine eigene, selbständige Bedeutung und eine ihr entsprechende rechtliche Sonderstellung (Art. 95 GO) ein. Speziell die Eigenbetriebsform wurde vom Gesetzgeber in der Absicht entwickelt, einen Organisationsmantel für kommunale Versorgungs- und Verkehrsbetriebe zu schaffen, der eine *echte Wirtschaftsführung* unter *gleichzeitiger Wahrung des notwendigen Steuerungs- und Kontrollzusammenhanges mit den Selbstverwaltungsträgern* ermöglicht[59].

Freilich ruft die Betonung des Vorrangs der Eigenbetriebe für die wirtschaftliche Betätigung der Gemeinden auch *Gefahren* hervor. Sie liegen zum einen darin, daß im Vergleich zur privatwirtschaftlich tätigen Eigengesellschaft rechtsformbedingte Restriktionen des eigenbetrieblichen Handelns nicht überwunden werden können. Zum anderen verlangt die ausdrückliche Entscheidung für den Eigenbetrieb, jene letzten Grenzen zu akzeptieren, die der *eigenen Leistungsfähigkeit* des Verwaltungsträgers gesetzt sind[60].

Gleichwohl muß dies nicht die Inkaufnahme der organisatorischen Defizienzen traditioneller Betriebsführung bedeuten. Der „moderne" Eigenbetrieb vermag vielmehr bei Ausschöpfung aller Handlungsmöglichkeiten innerhalb des ihm gezogenen rechtlichen Rahmens weitgehend jenes Maß an unternehmerischen Organisations- und Führungsanforderungen zu erfüllen, das (angeblich) allein die Eigengesellschaft aufzubringen imstande sein soll.

---

[58] *Potthoff* (Fn. 20), S. 52; *Janson* (Fn. 45), S. 201 ff., 206 f.; *Stuber*, Festgabe *R. Johns*, 1966, S. 264; vgl. ferner *Krieger* (Fn. 13), S. 72 ff.

[59] *Gröttrup* (Fn. 35), S. 170 ff.; *Pagenkopf* (Fn. 31), S. 160 ff.

[60] Vgl. hierzu *Pagenkopf* (Fn. 31), S. 146; *Schnettler* (Fn. 25), S. 3.

Die Entscheidung für die Rechtsform des Eigenbetriebes bedarf allerdings der deutlichen Formulierung einschlägiger Arbeits- und Zielstrukturen, die seinem öffentlich-wirtschaftlichen Charakter entsprechen. Denn wo Zielkonflikte etc. nicht zu vermeiden sind, müssen einzelne widerstreitende Ziele deutlich formuliert und auch in ihren Auswirkungen erfaßt werden. Im folgenden geht es deshalb darum, sich jener rechtlichen Vorgaben bzw. Grundlagen zu vergewissern, die den Aufgabenvollzug der Daseinsvorsorge durch Eigenbetriebe im Sinne größtmöglicher Flexibilität und Effizienz der Betriebsführung dirigieren.

B. Rechtsgrundlagen der gemeindlichen Eigenbetriebe

Die Grundlagen der gemeindlichen Eigenbetriebe finden sich in erster Linie im gemeindlichen Eigenbetriebsrecht, d. h. in den Vorschriften der Gemeindeordnung und der in Bayern prinzipiell fortgeltenden, jedoch modifizierten Eigenbetriebsverordnung von 1938 (EBV)[61]. Der rechtliche Rahmen gemeindlicher Eigenbetriebswirtschaft ist damit freilich nicht erschöpft. Einige wesentliche Maßgaben, insbesondere für die Kompetenzverteilung in der Wirtschaftsführung der Eigenbetriebe, enthält das Verfassungsrecht des Bundes und der Länder, hier näher dargestellt am Beispiel des Landes Bayern. Darüber hinaus ist zu prüfen, inwieweit einfach-gesetzliches Bundesrecht auf die Führung der gemeindlichen Eigenbetriebe einwirkt. Denn die Versorgung mit *Elektrizität, Fernwärme* und *Gas* vollzieht sich weitgehend auf der Grundlage eines besonderen bundesenergierechtlichen Ordnungsrahmens[62].

I. Verfassungsrechtliche Grundlagen der Eigenbetriebswirtschaft

Verfassungsnormative Grundlage der eigenbetrieblichen Wirtschaftstätigkeit ist auf der Ebene des Bundesverfassungsrechts Art. 28 Abs. 2 GG. Er wird auf der bayerischen Landesebene durch Art. 11 Abs. 2 und 4, 83 BV ergänzt. Gemeinsamer Inhalt beider Vorschriften ist die institutionelle Garantie der gemeindlichen Selbstverwaltung.

Die wirtschaftliche Betätigung der Gemeinden wird von der in dieser Garantie geschützten Allseitigkeit des gemeindlichen Wirkungskreises mit umfaßt. Sie gehört einerseits zum Wesenskern des durch die Verfassungsvorschriften geschützten Selbstverwaltungsrechts und wird andererseits dort zur Selbstverwaltungsaufgabe, wo sie der örtlichen Gemeinschaft dient und geeignet ist, das Wohl der Einwohner zu fördern[63]. Zutreffend weist *Köttgen*[64] darauf hin, daß Gemeindever-

---

[61] Eigenbetriebsverordnung (EBV) vom 21. November 1938 (BayBS ErgBd. S. 56) mit Änderungen vom 13. Dezember 1971 (GVBl. S. 480) und vom 10. Dezember 1973 (GVBl. S. 671); vgl. dazu ferner die Verwaltungsvorschriften zur Eigenbetriebsverordnung vom 13. Oktober 1972 (MABl. S. 871) und vom 22. Februar 1974 (MABl. S. 179).

[62] Vgl. bes. das Energiewirtschaftsgesetz vom 13. Dezember 1935 (BGBl. III Nr. 752 - 1).

[63] Vgl. bereits die Nachw. Fn. 33.

waltung und wirtschaftliche Betätigung der Gemeinde keine Gegensätze sind[65]. Letztere würde als unentbehrliche und selbstverständliche Äußerungsform der kommunalen Selbstverwaltung angesehen, die ihre Vorläufer schon in der geschlossenen *Stadtwirtschaftspolitik* des Mittelalters fände[66].

In der Verknüpfung von verfassungsrechtlicher Selbstverwaltungsgarantie und gemeindewirtschaftlichem Handeln sind allerdings die jeweiligen Besonderheiten des Gemeindeverfassungsrechts zu beachten. So ist zu berücksichtigen, daß im geltenden bayerischen Gemeindeverfassungsrecht — im Unterschied zum staatlichen Verfassungsrecht (für dieses vgl. Art. 55 Nr. 5 BV) — keine einheitliche Verwaltungsspitze existiert. Gemäß Art. 29 GO wird die Gemeinde durch den *Gemeinderat* sowie durch den *Bürgermeister* verwaltet. Zwei nebengeordnete Organe werden folglich mit der *Verwaltung* der Gemeinde betraut. Dies aber bedeutet eine Verzahnung des demokratisch legitimierten Vertretungsorgans mit der Bürokratie. Die darin liegende Verknüpfung von Bürgerverantwortung und verwaltungsspezialisierten Fachkräften ist ein grundlegendes Prinzip des gesamten bayerischen Gemeinderechts[67]. Es prägt daher auch das Recht der wirtschaftlichen Betätigung der Gemeinden.

Die Ausübung der gemeindlichen Kompetenzen bzw. deren Verteilung sowie Änderungen im gegenwärtigen Zustand unterliegen demgemäß einem *Vereinbarkeitsgebot* mit Art. 28 Abs. 1 Satz 2 GG, Art. 11 Abs. 2 und 4 der BV: Die Zuteilung der Kompetenzen muß ihre Bindung an die demokratische Legitimation der Selbstverwaltung berücksichtigen. Kompetenzbegründung und Kompetenzverteilung bzw. -änderung dürfen deshalb nicht mit dem Grundsatz kollidieren, wonach das Volk in den Gemeinden eine Vertretung haben muß, die u. a. aus *unmittelbaren Wahlen* hervorgegangen ist. Kompetenzregelungen, die gegen diesen durch Wahl errungenen mitgliedschaftsrechtlichen Status der Bürgerverantwortung verstoßen, wären nicht demokratisch legitimiert und daher hinfällig.

II. Bundesrechtliche Kompetenzmaßgaben

Unmittelbare bundesrechtliche Regelungen zur wirtschaftlichen Betätigung der Gemeinden existieren nicht. Inwieweit die Gemeinde

[64] *Köttgen*, Die wirtschaftliche Betätigung der Gemeinden. Eine verfassungsrechtliche Untersuchung, in: FS zum 100jährigen Bestehen des deutschen Juristentages 1860 bis 1960, Bd. 1, 1960, S. 590, 617.

[65] Vgl. auch *Stern / Püttner* (Fn. 30), S. 54 ff.

[66] Vgl. ferner *Gönnenwein* (Fn. 31), S. 55 zu Anm. 16.

[67] So ausdrücklich der BayVGH n. F. 33, 106 (112 f.).

wirtschaftliche Unternehmen betreiben darf, welche Grundsätze sie dabei zu beachten hat und wie die Rechtsformen der Unternehmen zu gestalten sind, ist eine Frage des Landesgemeinderechts. Gleichwohl beeinflußt Bundesrecht mittelbar die gemeindliche Wirtschaftstätigkeit und insbesondere die in Eigenbetriebsform geführten gemeindlichen Versorgungsunternehmen. Zwar halten die kommunalen Gebietskörperschaften daran fest, daß neben ihren Aufgaben der Hoheits- und Leistungsverwaltung die langfristige Vorsorge für die gesamte technische und ökonomische Infrastruktur in ihrem Gebiet und die bürgerschaftliche Kontrolle dieser Funktionen zu dem Bereich der Selbstverwaltungsgarantie gehören. Insofern wird vor allem die Versorgung mit Strom, Gas und Wasser als Aufgabe der öffentlichen Daseinsvorsorge betrachtet, wiewohl in der Bundesrepublik Deutschland gerade diese Versorgung plural geordnet ist und von privatrechtlichen Trägern ebenso wie von kommunalen Eigenbetrieben auf der Verbund-, Regional- und Ortsstufe unternehmerisch geleistet wird[68].

Im Rahmen dieser unternehmerischen Tätigkeit unterliegen aber auch die Eigenbetriebe einer staatlichen Aufsicht bzw. Lenkung, die ihre Grundlagen im Energiewirtschaftsgesetz und in weiteren Rechtskomplexen findet[69]. Zielsetzung aller dieser Vorschriften ist, die Energiewirtschaft im Zusammenwirken aller beteiligten Kräfte der Wirtschaft und der öffentlichen Gebietskörperschaften[70] einheitlich zu führen sowie den diesbezüglichen unternehmerischen Entscheidungen Rahmenbedingungen zu setzen. Die *Organisation* der Daseins- bzw. Lebensvorsorge auf diesem Sektor durch die Gemeinden ist aber *allein durch die Gemeindeordnung* geregelt. Die Gemeinde ist auf deren Grundlage Entscheidungsträger auch für die Regelung der in ihrem Bereich zu erfüllenden Aufgaben der leitungsgebundenen Energieversorgung[71].

Läßt sich demgemäß eine kompetenzrechtliche Maßgabe des energiewirtschaftlichen Bundesrechts im weitesten Sinne nicht erkennen, so entfalten diese Vorschriften doch eine *organisationspolitische* Bedeutung. Dies ergibt sich insbesondere dann, wenn es darum geht, *örtliche Versorgungskonzepte* aufzustellen und zur Wirkung zu bringen. Zu berücksichtigen sind insofern die in jüngster Zeit an die Gemeinden

68 Näher hierzu *H. Stumpf*, Mehr staatliche Lenkung der Energieversorgungsunternehmen?, in: ZögU 1979, 277 ff.

69 Vgl. z. B. *Stumpf* (Fn. 68), 279; zur Befugnis des Bundesgesetzgebers, im Bereich der kommunalen Wasserversorgung Regelungen zu treffen, vgl. BVerfG, DVBl. 1982, 27.

70 Zur entsprechend kooperativen Funktionskomponente im Gemeindewirtschaftsrecht vgl. bereits *R. Scholz*, Gemeindewirtschaftsrecht (Fn. 30), 446 f.

71 So zutreffend *Stumpf* (Fn. 68), 293.

ergangenen Aufforderungen von Bundesregierung und Bundestag[72], „örtliche Versorgungskonzepte" als Basis energiesparender Maßnahmen auszuarbeiten. Zu derartigen Konzepten sollen insbesondere eine laufende *Koordinierung* des gemeindlichen Versorgungssystems mit den übrigen *Planungen* der Gemeinde sowie der Aufbau und die Fortschreibung eines *Informations- und Organisationssystems* gehören. Dieses soll in der Lage sein, alle planungs- und marketing-relevanten Daten aus Betrieb und Markt, aus kommunalen und landes- bzw. bundesweiten Datenbeständen zusammenzuführen, zu ordnen und in den laufenden Vollzug des örtlichen Versorgungskonzeptes einzubringen. Es liegt auf der Hand, daß eine solche inhaltliche Maßgabe für die integrierte leitungsgebundene Energieversorgung im Gemeindegebiet eine Organisation der Kommunalwerke erfordert, die zumindest entsprechend aufgebaute Planungseinheiten vorsieht.

III. Ordnungsmaßgaben des Landesgemeinderechts

1. Art. 95 GO als Regelung der Besonderheiten des Eigenbetriebes

Die zentralen Rechtsgrundlagen für die Führung des Eigenbetriebes enthält mithin das Landesgemeinderecht in den Vorschriften der Art. 89 ff. GO. Im Mittelpunkt dieser Regelungen steht der Art. 95 GO. Er enthält — abweichend von den sonstigen Regelungen über die Verwaltung der Gemeinde — viererlei Sonderregelungen. Sie bestehen in der Einrichtung einer *Werkleitung* und eines *Werkausschusses*, in der Erklärung des dem Eigenbetrieb gewidmeten Vermögens zum *Sondervermögen* und in der Verpflichtung zum Erlaß einer *Betriebssatzung*. Zuständige Organe für die Angelegenheiten der Eigenbetriebe sind der Gemeinderat, der Werkausschuß, die Werkleitung und der erste Bürgermeister (Art. 95 Abs. 1, 37 Abs. 3 GO).

Die Regelungen der Gemeindeordnung in Art. 95 werden durch die im Lande Bayern fortgeltende Eigenbetriebsverordnung (EBV) vom 21. 11. 1938[73] ergänzt. Ein gesonderte Eigenbetriebsgesetz, wie es in den weitaus meisten anderen Ländern der Bundesrepublik als eigentliche Rechtsgrundlage der gemeindlichen Eigenbetriebswirtschaft vorliegt[74], besteht dagegen in Bayern nicht. Auch die organisationsrechtlichen Vorschriften der Eigenbetriebsverordnung gelten nur noch fort, soweit sie den Grundsätzen der Gemeindeordnung und dort insbesondere

---

[72] Vgl. BT-Drucks. 8/1357, Tz. 18, sowie BT-Drucks. 8/2370.

[73] Zur Fortgeltung der EBV vgl. Bekanntmachung des BSTMdI vom 13. Oktober 1972 (MABl. S. 871).

[74] Vgl. die Nachw. bei *R. Scholz*, Öffentliche Einrichtungen (Fn. 30), S. 103 f.

Art. 95 GO nicht widersprechen (Art. 122 Abs. 2 Nr. 2 GO). Durch Verordnung vom 13. 12. 1971[75] hat das Bayerische Staatsministerium des Innern die EBV in großen Teilen geändert. Die Änderung betrifft die Vorschriften über die Wirtschaftsführung und das Rechnungswesen (§§ 7 ff. EBV). Neuere Vorschriften über die Organisation und die Prüfung der Eigenbetriebe sind hingegen nicht erlassen worden.

Die gemeinderechtlichen Vorschriften über die Eigenbetriebswirtschaft werden für die Eigenbetriebe bayerischer Gemeinden durch eine *Musterbetriebssatzung* ergänzt, die im bayerischen Städteverband am 24. 1. 1974 und vom Vorstand des Verbandes kommunaler Unternehmen — Landesgruppe Bayern — am 14. 1. 1974 beschlossen wurde. Diese Satzung ist abgestimmt mit dem bayerischen Staatsministerium des Inneren. Rechtsqualität kommt ihr jedoch nicht zu (bloßer Modellcharakter)[76].

2. Die Eingliederung des Eigenbetriebes in die Verfassung und Verwaltung der Gemeinde

Durch die Regelungen in Art. 95 GO wollte der Gesetzgeber dem Eigenbetrieb eine Sonderstellung gegenüber den übrigen Bereichen der Verwaltung einräumen. Dies kommt vor allem dadurch zum Ausdruck, daß für den Eigenbetrieb *Sonderverwaltungsorgane* vorgesehen werden. Es kommt damit zu einem Nebeneinander der allgemeinen Vorschriften der Gemeindeordnung und der Sonderregelung des Art. 95 GO, für das eine genaue Abgrenzung in Fragen der Zuständigkeitsverteilung fehlt. Obwohl damit der Eigenbetrieb kraft Gesetzes eine Sonderstellung einnimmt, bleibt er doch ein rechtlich unselbständiger Teil der Gemeindeverwaltung, für den das allgemeine Gemeinderecht gilt, soweit das Eigenbetriebsrecht keine Sondervorschriften enthält. Dem Eigenbetrieb kommt damit keine spezifische Organkompetenz im Sinne des Kommunalverfassungsrechts zu. Er ist ein „Modellangebot" des Gesetzgebers für die wirtschaftliche Betätigung der Gemeinden. Art. 95 GO ist insoweit reine Delegationsnorm. Die von ihm statuierten Sonderverwaltungs-Zuständigkeiten belassen somit dem Gemeinderat eine Kompetenz-Kompetenz (Art. 95 Abs. 1 S. 3 GO). Vorbehaltlich seiner Sonderregelungen ist daher der gemeindliche Eigenbetrieb voll in die Verfassung und Verwaltung der Gemeinden nach Art. 29 ff. GO integriert[77].

---

75 GVBl. S. 480.

76 Die Musterbetriebssatzung für Eigenbetriebe bayerischer Gemeinden findet sich bei *Zeiss*, Das Eigenbetriebsrecht der gemeindlichen Betriebe, 3. Aufl. 1980, Ergänzungsband Bayern, Anl. 1.

77 Vgl. auch die Bekanntmachung des StMdI vom 13. Oktober 1972 (Fn. 73) unter Nr. 2 zu den „Rechtsgrundlagen der gemeindlichen Eigenbetriebe"; zum Modellcharakter des Eigenbetriebes vgl. bereits die Nachw. in Fn. 37.

IV. Zum Modellentwurf der ÖTV für ein Bayerisches Eigenbetriebsgesetz

Die fundamentale Umgestaltung der voraufgehend dargestellten gemeinderechtlichen Grundlagen für die Führung des Eigenbetriebes durch Erlaß eines gesonderten Eigenbetriebsrechts strebt der von der Gewerkschaft Öffentliche Dienste, Transport und Verkehr (ÖTV) — Landesbezirk Bayern — im Oktober 1980 vorgelegte „Modellentwurf eines Bayerischen Eigenbetriebsgesetzes" an[78]. Der Schwerpunkt dieses Entwurfs liegt im *Umbau* der für die Angelegenheiten des Eigenbetriebes (Werkangelegenheiten) zuständigen Organe: An die Stelle der bislang in der Führung des Eigenbetriebes einander zugeordneten Institutionen von Gemeinderat (Stadtrat), Werkausschuß, erstem Bürgermeister (Oberbürgermeister) und Werkleitung sollen nach der Vorstellung der Entwurfsverfasser der Gemeinde- bzw. Stadtrat, die Werkleitung und ein neugeschaffener Verwaltungsrat (Art. 5 Modellentwurf) treten. Die bisherigen originären Leitungsbefugnisse des ersten Bürgermeisters bzw. Oberbürgermeisters entfallen; er gehört jedoch zu den „geborenen" Mitgliedern des Verwaltungsrates. Dieser wiederum setzt sich je zur Hälfte aus Arbeitnehmervertretern sowie aus den vom Gemeinderat zu bestellenden weiteren Mitgliedern zusammen.

Die *Aufgaben des Verwaltungsrates* beschränken sich gemäß Art. 9 Modellentwurf im wesentlichen auf die Unternehmenskontrolle sowie auf die Bestellung der Mitglieder der Werkleitung und ihrer Stellvertreter (!) bzw. auf den Widerruf der Bestellung. Im übrigen — und darin liegt ein weiterer gewichtiger Aspekt des vorgelegten Entwurfs — werden in den Art. 11 ff. die Leitungskompetenzen der Werkleitung entschieden verstärkt und (vermeintliche) Führungshemmnisse durch Führungskonzentration abgebaut.

Der Modellentwurf, der sich fernerhin an die herkömmlichen rechtsgültigen Regelungen der EBV eng anlehnt und insoweit kaum Neues bringt, enthält insgesamt den *Versuch einer prinzipiellen Straffung eigenbetrieblicher Führungsstrukturen und -kompetenzen unter Einführung der paritätischen Mitbestimmung in den Stadt- bzw. Gemeindewerken*. Nicht zuletzt wegen der dadurch aufgeworfenen und späterhin noch zu vertiefenden Vereinbarkeitsproblematik mit den verfassungsrechtlichen Grundlagen der Eigenbetriebswirtschaft bzw. den Ordnungsmaßgaben des Landesgemeinderechts[79], vor allem aber wegen

---

[78] Gewerkschaft Öffentliche Dienste, Transport und Verkehr (ÖTV) — Landesbezirk Bayern (hrsg.), Modellentwurf eines Bayerischen Eigenbetriebsgesetzes, o. J. (1980), Eigendruck.

seines Charakters als bloßer Diskussionsvorschlag für die Fortentwicklung des Eigenbetriebsrechts in Bayern entfaltet der Modellentwurf keine verbindlichen, operationablen Arbeits- und Zielvorgaben für die zukunftsorientierte Führungsorganisation der Eigenbetriebe.

[79] Vgl. dazu näher unter C. IV.; im Prinzip freilich enthält der Modellentwurf mit der Gegenüberstellung von Werkleitung und Verwaltungsrat keine an sich unzulässige Formenvariation: Es handelt sich vielmehr um die Neuauflage des sog. *Dresdner Prinzips*, wonach die Unternehmensorganisation des Betriebes funktionell an das Recht der AG angelehnt wird (Werkleitung = Vorstand; Verwaltungsrat = Aufsichtsrat); vgl. hierzu auch *Janson* (Fn. 45), S. 155.

C. Das unternehmerische Leitbild des Eigenbetriebes

Mit den vorausgehend dargelegten Ordnungsmaßgaben des Landesgemeinderechts und des Eigenbetriebsrechts verbindet der Gesetzgeber bestimmte Vorstellungen über die wirtschaftliche Führung eines Eigenbetriebes. Auf der einen Seite soll der Eigenbetrieb nach den Grundsätzen einer modernen Wirtschaftsführung auf der Grundlage wirtschaftlicher Selbständigkeit geführt werden. Das Regelungsinstrumentarium will dazu beitragen, die wirtschaftliche Selbständigkeit der Eigenbetriebe zu festigen, den Jahresabschluß übersichtlicher zu machen und vor allem die Ergebnisse der Eigenbetriebe, der Eigengesellschaften und der privaten Unternehmen untereinander vergleichbar zu gestalten[80]. Damit ist eine Annäherung an kaufmännisch-wirtschaftliche Formen gegeben[81]. Andererseits findet diese Annäherung nur in der besonderen Ausprägung eines rechtlich unselbständigen Teils der Gemeinde, mit freilich weitgehend verselbständigtem Sondervermögen, statt. Die Möglichkeiten der eigenbetrieblichen Betätigung sind demgemäß weitergehenden Bindungen durch die Tätigkeit der für den Eigenbetrieb gesetzlich vorgeschriebenen Organe unterworfen. Dies hat entscheidende Konsequenzen für die bestehenden (zwingenden) originären Zuständigkeiten von Organen der Gemeinde bzw. des Eigenbetriebes sowie für die Ausgestaltung der eigenbetrieblichen Unternehmensstruktur.

I. Kompetentielle Grundstrukturen des Eigenbetriebes

1. Die Werkleitung

Nach Art. 95 Abs. 1 S. 1 GO bestellt der Gemeinderat für den Eigenbetrieb eine Werkleitung; diese führt die laufenden Geschäfte des Eigenbetriebs. Sie kann vom Gemeinderat zur Vertretung nach außen ermächtigt werden.

a) Die *Hauptaufgabe der Werkleitung* liegt damit in der täglichen Verwaltung und Leitung des Eigenbetriebes. Sie führt die *laufenden Geschäfte,* hat also zunächst diejenigen Aufgaben zu erledigen, die auf an-

---

80 *Bolsenkötter,* Überwachung bei kommunalen Unternehmen, in: Kontrolle öffentlicher Unternehmen, 1980, S. 89, 111 f.

81 So auch *Gönnenwein* (Fn. 31), S. 481 zu Anm. 1.

deren Gebieten dem ersten Bürgermeister hinsichtlich der sog. laufenden Angelegenheiten (Art. 37 Abs. 1 S. 1 Nr. 1 GO) obliegen[82]. Die Werkleitung erledigt diese Geschäfte in eigener Zuständigkeit. Allerdings ist damit der Rahmen der Geschäftsführung durch die Werkleitung noch nicht ausgeschöpft: Die „laufenden Geschäfte des Eigenbetriebes" im Sinne des Art. 95 GO reichen über die „laufenden Angelegenheiten" im Sinne des Art. 37 GO hinaus[83]. Im einzelnen bzw. ausdrücklich sagt Art. 95 Abs. 2 GO hierzu allerdings nichts aus. Es bedarf daher des interpretativen Rückgriffs auf die Funktionen des Eigenbetriebes. Alle weiteren Feststellungen hierzu haben zunächst davon auszugehen, daß es sich bei den Geschäften der laufenden Betriebsführung um einen unbestimmten Rechtsbegriff handelt. Für seine Auslegung gewinnen mehrere Faktoren entscheidende Bedeutung. Dabei ist es zulässig, die aus der Erledigung der „laufenden Angelegenheiten" durch den ersten Bürgermeister gewonnenen Erkenntnisse auch auf die Auslegung des Begriffs der laufenden Betriebsführung zu übertragen[84]. So rechnen zu den laufenden Geschäften des Eigenbetriebes solche, die nach Art und Ausmaß regelmäßig wiederkehren und sachlich von weniger erheblicher Bedeutung sind[85]. Dabei kommt es näherhin auf die Regelmäßigkeit und Häufigkeit dieser Geschäfte an, aber nicht auf die geldliche Bedeutung oder darauf, ob es sich um einfache oder schwierige Fälle handelt[86]. Angesprochen sind damit alle im täglichen Betrieb ständig wiederkehrenden Maßnahmen, die zur Aufrechterhaltung des Betriebes notwendig sind, wie z. B. der innerbetriebliche Personaleinsatz, die Beschaffung von Rohstoffen und Materialien, die Anordnung der notwendigen Instandhaltungen, die Beschaffung der dafür erforderlichen Werkstoffe und Fremdleistungen sowie die mit alledem verbundenen kaufmännischen Dispositionen[87].

Da sich in der umfassenden und eigenverantwortlichen Wahrnehmung der laufenden Geschäfte in besonderem Maße die organisatorische Verselbständigung des Eigenbetriebes innerhalb der Gemeindeverwaltung und der Wesensunterschied zum Regiebetrieb dokumentiert[88], muß die Grenze der laufenden Betriebsführung je nach Struktur

---

[82] Vgl. *Widtmann* (Fn. 42), Art. 95, Anm. 4; weitergehend *Masson / Samper*, Bayerische Kommunalgesetze, Kommentar, Stand: 34. Ergänzungslieferung 1980, Art. 95, Anm. 4.

[83] So auch *Masson / Samper* (Fn. 82), Anm. 4.

[84] Ebenso *Zeiss* (Fn. 76), § 2 EBV, Anm. VIII 2 (S. 6).

[85] Vgl. *Pagenkopf* (Fn. 31), S. 166 f.; *Zeiss* (Fn. 76), Anm. VIII 2 (S. 6) mit Verweis auf die von ihm zu § 4 EigBG BW unter Erl. II 4 erörterte Rechtsprechung.

[86] OVG Münster, Städtetag 1956, 469; vgl. auch RGZ 146, 50 und BGHZ 32, 375.

[87] *Pagenkopf* (Fn. 31), S. 167.

[88] *Gönnenwein* (Fn. 31), S. 483.

und Größe des fraglichen Eigenbetriebes verschieden sein. Sie ist auch nicht für alle Zeiträume gleich. Mit anderen Worten ist der Begriff der „laufenden Geschäfte" *situativ* zu sehen, wobei für die Auslegung auch die Betrachtung der in der Werkleitung zur Verfügung stehenden Personen eine Rolle spielt[89]. Die darin enthaltene, nicht abschließende Reichweite der laufenden Betriebsführung kennzeichnet § 4 Abs. 2 der *Musterbetriebssatzung,* wenn er als laufende Geschäfte „insbesondere" die ebenda genannten Tätigkeiten aufzählt. Auch die Musterbetriebssatzung läßt demnach Raum für die Unterstellung weiterer Geschäftsvorfälle in die Zuständigkeit der Werkleitung. Dagegen fallen diejenigen Angelegenheiten aus der laufenden Geschäftsführung heraus, die in § 4 Abs. 1 Nr. 1 - 14 der EBV von 1938 aufgeführt werden[90]. Diese betreffen allerdings *gewichtige Beschlüsse,* die auch Rückwirkungen auf die Gemeinde und ihre Finanzwirtschaft haben.

b) Nach Art. 95 Abs. 1 S. 3 GO kann die Werkleitung vom Gemeinderat zur Vertretung nach außen ermächtigt werden. Dies geschieht zweckmäßig in der Betriebssatzung[91]. Diese Ermächtigung umfaßt dann sowohl die gerichtliche als auch die außergerichtliche Vertretung des Eigenbetriebs. Sie ergänzt insoweit die Vertretungsbefugnis des ersten Bürgermeisters gemäß Art. 38 Abs. 1 GO[92]. Ohne Ermächtigung wird der Eigenbetrieb wie alle anderen Zweige der Verwaltung durch den ersten Bürgermeister vertreten. Auch dies Erfordernis macht deutlich, daß die *Werkleitung nicht die Eigenschaft eines kommunalverfassungsrechtlichen Organs der Gemeinde* hat.

Für den *Umfang der Vertretungsbefugnis* nach außen sind zwei Geschäftskreise zu unterscheiden. Den Angelegenheiten, in denen die Werkleitung selbständig entscheidet („laufende Geschäfte des Eigenbetriebes"), stehen jene Angelegenheiten gegenüber, in denen der Stadtrat bzw. der Werkausschuß bzw. der erste Bürgermeister zuständig sind. Demgemäß kann der Gemeinderat der Werkleitung die Vertretung des Eigenbetriebes nur hinsichtlich der laufenden Geschäfte

---

89 Vgl. *Zeiss* (Fn. 76), Anm. VIII 2 (S. 6) m. w. Nachw.

90 Die Bestimmungen der EBV bleiben nach Art. 122 Abs. 1 Nr. 2 GO bis zum Erlaß neuer Vorschriften in Kraft. Die Anwendung dieser Vorschriften darf aber den Grundsätzen der GO nicht widersprechen; soweit sie also Bestimmungen enthalten, die das in der Deutschen Gemeindeordnung vorherrschende Führerprinzip widerspiegeln, sind sie nicht anwendbar. Welche Folgen dies für § 4 Abs. 1 Nr. 1 - 14 der EBV von 1938 hat, ist nicht ganz klar: *Zeiss* (Fn. 76), § 4, Fn. 1, geht davon aus, daß die Nr. 1 - 14 gemäß Art. 121 Abs. 2 der GO entfallen. Im Hinblick auf die Nichtverwendung des Führergedankens in den einzelnen Bestimmungen scheint aber die Nichtanwendung zweifelhaft. *Widtmann* (Fn. 42), Art. 95, Anm. 5, zieht denn auch § 4 EVB als Anhaltspunkt für die Zuständigkeit des Werkausschusses heran.

91 Vgl. § 10 der Musterbetriebssatzung.

92 So bei BayVGH vom 11. 6. 1969 — Az. 13 VIII 69 —, abgedruckt in: Gemeinde Kurier 1969, S. 7; *Zeiss* (Fn. 76), § 3 EBV, Anm. I (S. 2).

übertragen oder aber die Vertretungsbefugnis auch auf Angelegenheiten erweitern, die zum Entscheidungsbereich der anderen an der Verwaltung des Eigenbetriebes beteiligten Organe gehören.

c) Die *Organisation der Werkleitung* nennt ein weiteres gewichtiges Problem einer flexiblen Unternehmensführung in der Form des Eigenbetriebes. Über die Zusammensetzung, die Bestellung der Werkleiter und ihrer Stellvertreter sowie über ihre Dienstverhältnisse beschließt der Gemeinderat. Nähere Regelungen enthält Art. 95 GO. Dagegen schreibt § 2 Abs. 2 EBV vor, daß die Werkleitung aus einem oder mehreren Mitgliedern zu bestehen hat. Der Gemeinderat kann einen Werkleiter zum ersten Werkleiter bestellen, der bei Meinungsverschiedenheiten innerhalb der Werkleitung entscheidet. Besteht dagegen die Werkleitung aus mehreren gleichgeordneten Mitgliedern, so trifft bei Meinungsverschiedenheiten der erste Bürgermeister die erforderliche Regelung (§ 2 Abs. 2 S. 3 EBV).

d) Die *Selbständigkeit der Werkleitung* wird dadurch begrenzt, daß sie dem Bürgermeister für die wirtschaftliche Führung des Eigenbetriebes verantwortlich ist. Dieser trägt seinerseits die Verantwortung gegenüber dem Gemeinderat (vgl. Art. 37 GO). Allerdings scheidet eine Befugnis des ersten Bürgermeisters zur selbständigen Erledigung der „laufenden Geschäfte des Eigenbetriebes“ als „laufende Angelegenheiten“ (Art. 37 Abs. 1 Nr. 1 GO) aus. Diese Möglichkeit wird durch die abweichende Sondervorschrift des Art. 95 Abs. 1 S. 2 GO ausgeschlossen[93].

Soweit der Gemeinderat sich die Entscheidung in Angelegenheiten des Eigenbetriebes nicht allgemein vorbehält oder im Einzelfall an sich zieht, ist nach Art. 95 GO der *Werkausschuß* zuständig. Die Zuständigkeit des Werkausschusses wird insofern vermutet, da sie den Regelfall darstellt. Materiell bzw. kommunalverfassungsrechtlich handelt es sich bei Gemeinderats- und Werkausschußzuständigkeit aber um zunächst identische Kompetenzen. Unterschiede ergeben sich erst auf der Grundlage der anschließend zu verdeutlichenden (auch sonder-exekutivischen) Stellung des Werkausschusses.

2. *Der Werkausschuß*

Die Kompetenzzuweisungen des Gemeinderechts an den Werkausschuß beruhen auf den Vorschriften des Art. 95 GO. Darüber hinausgehende Zuständigkeitsregelungen bestehen im Eigenbetriebsrecht des Landes Bayern nicht. Die ehemals in § 5 EBV geregelte Funktion der sog. Beiräte ist in der Neuordnung des Gemeinderechts nach 1945 weg-

---

[93] Vgl. *Masson / Samper* (Fn. 82), Art. 95, Anm. 4.

gefallen[94]. In den anderen Bundesländern ist mit Ausnahme von Niedersachsen die Stellung des Werkausschusses[95] in den jeweiligen Eigenbetriebsgesetzen[96] geregelt.

a) Art. 95 GO schreibt den Eigenbetrieben die Einrichtung eines Werkausschusses zwingend vor. Die Möglichkeit, keinen Werkausschuß zu bilden bzw. einen vorhandenen durch Beschluß zu beseitigen, besteht nicht. Dessen ungeachtet ist der Werkausschuß ein Ausschuß der Gemeindevertretung. Seine *Aufgabe* ist es, die gemeindliche Vertretungskörperschaft von Entscheidungen in Angelegenheiten des Eigenbetriebes zu entlasten. Es besteht daher eine prinzipielle Vermutung für die Zuständigkeit des Werkausschusses im Rahmen des Art. 95 GO[97]. Diese Zuständigkeit erstreckt sich auf alle diejenigen eigenbetrieblichen Angelegenheiten, die nicht einerseits zu den laufenden Geschäften des Betriebes gehören und damit in die Zuständigkeiten der Werkleitung fallen, und die andererseits auch nicht dem Gemeinderat allgemein vorbehalten oder von diesem im Einzelfall an sich gezogen worden sind (Art. 95 Abs. 1 S. 4).

Der Werkausschuß nimmt vor diesem Hintergrund eine besonders geartete *Mittelstellung* zwischen einem Aufsichtsorgan und einem normalen Ausschuß der Gemeindevertretung ein[98]. Er ist nicht nur *beschließender* Ausschuß der Gemeindevertretung, sondern auch und zugleich vorberatendes Organ i. S. des Art. 32 GO sowie Kontrollorgan gegenüber der Werkleitung.

b) Innerhalb der damit gegebenen drei verschiedenen Zuständigkeitsbereiche nimmt die *beschließende Funktion* des Werkausschusses eine hervorgehobene Stellung ein (Art. 95 Abs. 1 S. 4 GO). Der Werkausschuß beschließt über die Angelegenheiten des Eigenbetriebes *endgültig* an Stelle des Gemeinderates, soweit dieser keine Einschränkungen im oben bezeichneten Sinne getroffen hat. Dem Werkausschuß kommt insofern eine eigenständige *Verwaltungskompetenz* in bezug auf den Eigenbetrieb zu. Zweckmäßigerweise sollte diese Kompetenz in der Betriebssatzung näher geregelt sein. Die schon erwähnte Musterbetriebssatzung[99] trifft in ihren §§ 5 und 6 entsprechende Abgrenzungen.

---

[94] Vgl. Art. 122 Abs. 2 S. 2 GO; siehe ferner *Zeiss* (Fn. 76), § 5 EBV mit Fn. 1 (S. 1).

[95] In Niedersachsen wird der Werkausschuß „Betriebskommission" genannt; vgl. § 6 Abs. 1 des HessEigbG vom 9. 3. 1957 (GVBl. S. 19); siehe ferner *Pagenkopf* (Fn. 31), S. 164 zu Fn. 49.

[96] Hierzu vgl. *Zeiss* (Fn. 76), § 5 EBV, Vorbem. (S. 2).

[97] So auch *Zeiss* (Fn. 76), § 5 EBV, Anm. A V 2 a) (S. 5).

[98] Vgl. ebenso *Widtmann* (Fn. 42), Art. 95, Anm. 5; *Pagenkopf* (Fn. 31), S. 165; *Püttner*, Das Recht der kommunalen Energieversorgung, 1967, S. 68.

[99] Vgl. hierzu Fn. 76.

Unzuständig ist der Werkausschuß für die laufenden Geschäfte des Eigenbetriebes, die Art. 95 Abs. 1 S. 2 GO der Werkleitung übertragen hat. Der Werkausschuß kann die laufenden Angelegenheiten des Eigenbetriebes auch nicht im Einzelfall an sich ziehen[100].

Die beschließende Zuständigkeit des Werkausschusses beruht unmittelbar auf dem Gesetz. Sie braucht also vom Gemeinderat nicht besonders übertragen zu werden. Insofern ist der Werkausschuß zwar *beschließender Ausschuß* im Sinne der Art. 95 Abs. 1 S. 5, Art. 32 Abs. 2 und 4, Art. 55 Abs. 2 GO; er befindet sich jedoch in einer Sonderstellung gegenüber den weiteren Ausschüssen der Gemeindevertretung. Der Gesetzgeber wollte nämlich dem Werkausschuß eine größere Bewegungsfreiheit einräumen, als jenen zukommt. Demgemäß darf der in Art. 95 Abs. 1 S. 4 GO enthaltene allgemeine Vorbehalt zugunsten des Gemeinderates den Werkausschuß nicht zur Bedeutungslosigkeit verurteilen[101]. Aus der Sonderstellung des Werkausschusses ergibt sich zugleich, daß die in Art. 32 Abs. 4 S. 1 für die sonstigen beschließenden Ausschüsse vorgesehenen Vorschriften über die Nachprüfung ihrer Beschlüsse durch den Gemeinderat hier nicht gelten[102].

Wie daraus ersichtlich wird, lassen sich die Vorschriften über verschiedene Ausschüsse auf den Werkausschuß nicht ohne Einschränkung anwenden. Fraglich ist vor allem, ob sich die Zuständigkeit des Werkausschusses — soweit der Gemeinderat keine Einschränkungen vorgenommen hat — auch auf solche Angelegenheiten erstreckt, die auf Grund des Art. 32 Abs. 2 S. 2 GO einem *sonstigen* beschließenden Ausschuß *nicht* übertragen werden könnten. Von der h. M. wird insoweit die Nichtgeltung der dort genannten Einschränkungen behauptet[103]. Begründet wird dies mit der originären Beschlußfunktion des Werkausschusses. Dem ist jedoch zu widersprechen. Der Werkausschuß ist zwar ein Sonderverwaltungsorgan[104], jedoch eingebettet in die allgemeine Gemeindeverfassung bzw. -verwaltung[105]. Von daher soll zwar die ihm zugewiesene Entlastungsaufgabe gegenüber dem Gemeinderat soweit wie möglich reichen. Jedoch soll die Gesamtzuständigkeit des Gemeinderates nicht außer Kraft gesetzt werden. Dem Werkausschuß kommt

---

100 *Zeiss* (Fn. 76), § 5 EBV, Anm. A V 2 a) (S. 6).

101 Vgl. *Widtmann* (Fn. 42), Art. 95, Anm. 5; siehe ferner auch *Masson / Samper* (Fn. 82), Art. 95, Anm. 3.

102 Dies ist ganz einhellige Auffassung; vgl. nur *Widtmann* (Fn. 42), Art. 95, Anm. 4; ebenso *Hölzl / Hien*, Gemeindeordnung mit Landkreisordnung und Bezirksordnung für den Freistaat Bayern, Kommentar, Bd. I, Stand: Juli 1980, Art. 95, Anm. 4 b, c) a. E.

103 Vgl. nur *Widtmann* (Fn. 42), Art. 95, Anm. 5; *Masson / Samper* (Fn. 82), Art. 95, Anm. 8.

104 Hierzu vgl. oben C. I. 2. zu a).

105 Vgl. B. III. 2.

also *keine Sonderorgankompetenz* zu. Deshalb behält Art. 32 Abs. 2 S. 2 GO unbeschadet der Regelung des Art. 95 Abs. 1 GO einen Teil der Geschäfte dem Gemeinderat vor. Die Vermutung für die Zuständigkeit des Werkausschusses bleibt außerhalb des in *allen* Gemeindeordnungen enthaltenen Katalogs von Angelegenheiten, die von der Gemeindevertretung selbst zu entscheiden sind und deshalb auf beschließende Ausschüsse einschließlich des Werkausschusses *nicht* übertragen werden dürfen[106]. Demgemäß gilt auch Art. 32 Abs. 4 S. 2 GO für die Tätigkeit des Werkausschusses, wonach Ausschußbeschlüsse, die Rechte Dritter berühren, erst nach Ablauf einer Woche wirksam werden[107].

c) Eng verbunden mit der Stellung des Werkausschusses als Verwaltungs- bzw. Beschlußorgan des Eigenbetriebes ist seine *Kontrollfunktion.* Sie umfaßt die Aufsicht über die Tätigkeit der Werkleitung, die gemäß verschiedenen Einzelregelungen der §§ 14 ff. EBV verpflichtet ist, dem Werkausschuß über wichtige Angelegenheiten des Eigenbetriebes Auskünfte zu erteilen und diese durch die Vorlage von Berichten zu ergänzen. Zusätzlich schlägt die Musterbetriebssatzung in § 5 Abs. 2 vor, daß der Werkausschuß jederzeit von der Werkleitung über den Gang der Geschäfte und die Lage des Unternehmens Berichterstattung und Akteneinsicht verlangen kann. Diese Regelung dürfte aufgrund der *zwischen Werkausschuß und Werkleitung bestehenden gemeinsamen Sonderverwaltungszuständigkeit* gegenüber dem Eigenbetrieb aus der Natur der Sache gerechtfertigt sein. Art. 95 Abs. 1 GO verfaßt allerdings die Kompetenzen von Werkleitung und Werkausschuß in besonderer Weise. Zwischen beiden eigenbetriebsrechtlichen Organkompetenzen besteht *Interdependenz.* Die Leitungsbefugnisse für den Eigenbetrieb werden, dessen gesonderter Stellung im System der Gemeindeverwaltung gemäß, nur teilweise von den allgemeinen kommunalverfassungsrechtlichen Organen wahrgenommen. Art. 95 Abs. 1 GO konstituiert als Sonderorgane Werkausschuß und Werkleitung, wobei die Summe der gemäß Art. 95 Abs. 1 GO zu besorgenden Verwaltungsaufgaben auf beide Organe verteilt wird. Zwischen Werkausschuß und Werkleitung besteht zwar, soweit der Werkausschuß Kontrollaufgaben hat, auch ein Über- und Unterordnungsverhältnis. Soweit es um unmittelbar-exekutivische Zuständigkeiten geht bzw. soweit der Werkausschuß auch solche Kompetenzen gemäß Art. 95 Abs. 1 GO wahrzunehmen hat, besteht zwischen Werkausschuß und Werkleitung jedoch kein hierarchisches Verhältnis der Über- und Unterordnung, sondern ein Verhältnis relativer bzw. kompetentiell abgegrenzter Koordination. Das Maß der kompetentiellen Abgrenzung bleibt dabei freilich partiell

106 Wie hier auch *Pagenkopf* (Fn. 31), S. 165 f.; *Zeiss* (Fn. 76), § 5 EBV, Anm. A V 2 a) (S. 6); unklar *Hölzl / Hien* (Fn. 102), Art. 95, Anm. 4 b bb).

107 *Masson / Samper* (Fn. 82), Art. 95, Anm. 8 a. E. m. w. Nachw.

offen. Denn die GO grenzt (ebensowenig wie das Eigenbetriebsrecht) die exekutivischen Zuständigkeiten von Werkausschuß und Werkleitung nicht in abschließender, enumerativer Form voneinander ab. Für die Werkleitung wird über den Begriff der „laufenden Geschäfte des Eigenbetriebes" zwar eine positive Kompetenzbeschreibung vorgenommen, für den Werkausschuß fehlt es jedoch an einer vergleichbaren Kompetenzbestimmung. Demgemäß ist von vornherein auch von einem gewissen Maß an kompetentieller Konkurrenz bzw. von möglichen kompetenzrechtlichen Überschneidungen zwischen Werkleitung und Werkausschuß auszugehen. Bereits der in sich wenig präzise Begriff der „laufenden Geschäfte" indiziert Konkurrenz- oder Überschneidungslagen dieser Art. Aus der Sicht der GO ist dies indessen solange unschädlich bzw. wird solange von ihr in Kauf genommen, wie die Sonderverwaltungszuständigkeiten von Werkausschuß und Werkleitung in ihrem spezifischen Verbund bzw. in ihrer auch gemeindeverfassungsrechtlich gewollten Gemeinsamkeit gesehen und praktiziert werden. Im System der Gemeindeverwaltung insgesamt figurieren Werkleitung und Werkausschuß gemäß Art. 95 Abs. 1 GO (auch) als kompetentielle Einheit bzw. als kooperatives Kompetenzsystem, dessen internes Miteinander der GO weniger regelungsrelevant erscheint als deren (gemeinsame) Abgrenzung von der allgemeinen Gemeindeverwaltung.

Einheit von Werkausschuß und Werkleitung in Abgrenzung zur allgemeinen Gemeindeverwaltung, interne Kooperationspflicht beider Eigenbetriebsorgane und partielle Kompetenzkonkurrenz bzw. -überschneidung zwischen beider Aufgabenbereiche begründen insgesamt ein Verhältnis der *Organinterdependenz,* das Art. 95 Abs. 1 GO unmittelbar zugrundeliegt oder von Art. 95 Abs. 1 GO doch implizit akzeptiert wird (letzteres belegt erneut die nicht definitive, enumerative Kompetenzabschichtung zwischen Werkausschuß und Werkleitung durch die GO). Dieses Verhältnis der Organinterdependenz fordert allerdings nicht nur die Erkenntnis der wechselseitigen Zuordnung bzw. gegenseitigen Kompetenzverbindung von Werkausschuß und Werkleitung; gefordert ist vielmehr auch die *Sicherung eines funktionierenden Zusammenspiels beider Zuständigkeitsträger.* Da dies nicht in materieller bzw. definitiv-kompetenzrechtlicher Weise geschieht bzw. geschehen kann (keine enumerative Kompetenzabschichtung innerhalb des Eigenbetriebes), bedarf es der Entwicklung und Handhabung der erforderlichen Verfahrens- und organisationsrechtlichen Instrumentarien, um das genannte kompetentielle Zusammenspiel und damit die Funktionsfähigkeit des Eigenbetriebes im Sinne der beschriebenen Aufgabenzuweisung zu gewährleisten. Um welche Instrumentarien es hierbei zu gehen hat, sagt weder die GO noch die EBV unmittelbar oder ausdrücklich. Insoweit ist demgemäß bzw. weitgehend auf allgemeine Prinzipien des Verwaltungsorganisationsrechts zu rekurrieren. Die materiell-rechtliche Legitimation hierfür findet sich im beschriebenen Prinzip der Organinterdependenz, in den durch sie benannten (eigenbetriebsinternen) Kompetenzverfahrenspflichten und der gemäß Art. 95 Abs. 1 GO auch kommunalverfassungsrechtlich festgelegten Zuordnung beider Organe. Entsprechende Zuordnungsverhältnisse zwischen unterschiedlichen Kompetenzträgern im Rahmen einer übergreifenden oder gemeinsamen Gesamtverantwortung sind dem Verfassungs- und Verwaltungsrecht vielfältig bekannt. Gesetzgeberische oder verfassungsrechtliche Lösungen finden sich freilich nur selten. Dies erklärt sich in aller Regel aus dem Umstand, daß Gesetz und Verfassung sich zumeist — mit prinzipiellem Recht — darauf beschränken, die einzelnen (staatlichen und/ oder kommunalen) Zuständigkeitsträger mit bestimmten materiellen Kompetenzen auszustatten bzw. die jeweiligen Kompetenzen materiell voneinander abzugrenzen. Interdependenzen entfalten sich durchaus im Rahmen oder — anders ausgedrückt — ungeachtet solcher materiellen Kompetenzregelungen: nämlich immer dann, wenn sich im Rahmen der jeweiligen *Kompetenzausübungen* Konkurrenzen, Überschneidungen oder wechselseitige Blockaden o. ä. ergeben. *Organinterdependenz* umschreibt mit anderen Worten vorrangig einen *Tatbestand verfahrens- oder organisationsrechtlicher Art bzw. eine Regelungsproblematik spezifisch kompetenzausübungsrechtlicher Art.* Der zentrale Lösungsmaßstab jeder Organinterdependenz liegt, wie bereits erwähnt, im Ziel der *Sicherung oder Gewährleistung der jeweiligen organschaftlichen Funktionsfähigkeit* und der damit verbundenen materiellen sowie konkurrenzgerechten *Kompetenzsicherung.* Wenn interdependente Verwaltungs- oder Verfassungsorgane auf ein Maß an Kooperation oder koordinierter Zuständigkeitswahrnehmung angelegt sind, bedarf es vor allem der *instantiellen Zuordnung durch Verfahrens- und Organisationsweisen der gegenseitigen Rücksichtnahme, Zusammenarbeit und (internen) Kompetenzbegrenzung* zwecks Vermeidung von wechselseitig hemmenden Blockaden o. ä. Als Grundlage für (verfahrensmäßige) Abstimmungs- oder Rücksichtnahmepflichten dieser Art im Bereich von verfassungsrechtlichen Organen hat man z. B. Grundsätze wie die der „Bundestreue" und — noch sehr viel allgemeiner — der „Verfassungsorgantreue" entwickelt[108]. Beide Maßstäbe funktionieren ebenso als Auslegungsmaßstab für materielle Kompetenznormen wie als *ungeschriebene Verhaltenspflichten bzw. Verhaltensrechte.* Beide Maßstäbe gelten einer insgesamt (kooperativen) Kompetenzeffektivität im Ver-

---

[108] Zum Grundsatz der Bundestreue vgl. u. a. BVerfGE 1, 299 (315 f.); 8, 122 (138); 12, 205 (254 f.); *Stern,* Staatsrecht (Fn. 34), S. 544 ff.; zur Verfassungsorgantreue vgl. grundlegend *Schenke,* Die Verfassungsorgantreue, 1977, bes. S. 41 ff.; 44 ff., 50 ff.

hältnis der jeweils miteinander verbundenen Kompetenzträger. Obwohl für Verwaltungsorgane der hier betroffenen Art ein „Treueverhältnis" o. ä. dieser Art keine unmittelbar vergleichbare Kategorie darstellt, folgen *Organinterdependenzen* doch prinzipiell gleichen Rechtsfolgen: Auch hier geht es um die verfahrensmäßige Abstimmung im Wege der einschlägigen Auslegung vorgegebener Kompetenzen, um die Begründung ungeschriebener Verhaltenspflichten oder -rechte zwecks kompetenzgerechter Zuordnung der interdependenten Organstellungen sowie um die Erreichung einer insgesamt gesicherten Kompetenzeffektivität.

Diese Anforderungen gelten auch und namentlich für die hiesige Kompetenzkonstellation zwischen Werkausschuß und Werkleitung. Folgerichtig müssen beiden Kompetenzträgern im Verhältnis ihrer gemeinsamen Sonderverwaltungszuständigkeit dasjenige Maß vor allem an verfahrensmäßigen Befugnissen wie Pflichten zustehen, das für eine insgesamt gesicherte Kompetenzeffektivität bzw. insgesamt gesicherte Verwaltung des Eigenbetriebes erforderlich ist. Für den Werkausschuß bedeutet dies, daß diesem gegenüber der Werkleitung nicht nur ein generelles Informationsrecht, sondern auch die Dispositionsbefugnis zusteht, die Werkleitung oder auch einzelne Werkleiter zur Teilnahme an den Sitzungen des Werkausschusses zu verpflichten[109]. Demgegenüber haben die berufsmäßigen Gemeinderatsmitglieder und damit auch der Werkreferent — soweit ein solcher bestellt ist — gemäß Art. 40 S. 2 GO das Recht, an den Sitzungen des Werkausschusses, wenn er sich mit Angelegenheiten ihres Auftragsbereichs befaßt (dies ist bezüglich des Werkreferenten der Regelfall), mit beratender Stimme teilzunehmen. Auf die Frage, inwieweit für die Werkleitung bzw. den Werkreferenten[110] darüber hinaus ein *Vortrags- und Antragsrecht* besteht, wird später zurückzukommen sein.

d) Die Beschluß- und Kontrollbefugnisse des Werkausschusses können durch eine *beratende Funktion* ergänzt werden. Nach Art. 32 GO *kann* der Gemeinderat dem Werkausschuß die Vorberatung aller derjenigen Angelegenheiten des Eigenbetriebes vorbehalten, über welche die Gemeindevertretung abschließend zu entscheiden gedenkt. Dementsprechend sieht § 5 Abs. 1 der Musterbetriebssatzung die Einschaltung des Werkausschusses als vorberatender Ausschuß in allen Angelegenheiten der Stadtwerke vor, die dem Beschluß des Stadtrates unterliegen. Es handelt sich dabei jedoch nicht um eine gesetzlich zwingend

---

[109] Vgl. *Zeiss* (Fn. 76), § 5 EBV, Anm. A III (S. 4).

[110] Den in der Sache nicht betroffenen Gemeinderatsmitgliedern ist es verwehrt, an den Sitzungen des Werkausschusses beratend teilzunehmen, vgl. BayVGH n. F. 13, 24 (27 f.); für die Beteiligung des Stadtkämmerers gilt im übrigen § 6 der EBV.

vorgeschriebene Zuständigkeit des Werkausschusses. Mag sie auch zweckmäßig sein, so kann der Gemeinderat doch auch ohne Vorberatung im Werkausschuß beschließen. Eine Ausnahme bildet allerdings die Vorschrift des § 23 Abs. 3 EBV. Hiernach sind der Jahresabschluß des Eigenbetriebes und die Abschlußunterlagen mit der Stellungnahme des Werkausschusses dem Gemeinderat vorzulegen. In diesem Fall ist somit eine Vorberatung durch den Werkausschuß *gesetzlich* vorgeschrieben.

Die rechtlich mögliche Vorberatung von Angelegenheiten des Eigenbetriebes, die der Beschlußfassung durch die Gemeindevertretung vorbehalten sind, bietet keine Möglichkeit, sachkundige Einwohner zu beratenden Mitgliedern des Werkausschusses zu bestellen. Denn das Mitberatungsrecht (das ein Recht zur Anwesenheit einschließt) stellt bereits ein Merkmal der Mitgliedschaft im Gemeinderat dar[111]. Sachkundige Bürger, die der Gemeindevertretung nicht angehören, dürfen daher nicht Mitglieder des Werkausschusses werden[112]. Dies schließt nicht aus, einzelne Sachkundige zur Beratung des Werkausschusses hinzuzuziehen[113]. Im übrigen unterliegt die Zusammensetzung des Werkausschusses den Vorschriften des Art. 33 GO.

3. *Die Zuständigkeiten des ersten Bürgermeisters*

Soweit Werkleitung und Werkausschuß den Eigenbetrieb gemeinsam verwalten, ist die Befugnis des ersten Bürgermeisters zur selbständigen Erledigung „laufender Angelegenheiten" (Art. 37 Abs. 1 Nr. 1) durch die abweichende Sondervorschrift des Art. 95 Abs. 1 Satz 2 GO ausgeschlossen. Der erste Bürgermeister kann solche Geschäfte auch in Einzelfällen dem Zuständigkeitsbereich des Eigenbetriebes nicht entziehen[114]. Gleiches gilt für die Vertretung des Eigenbetriebes nach außen[115]: Innerhalb der Reichweite dieser Vertretungsbefugnis erfährt die sonst bestehende alleinige Vertretungsmacht des ersten Bürgermeisters gemäß Art. 38 Abs. 1 GO eine Einschränkung. Art. 95 Abs. 1 verdrängt insofern Art. 38 Abs. 1 GO. Gleichermaßen sind die ehemals in § 4 Abs. 1 EBV aufgezählten Zuständigkeiten durch Art. 95 GO zum großen Teil auf den *Gemeinderat* und den *Werkausschuß* übergegangen.

Dessen ungeachtet verbleiben dem ersten Bürgermeister relativ umfangreiche Weisungs- bzw. Entscheidungsbefugnisse. Darüber hinaus stehen ihm weitere Funktionen im Gemeinderat und Werkausschuß zu,

[111] So BayVGH n. F. 13, 24 (27).
[112] So auch *Zeiss* (Fn. 76), § 5 EBV, Anm. A II (S. 3).
[113] BayVGH n. F. 13, 24 (27); ebenso BayVGH n. F. 33, 106 (112).
[114] Ebenso *Masson / Samper* (Fn. 82), Art. 95, Anm. 4.
[115] Vgl. dazu schon oben zu Fn. 92.

deren Wahrnehmung auch Auswirkungen auf die Tätigkeit des Eigenbetriebes zeitigt. Einige dieser Funktionen können allerdings im Rahmen der Geschäftsverteilung auf die Werkleitung übertragen werden.

a) Weisungsbefugnisse des ersten Bürgermeisters im Rahmen seiner Zuständigkeiten gegenüber dem Eigenbetrieb begründet einerseits § 4 EBV. Hiernach besteht eine Weisungsbefugnis im Verhältnis zur Werkleitung, unbeschadet ihres Rechtes zur Führung der laufenden Geschäfte. Diese Weisungsbefugnis gründet auf der allgemeinen Zuständigkeit zur Verwaltung der Gemeinde, zu der als Sondervermögen auch der Eigenbetrieb gehört. Daneben ist die Werkleitung nach § 2 Abs. 1 EBV dem Bürgermeister für die wirtschaftliche Führung des Eigenbetriebes verantwortlich.

Jenseits der Regelungen in der EBV bleiben die Vorschriften des Art. 37 Abs. 2 - 4 (Zuständigkeit des ersten Bürgermeisters für delegierte Auftragsangelegenheiten, für dringliche Anordnungen und für unaufschiebbare Geschäfte sowie in Personalangelegenheiten) unberührt[116]. Auch hiernach stehen dem ersten Bürgermeister Weisungsbefugnisse zu. Er führt ferner nach Art. 37 Abs. 4 GO die *Dienstaufsicht* über die Beamten, Angestellten und Arbeiter des Eigenbetriebes, soweit er sie nicht auf die Werkleitung übertragen hat (vgl. § 4 Abs. 2 Nr. 5 der Musterbetriebssatzung). Im Zusammenhang der Dienstaufsicht kann der erste Bürgermeister der Werkleitung Weisungen erteilen, die sich u. a. auf die Führung des Betriebes nach wirtschaftlichen Gesichtspunkten richten dürfen[117]. Einschränkungen dieser speziellen Weisungsbefugnis sind aus Art. 95 GO nicht ersichtlich. Zwar kann die Werkleitung — wie auch sonst im Über- und Unterordnungsverhältnis der Verwaltung üblich — gegen solche Weisungen *Gegenvorstellungen* erheben, die nach ihrer Auffassung sachlich nicht gerechtfertigt sind. Bleibt aber der erste Bürgermeister bei seiner Weisung, so muß ihr die Werkleitung nachkommen. Daneben bleibt das Überwachungsrecht des Gemeinderates gemäß Art. 30 Abs. 3 GO zu beachten. Dieses Recht steht freilich nicht dem *Werkausschuß* zu. Denn es geht um Angelegenheiten der laufenden Verwaltung des Eigenbetriebes, für die der Werkausschuß nach Art. 95 Abs. 1 Satz 2 GO nicht zuständig ist[118].

b) Obwohl Art. 95 GO als Sondervorschrift für Eigenbetriebe dem Art. 37 Abs. 1 Nr. 1 GO vorgeht, verbleiben dem ersten Bürgermeister einige substantielle *Entscheidungsbefugnisse* für den Bereich des Eigenbetriebes. Zu nennen sind einerseits Art. 37 Abs. 1 Nr. 2 und 3 GO. Wei-

---

116 *Widtmann* (Fn. 42), Art. 95, Anm. 4; *Masson / Samper* (Fn. 82), Art. 95, Anm. 6.

117 Vgl. *Zeiss* (Fn. 76), § 4 EBV, Anm. II 1 (S. 2).

118 A. A. *Zeiss* (Fn. 76), § 4 EBV, Anm. II 1 a. E. (S. 3).

tere wesentliche Entscheidungsbefugnisse kommen dem ersten Bürgermeister im Zusammenhang des Art. 37 Abs. 3 GO zu. Zwar beschließt der Werkausschuß über alle Angelegenheiten des Eigenbetriebes, die nicht zur „laufenden Geschäftsführung" gehören. Doch darf der erste Bürgermeister dringliche Entscheidungen anstelle des Werkausschusses treffen, wenn dieser nicht rechtzeitig zusammentreten kann[119].

Ist auf diese Weise der erste Bürgermeister unmittelbar in die Geschäftsführung des Eigenbetriebes eingeschaltet, so vermag der Gemeinderat ihm weitere Zuständigkeiten zu übertragen. Zwar gilt dies nicht für die Angelegenheiten, die in Art. 32 Abs. 2 GO aufgezählt sind und für die der *Gemeinderat* ausschließlich zuständig ist[120]. Doch kann gemäß Art. 37 Abs. 2 GO der Gemeinderat dem ersten Bürgermeister *durch die Geschäftsordnung* weitere Angelegenheiten des übertragenen Wirkungskreises zur selbständigen Erledigung zuweisen. Hiervon ausgeschlossen sind lediglich die laufenden Geschäfte des Eigenbetriebes. Für sie ist ausschließlich die Werkleitung nach Art. 95 Abs. 1 GO zuständig[121].

Wie aus alledem ersichtlich, hindert Art. 95 Abs. 1 GO demzufolge nicht, diejenigen Angelegenheiten des Eigenbetriebes dem ersten Bürgermeister zur Erledigung zu übertragen, für die nach Art. 95 Abs. 1 S. 4 GO auch der Werkausschuß zuständig sein könnte. Gleichwohl dürfte es richtiger sein, die Angelegenheiten des Eigenbetriebes beim Werkausschuß zu belassen. Dieser ist mit ihnen aufgrund seiner Nähe zur Sache besonders vertraut. Rechtlich zwingend ist eine solche Zuordnung jedoch nicht; notwendig ist allerdings und liegt es im Sinn der gesetzlichen Regelung, daß dem Werkausschuß ein angemessener, nicht zu eng begrenzter Aufgabenkreis belassen wird (*Verbot der Kompetenzaushöhlung*).

Die Musterbetriebssatzung geht somit auch in § 4 Abs. 2 Nr. 5 davon aus, daß der Gemeinderat von der Möglichkeit der Übertragung von Zuständigkeiten auf den Bürgermeister nur in *Personalangelegenheiten* Gebrauch macht. Damit ist allerdings nicht ausgeschlossen, daß die Entscheidung in Personalsachen im Sinne des Art. 43 Abs. 1 GO *ohne Übertragung durch den Gemeinderat* dem Werkausschuß (und nicht einem sonst gebildeten Personalausschuß) schon der Sache nach zusteht. Die Übertragungsbefugnis des Gemeinderates ist jedenfalls unbestritten. Freilich läßt es § 4 Abs. 2 Nr. 5 der Musterbetriebssatzung mit der Übertragung der Personalangelegenheiten auf den ersten Bürgermeister nach Art. 43 Abs. 2 GO nicht sein Bewenden finden. Er sieht nämlich die Weiterübertragung nach Art. 39 GO auf die Werkleitung vor.

119 Vgl. dazu *Masson / Samper* (Fn. 82), Art. 95, Anm. 6 m. w. Nachw.

120 Vgl. oben zu Fn. 103 - 106; siehe ferner Art. 37 Abs. 2 S. 1, 2. Hs. GO.

121 *Zeiss* (Fn. 76), § 4 EBV, Anm. II 2 (S. 3).

Darauf wird im einzelnen noch zurückzukommen sein. Jedenfalls erscheint es notwendig, die Aufteilung der Geschäftsführungszuständigkeiten im Eigenbetrieb zwischen Werkausschuß, Werkleitung und erstem Bürgermeister in einer Betriebssatzung vorzunehmen. Denn die EBV führt die Aufteilung der Zuständigkeiten nicht im einzelnen aus. Der § 7 der Musterbetriebssatzung enthält demgemäß Vorschläge, wie die Zuständigkeiten des ersten Bürgermeisters im Eigenbetrieb ausgestaltet werden sollen.

c) *Weitere Aufgaben des ersten Bürgermeisters im Eigenbetrieb* ergeben sich aus seiner Rechtsstellung im Zusammenhang der allgemeinen Gemeindeverwaltung. Er führt den Vorsitz im Gemeinderat und vollzieht seine Beschlüsse gemäß Art. 36 GO. Daneben führt der erste Bürgermeister den Vorsitz im Werkausschuß (Art. 33 GO).

Im Rahmen dieser gesetzlichen Aufgabenzuweisungen bereitet der erste Bürgermeister auch die Beratungsgegenstände für die Tätigkeit der genannten Gremien vor. Nach Art. 36 GO ist dies für den Gemeinderat der Fall, während Art. 55 GO eine entsprechende Tätigkeit des ersten Bürgermeisters für den Werkausschuß vorsieht. Freilich darf der erste Bürgermeister im Rahmen dieser Geschäftsverteilung einzelne seiner Befugnisse einem Gemeinderatsmitglied und in Angelegenheiten der laufenden Verwaltung einem Gemeindebediensteten übertragen (Art. 39 Abs. 2 GO). Angewendet auf die Spezialregelung des Art. 95 Abs. 1 GO für die Eigenbetriebe bedeutet dies sinngemäß, daß der erste Bürgermeister seine o. g. Vorbereitungstätigkeit in Angelegenheiten des Eigenbetriebes auch der Werkleitung übertragen und sich damit entlasten darf. Diese rechtliche Möglichkeit greift folgerichtig § 4 Abs. 3 der Musterbetriebssatzung auf, indem er die Werkleitung berechtigt, in den Angelegenheiten der Stadtwerke die Beschlüsse des Stadtrates und des Werkausschusses *vorzubereiten.*

Der erste Bürgermeister kann sich dagegen nicht von der Aufgabe der Rechtmäßigkeitskontrolle der Beschlüsse des Gemeinderates oder des Werkausschusses gemäß Art. 59 GO entlasten. Hält er Beschlüsse des Gemeinderates oder des Werkausschusses für rechtswidrig, so hat er sie zu beanstanden, ihren Vollzug auszusetzen und, soweit erforderlich, die Entscheidung der Rechtsaufsichtsbehörde nach Art. 110 GO herbeizuführen. Dieses Recht kann im Falle seiner Verhinderung nach Art. 39 Abs. 2 GO nur von seinem Vertreter und nicht von der Werkleitung ausgeübt werden[122]. Dagegen kann der erste Bürgermeister einen Werkleiter, der nicht zugleich Bürgermeister oder berufsmäßiges Gemeinderatsmitglied ist, mit seiner Vertretung in Angelegenheiten der laufenden Verwaltung beauftragen. Für den Bereich des Eigen-

122 So auch *Zeiss* (Fn. 76), § 4 EBV, Anm. IV a) (S. 7).

betriebes ist dies aber bereits von Gesetzes wegen durch Art. 95 GO geschehen. Folgerichtig kann deshalb die Werkleitung nach § 4 Abs. 2 EBV auch den ersten Bürgermeister in Fällen seiner eigenen Zuständigkeit vertreten, wenn die Angelegenheit keinen Aufschub duldet und die Entschließung des Bürgermeisters nicht rechtzeitig herbeigeführt werden kann. Auch diese rechtliche Regelung zeigt die spezifisch verwaltungsmäßige Zuordnung der Werkleitung zum ersten Bürgermeister. Sie wird ergänzt in allen „übrigen" Angelegenheiten des Eigenbetriebes durch die Zuständigkeit des Werkausschusses und des Gemeinderates (Art. 95 Abs. 1 S. 4 GO).

4. Die Zuständigkeiten des Gemeinderates

Zu den beschließenden Organen des Eigenbetriebes zählt endlich auch der Gemeinderat selbst. Er ist für die Eigenbetriebe das oberste Organ. Der in Art. 29 GO festgelegte Grundsatz, daß der Gemeinderat die Gemeinde verwaltet, gilt auch für die Eigenbetriebswirtschaft. Die Verknüpfung des Rechts auf demokratische Selbstverwaltung mit bürokratischen Verwaltungsfunktionen erstreckt sich auch auf die Führung des Eigenbetriebes[123]. Allerdings läßt die Gemeindeordnung die Übertragung einzelner Aufgaben des Gemeinderates an den ersten Bürgermeister in den Angelegenheiten des übertragenen Wirkungskreises (Art. 58 GO) zu. Hiervon ausgenommen sind jedoch die dem Gemeinderat in Art. 32 Abs. 2 S. 2 GO vorbehaltenen Geschäfte. Auch die Personalangelegenheiten dürfen vom ersten Bürgermeister nicht in eigener Zuständigkeit nach Art. 37 Abs. 1 Nr. 1 GO erledigt werden, da sie nicht zu den dort genannten „laufenden Angelegenheiten" gehören[124]. Insofern gilt die Sonderregelung des Art. 43 GO, wobei noch zu klären sein wird, ob Entscheidungen in Personalsachen dem Werkausschuß ohne Übertragung durch den Gemeinderat zustehen.

Art. 95 Abs. 1 GO fügt sich also in den in Art. 29 GO verankerten Grundsatz ein, wonach der Gemeinderat die Gemeinde verwaltet. Demgemäß ergeben sich auch direkte Zuständigkeiten des Gemeinderates im Eigenbetrieb. Nach Art. 95 Abs. 1 S. 1 GO bestellt der Gemeinderat für die Eigenbetriebe eine Werkleitung und einen Werkausschuß. Darüber hinaus kann sich der Gemeinderat im Verhältnis zum Werkausschuß die Entscheidung über jene Angelegenheiten des Eigenbetriebes allgemein vorbehalten oder im Einzelfall an sich ziehen, die nicht die laufenden Geschäfte betreffen (Art. 95 Abs. 1 S. 4 GO).

a) Welche Angelegenheiten der Gemeinderat sich allgemein vorbehalten oder im Einzelfall an sich ziehen will, steht in seinem Be-

---

[123] Vgl. oben B. I.

[124] *Widtmann* (Fn. 42), Art. 95, Anm. 5.

lieben[125]. Er ist freilich hierbei durch das Verbot der Übertragung bestimmter Angelegenheiten auf beschließende Ausschüsse gebunden[126]. *Art. 32 Abs. 2 S. 2 GO behält einen Kreis bestimmter Geschäfte dem Gemeinderat vor.* Aus Art. 95 Abs. 1 S. 4 GO ist ansonsten zu entnehmen, daß sich der Gemeinderat bei Inanspruchnahme der eigenen Zuständigkeit auf Fragen von grundsätzlicher oder finanziell weittragender Bedeutung zu beschränken hat[127]. Genauere Anhaltspunkte können sich aus der Aufzählung von Zuständigkeiten ergeben, die § 4 EBV in den Nr. 1 - 14 aufgeführt hat. Allerdings sind diese Zuständigkeiten im einzelnen nach Maßgabe des Art. 122 Abs. 2 GO durch Art. 95 GO sowie durch andere Vorschriften der Gemeindeordnung völlig auf den Gemeinderat bzw. auf den Werkausschuß übergegangen[128]. Immerhin kann § 4 EBV noch als Hinweis darauf dienen, welche Einzelgeschäfte vom allgemeinen Vorbehalt zugunsten des Gemeinderates erfaßt werden[129].

Im übrigen betreffen die in den Buchstaben a - e des Art. 32 Abs. 2 S. 2 GO aufgezählten Vorbehaltsentscheidungen des Gemeinderates durchweg auch Eigenbetriebsangelegenheiten: Dies gilt zunächst für die Beschlußfassung über Angelegenheiten, zu deren Erledigung die Gemeinde der Genehmigung bedarf (Art. 32 Abs. 2 S. 2 Buchst. a). Einer Genehmigung durch die Rechtsaufsicht bedürfen insofern die nach Art. 24 Abs. 1 und 2 GO sowie nach Art. 25 GO zu erlassenden Benutzungssatzungen und die Satzungen mit Anschluß- und Benutzungszwang, auch soweit sie mit rückwirkender Kraft ergehen. Dem Vorbehalt einer Genehmigung der Rechtsaufsicht unterliegen ferner Kreditaufnahmen und Einzelkredite in den Fällen des Art. 71 Abs. 4 - 6 GO, die Übernahme kreditähnlicher Verpflichtungen und Sicherheiten gemäß Art. 72 GO sowie die Aufnahme von Kassenkrediten und Verpflichtungsermächtigungen in den durch Art. 73 und Art. 67 Abs. 4 GO bestimmten besonderen Fällen. Einer Genehmigung durch die Rechtsaufsicht bedürfen schließlich jene Entscheidungen des Gemeinderates nach Art. 32 Abs. 2 S. 2 Buchst. a GO, die sich nach Art. 75 Abs. 5 GO auf die Veräußerung von Vermögensgegenständen unter ihrem Wert und auf die Verfügung über spezifische Wertgegenstände erstrecken. Vorbehalte einer Genehmigung der Rechtsaufsicht finden sich ebenso nach Art. 89 Abs. 4 GO für die Betätigung des Eigenbetriebes, mit der er die Gemeindegrenze überschreitet, für Beschlüsse nach Art. 91 GO

---

125 *Masson / Samper* (Fn. 82), Art. 95, Anm. 7.

126 Vgl. oben C. I. 2. b) (Fn. 103 - 107).

127 *Masson / Samper* (Fn. 82), Art. 95, Anm. 7 a. E.; vgl. auch *Hölzl / Hien* (Fn. 102), Art. 95 Anm. b) aa).

128 *Zeiss* (Fn. 76), § 4 EBV, Anm. I (S. 2).

129 So auch *Widtmann* (Fn. 42), Art. 95, Anm. 5.

über die Umwandlung eines Eigenbetriebes in eine Rechtsform des privaten Rechts oder für die Beteiligung an Unternehmen des privaten Rechts sowie für die Übertragung von Kassen- und Rechtsgeschäften des Eigenbetriebes nach Art. 101 GO.

Dem Gemeinderat vorbehalten sind ferner Beschlüsse über Erlaß und Änderung der Betriebssatzung (Buchst. b) sowie die Beschlußfassung über die allgemeine Regelung der Bezüge der Gemeindebediensteten (Buchst. c). Insofern betrifft die Zuständigkeit des Gemeinderates hinsichtlich des Eigenbetriebes zwei Fragenkreise: Einbezogen sind einmal Beschlüsse über die allgemeine Regelung der Bezüge der Gemeindebediensteten, zum anderen Beschlüsse über die besonderen Angelegenheiten des für den Eigenbetrieb zuständigen Bürgermeisters oder berufsmäßigen Stadtrates[130].

Einen weiteren Entscheidungsvorbehalt in bezug auf Eigenbetriebsangelegenheiten verankern auch die Vorschriften des Art. 32 Abs. 2 S. 2 Buchst. d und e GO. Als Anlage zum Haushaltsplan der Gemeinde sind der Wirtschaftsplan des Eigenbetriebes (vgl. § 2 Abs. 2 Nr. 5 KommHV) und der Finanzplan des Eigenbetriebes der Beschlußfassung durch den Gemeinderat vorbehalten. Ergänzend und ausdrücklich weist Buchst. f die Feststellung der Jahresrechnung und der Jahresabschlüsse des Eigenbetriebes und der Krankenhäuser mit kaufmännischem Rechnungswesen sowie die Beschlußfassung über die Entlastung dem Gemeinderat zu.

Ebenfalls originär und ausschließlich ist der Gemeinderat für die Entscheidung über die Errichtung, Erweiterung oder Aufhebung wirtschaftlicher Unternehmen der Gemeinden und über die Beteiligung an wirtschaftlichen Unternehmen zuständig (Art. 89, 91 GO). Dies gilt auch für wesentliche Änderungen des Betriebsumfanges der Stadtwerke, insbesondere für die Übernahme von neuen Aufgaben, soweit eine gesetzliche Verpflichtung nicht besteht. Auch die Änderung der Rechtsform der Gemeinde- bzw. Stadtwerke fällt hierunter.

Darüber hinaus sieht Art. 32 Abs. 2 S. 2 Buchst. h vor, daß die hinsichtlich der Eigenbetriebe dem Gemeinderat im übrigen vorbehaltenen Angelegenheiten nicht auf beschließende Ausschüsse übertragen werden dürfen. Gemeint ist insoweit die in Art. 95 Abs. 1 S. 1 GO enthaltene Befugnis des Gemeinderates, eine Werkleitung und einen Werkausschuß zu bestellen. Dieser gesetzlichen Aufgabenzuweisung zufolge bestimmt der Gemeinderat die Zusammensetzung der Werkleitung und des Werkausschusses, wobei er hinsichtlich des letzteren an die Bestimmung des Art. 33 Abs. 1 GO gebunden ist[131]. Hiernach darf der

130 *Zeiss* (Fn. 76), § 5 EBV, Anm. B II zu Buchst. c) (S. 15).

131 *Masson / Samper* (Fn. 82), Art. 95, Anm. 3.

Gemeinderat insbesondere kein im Dienst der Gemeinde stehendes und in der Verwaltung der Eigenbetriebe beschäftigtes Gemeinderatsmitglied in den Werkausschuß berufen. Für die Führung des Vorsitzes im Werkausschuß gilt daneben Art. 33 Abs. 2 GO.

Als gesetzlich vorgeschriebene notwendige Sonderverwaltungsorgane können Werkleitung und Werkausschuß durch den Gemeinderat nicht beseitigt werden. Art. 32 Abs. 5 GO gilt deshalb für den Werkausschuß nicht. Der Gemeinderat darf ihn nicht auflösen[132]. Dagegen dürfen Werkausschuß und Werkleitung personell umbesetzt werden. Allerdings muß der Gemeinderat diese und seine weiteren Befugnisse aus Art. 95 Abs. 1 S. 1 GO selbst wahrnehmen. Er kann sie nicht einem weiteren beschließenden Ausschuß überlassen[133].

Hinzuweisen bleibt schließlich auf die in § 8 Abs. 5 EBV getroffene Regelung zur Erhaltung des Vermögens und der Leistungsfähigkeit der Stadtwerke. Hiernach darf *nur* die Gemeinde das Eigenkapital des Eigenbetriebes vermindern bzw. über die Rückzahlung entscheiden. Vor der Beschlußfassung ist allerdings die Werkleitung zu hören; sie hat schriftlich Stellung zu nehmen.

Der Entscheidung des Gemeinderates nach Art. 32 Abs. 2 S. 2 Buchst. i GO vorbehalten ist schließlich die Erteilung besonderer Aufträge an das Rechnungsprüfungsamt und die Bestellung des Abschlußprüfers (Art. 104, 107 GO). Nach Art. 107 Abs. 2 GO wird die Abschlußprüfung vom bayerischen kommunalen Prüfungsverband oder von einem Wirtschaftsprüfer bzw. von einer Wirtschaftsprüfungsgesellschaft durchgeführt. Darüber entscheidet nur der Gemeinderat. Der Prüfer für den Jahresabschluß darf demgemäß nicht vom Werkausschuß bestellt werden[134].

b) Der in Art. 29 GO enthaltene Grundsatz, daß die Gemeinde durch den Gemeinderat verwaltet wird, soweit nicht der erste Bürgermeister selbständig entscheidet (Art. 37 GO), wird durch Art. 95 Abs. 1 GO weitgehend modifiziert. Gleichwohl ist der Gemeinderat nicht völlig aus der Verwaltung des Eigenbetriebes hinausgedrängt. Darauf weist bereits die in § 8 Abs. 5 EBV dem Gemeinderat vorbehaltene Entscheidung über die Rückzahlung von Eigenkapital des Eigenbetriebes hin[135]. Diese durch die EBV getragene *spezifische Zuordnung von Gemeinderat und Werkleitung* gibt Anlaß, das Verhältnis beider näher zu betrachten:

---

132 Vgl. statt aller *Hölzl / Hien* (Fn. 102), Art. 95, Anm. 4 a) aa).

133 *Masson / Samper* (Fn. 82), Art. 95, Anm. 2.

134 So auch *Zeiss* (Fn. 76), § 5 EBV, Anm. B II zu Buchst. i) (S. 16); anders aber § 5 Abs. 3 Nr. 2 der Musterbetriebssatzung: hiernach bestellt der Werkausschuß den Prüfer für den Jahresabschluß.

135 Vgl. auch *Zeiss* (Fn. 76), § 5 EBV, Anm. B II zu Buchst. h) (S. 16).

Die Beziehung von Gemeinderat und Werkleitung sieht sich in zwei Punkten durch Art. 95 Abs. 1 GO näher ausgestaltet. Zum einen *muß* der Gemeinderat eine Werkleitung bestellen. Sie führt die laufenden Geschäfte des Eigenbetriebes[136] in eigener Zuständigkeit. Ebensowenig wie der erste Bürgermeister die davon umfaßten Angelegenheiten aus dem Zuständigkeitsbereich des Eigenbetriebes in Einzelfällen an sich ziehen darf, kann der Gemeinderat die Zuständigkeit der Werkleitung in dieser Hinsicht beschränken. Ihm steht es lediglich zu, ggf. den Umfang der „laufenden Geschäfte des Eigenbetriebes" in der Betriebssatzung (Art. 95 Abs. 2 GO) näher zu umschreiben[137].

Darüber hinaus kann der Gemeinderat nach freiem Ermessen die Werkleitung zur *Vertretung nach außen* ermächtigen. Dem Werkausschuß kommt insoweit keine Zuständigkeit und auch kein für den Gemeinderat bindendes Vorschlagsrecht zu. Dieser kann die Vertretungsmacht der Werkleitung auf die „laufenden Geschäfte des Eigenbetriebes" beschränken oder auch weiter ausdehnen. Zweckmäßigerweise geschieht dies in der Betriebssatzung. Soweit diese Vertretungbefugnis reicht, erfährt die sonst bestehende alleinige Vertretungsmacht des ersten Bürgermeisters[138] eine Einschränkung.

c) In die Verwaltung des Eigenbetriebes teilt sich der Gemeinderat darüber hinaus auch mit dem Werkausschuß. Nach Art. 95 Abs. 1 S. 1 GO ist stets ein Werkausschuß zu bilden, auch wenn die EBV nach § 26 nicht anzuwenden ist. Die Bildung eines Werkausschusses ist zwingend und ohne Rücksicht auf die Einwohnerzahl vorgeschrieben. Der Gemeinderat kann deshalb dem Werkausschuß auch nicht alle Zuständigkeiten entziehen. Jedoch kann er sich gemäß Art. 95 Abs. 1 S. 4 GO bestimmte Entscheidungen allgemein vorbehalten oder darüber einen Einzelbeschluß fassen. Eine solche Regelung findet sich u. a. in § 6 Abs. 1 Nr. 7 der Musterbetriebssatzung. Trifft der Gemeinderat keine einschränkende Regelung, so beschließt der Werkausschuß über alle Angelegenheiten des Eigenbetriebes, die nicht zur gesetzlichen Zuständigkeit der Werkleitung (laufende Geschäftsführung) gehören.

Welche Angelegenheiten der Gemeinderat sich allgemein vorbehalten oder im Einzelfall an sich ziehen will, steht weitgehend in seinem Belieben[139]. Er ist hierbei allerdings durch das Verbot der Übertragung bestimmter Angelegenheiten auf beschließende Ausschüsse gemäß Art. 32 Abs. 2 S. 2 GO gebunden. Andere formelle Bindungen bestehen nicht. Es liegt vielmehr im Sinn der gesetzlichen Regelung des Art. 95

---

[136] Vgl. oben zu C. I. 1.

[137] Vgl. *Masson / Samper* (Fn. 82), Art. 95, Anm. 4 a. E.; vgl. ferner oben zu C. I. 3.

[138] Vgl. oben zu C. I. 3. bei Fn. 115.

[139] *Masson / Samper* (Fn. 82), Art. 95, Anm. 7.

Abs. 1 GO, daß dem Werkausschuß ein angemessener und nicht zu eng begrenzter Aufgabenkreis belassen wird. Der Gemeinderat soll ja gerade durch dessen gesetzliche Instituierung entlastet werden[140].

d) Nach Art. 30 Abs. 3 GO überwacht der Gemeinderat die gesamte Gemeindeverwaltung, insbesondere die Ausführung seiner Beschlüsse. Demzufolge ist auch die Kontrolle des Eigenbetriebes, der nur ein organisatorisch verselbständigter Teil der Gemeindeverwaltung ist, Aufgabe des Gemeinderates. Die Überwachung geschieht durch die Einholung von Informationen über den Gang der Geschäftsführung und über den Vollzug von Beschlüssen des Gemeinderates[141]. Hierzu bedarf der Gemeinderat freilich der Mitwirkung des ersten Bürgermeisters. Die Kontrollfunktion berechtigt nämlich nicht zu unmittelbaren Weisungen an die Werkleitung. Dafür ist vielmehr und nach Art. 36 GO der erste Bürgermeister zuständig. Er vermittelt in seiner Person die Kontrollfunktion des Gemeinderates gegenüber der Werkleitung.

Die Überwachung der gemeindlichen Verwaltung und damit auch des Eigenenbetriebes kann jedoch auch dadurch vorsichgehen, daß der Gemeinderat zur laufenden Überwachung einen Überwachungsausschuß oder einzelne seiner Mitglieder (Korreferenten bzw. Verwaltungsräte) bestellt[142]. Im Hinblick auf den Eigenbetrieb kann der Gemeinderat seine Kontrollfunktion auch dem Werkausschuß übertragen[143].

Umgekehrt kann der Gemeinderat die Entscheidung in den nicht-laufenden Geschäften des Eigenbetriebes, für die an sich nach der Betriebssatzung der Werkausschuß zuständig wäre, *im Einzelfall* an sich ziehen (Art. 95 Abs. 1 S. 4 GO). Anderes gilt allerdings für die *Nachprüfung von Entscheidungen des Werkausschusses durch den Gemeinderat.* Während bei sonstigen beschließenden Ausschüssen bereits ein Antrag des Vorsitzenden oder einer Minderheit der Ausschuß- oder Gemeinderatsmitglieder genügt, um die Angelegenheit an das Plenum des Gemeinderates zu bringen, bedarf es bei Entscheidungen des Werkausschusses in jedem Fall eines Beschlusses des *Gemeinderates.* Art. 32 Abs. 4 S. 1 GO findet daher auf den Werkausschuß keine Anwendung[144]. Der Gesetzgeber will dem Werkausschuß eine größere Bewegungsfreiheit einräumen, als er anderen Ausschüssen zugestanden hat.

140 Vgl. oben zu C. I. 2.; siehe ferner *Masson / Samper* (Fn. 82), Art. 95, Anm. 7.

141 Hierzu näher *Zeiss* (Fn. 76), § 5 EBV, Anm. B IV (S. 17).

142 *Widtmann* (Fn. 42), Art. 30, Anm. 6.

143 So *Zeiss* (Fn. 76), § 5 EBV, Anm. B IV (S. 17).

144 So die ganz h. M.; vgl. z. B. *Widtmann* (Fn. 42), Art. 95, Anm. 5; *Masson / Samper* (Fn. 82), Art. 95, Anm. 8; *Hölzl / Hien* (Fn. 102), Art. 95, Anm. 4 b) cc) a. E.

e) Freilich geht diese gesetzlich eingeräumte Bewegungsfreiheit nicht so weit, daß auch die *Entscheidungen in Personalsachen* im Sinne des Art. 43 Abs. 1 GO ohne Übertragung durch den Gemeinderat dem Werkausschuß zustehen. So wird z. B. die originäre Zuständigkeit des Werkausschusses für Personalangelegenheiten weithin behauptet[145]. Begründet wird diese Auffassung mit dem Verweis auf Art. 95 Abs. 1 S. 5 GO, wonach der Werkausschuß ein *beschließender Ausschuß im Sinne der Art. 32 und 55 GO* ist. Nach Art. 32 Abs. 2 S. 1 GO kann der Gemeinderat die Erledigung einzelner Angelegenheiten beschließenden Ausschüssen übertragen. Aus dem damit eröffneten Zusammenhang von Art. 95 Abs. 1 S. 5 und Art. 32 Abs. 2 S. 1 GO wird gefolgert, daß die Entscheidung in Personalsachen im Sinne des Art. 43 Abs. 1 GO ohne weitere Übertragung durch den Gemeinderat dem Werkausschuß und nicht einem sonst gebildeten Personalausschuß bzw. dem ersten Bürgermeister zusteht. Art. 43 Abs. 2 GO soll insofern hinter Art. 95 Abs. 1 S. 5 GO zurücktreten[146].

Diese Auffassung überzeugt jedoch nicht. Zwar dürfte zutreffen, daß durch den Verweis des Art. 95 Abs. 1 GO auf den Werkausschuß als beschließenden Ausschuß im Sinne des Art. 32 Abs. 2 GO überall dort der Werkausschuß angesprochen wird, wo in der Gemeindeordnung einzelne Angelegenheiten auf beschließende Ausschüsse übertragen werden können. Insoweit bildet Art. 95 Abs. 1 S. 5 GO eine Spezialregelung. Diese sagt jedoch noch nichts über die Zuständigkeiten des Werkausschusses im einzelnen aus.

Maßgeblich hierfür ist vielmehr Art. 95 Abs. 1 S. 4 GO. Er besagt, daß der Werkausschuß über „die Angelegenheiten des Eigenbetriebes" beschließt, *soweit nicht* der Gemeinderat sich die Entscheidung allgemein vorbehält oder im Einzelfall an sich zieht. Weil dem Gesetzeswortlaut aber keine Einschränkung zu entnehmen ist, wird in der Literatur aus der Formulierung „*die* Angelegenheiten des Eigenbetriebes" gefolgert, daß es sich um „*alle*" Angelegenheiten des Eigenbetriebes handle[147]. Unter dieses Verständnis der nicht-laufenden Geschäfte des Eigenbetriebes im Sinne des Art. 95 Abs. 1 S. 4 GO fallen also auch dessen Personalangelegenheiten. In Verfolg dieser Auffassung werden Personalsachen sogar ausdrücklich den „Angelegenheiten des Eigenbetriebes" gemäß Art. 95 Abs. 1 GO zugerechnet[148]. Im übrigen ging auch § 10 Abs. 1 S. 3 EBV a. F. offenbar davon aus, daß die Personalangelegenheiten unter Art. 95 Abs. 1 S. 4 GO fallen, hielt er doch grundsätz-

---

145 Vgl. *Widtmann* (Fn. 42), Art. 95, Anm. 5.

146 So bezeichnenderweise *Widtmann* (Fn. 42), Art. 95, Anm. 5.

147 Vgl. stellvertretend *Masson / Samper* (Fn. 82), Art. 95, Anm. 6.

148 So z. B. von *Widtmann* (Fn. 42), Art. 95, Anm. 5.

lich die Werkleitung für die Einstellung, Versetzung usw. von Bediensteten der Eigenbetriebe für zuständig.

Die damit aufgeworfene Zuständigkeitsproblematik für Personalangelegenheiten der Eigenbetriebe ergibt sich letztlich aus dem Nebeneinander der allgemeinen Vorschriften der Gemeindeordnung und der Sonderregelungen des Art. 95 GO. Hier ermangelt es einer genauen gesetzlichen Abgrenzung. Zurückzugreifen ist deshalb auf die grundsätzlichen Überlegungen zum Verhältnis der Vorschriften des Art. 95 Abs. 1 GO zu den allgemeinen Vorschriften der Gemeindeordnung über die Verfassung und Verwaltung der Gemeinde nach den Art. 29 ff. GO[149]. Aus diesen Überlegungen ergab sich, daß der Eigenbetrieb zwar kraft Gesetzes eine Sonderstellung in der Gemeindeverwaltung einnimmt, dessen ungeachtet aber ein rechtlich unselbständiger Teil der Gemeindeverwaltung bleibt, für den das allgemeine Gemeinderecht gilt. Angelegenheiten wie Personalentscheidungen eines Dienstherrn bzw. Arbeitgebers, die für den Bereich einer Gemeinde einheitlich getroffen werden müssen, unterliegen von daher den generellen Vorschriften der Art. 37 Abs. 4 GO und Art. 43 Abs. 1 - 3 GO. Diese Vorschriften gehen dem Art. 95 Abs. 1 GO vor, so daß kraft Gesetzes zunächst — unter der Beachtung der in Art. 32, 39 und 43 GO vorgesehenen Delegationsmöglichkeiten, auf die noch zurückzukommen sein wird — der Gemeinderat oder der erste Bürgermeister für Personalangelegenheiten zuständig sind. Von dieser Auffassung scheint auch der Verordnungsgeber im bayerischen Eigenbetriebsrecht auszugehen. Durch die Änderungsverordnung zur EBV vom 13. 12. 1971[150] wurden die §§ 7 - 27 der EBV neu gefaßt; eine dem § 10 a. F. (betr. Personalangelegenheiten) entsprechende Vorschrift enthält diese Neufassung nicht mehr. Außerdem wurde durch die Änderungsverordnung zur EBV vom 10. 12. 1973[151] mit den Änderungen zu § 12 Abs. 1 S. 2 und zu § 15 EBV dem Eigenbetrieb die Möglichkeit einer eigenen Stellenübersicht genommen. Die Bediensteten der Eigenbetriebe sind deshalb uneingeschränkt von dem Stellenplan zum Haushaltsplan bzw. von der Stellenübersicht der Gemeinde erfaßt. Auch dies spricht dafür, daß der Personalbereich der Eigenbetriebe den allgemeinen Vorschriften der Gemeindeordnung über Personalangelegenheiten unterfallen soll.

Dies gilt schließlich auch im Hinblick auf die *Werkleitung*. Insoweit herrscht Einigkeit darüber, daß die Zuweisung der laufenden Geschäfte des Eigenbetriebes an die Werkleitung nicht die Einstellung, Anstellung, Beförderung oder Entlassung von Gemeindebediensteten um-

---

[149] Dazu oben B. I., Fn. 76, 77.

[150] GVBl. S. 480.

[151] GVBl. S. 671.

faßt. Die Personalgeschäfte des Art. 43 Abs. 1 GO zählen nicht zur laufenden Verwaltung bzw. zur laufenden Geschäftsführung des Eigenbetriebes[152].

Weder die Werkleitung noch der Werkausschuß verfügen damit über Zuständigkeiten über Personalsachen *aus eigenem Recht.* Vielmehr ist nach der Gemeindeordnung die Zuständigkeit für die Einstellung, Beförderung und Entlassung der Beamten, Angestellten und Arbeiter des Eigenbetriebes prinzipiell dem *Gemeinderat* zugewiesen. Der Gemeinderat ist *ausschließlich* zuständig für die Wahl eines Werkreferenten (Bürgermeister oder ein berufsmäßiges Gemeinderatsmitglied), falls ein solcher bestellt wird, für die Wahl des oder der Werkleiter gemäß Art. 95 Abs. 1 GO sowie nach Art. 32 Abs. 2 S. 2 Buchst. c GO für die allgemeine Regelung der Bezüge der Bediensteten des Eigenbetriebes. Darüber hinaus ist der Gemeinderat nach Art. 43 Abs. 1 GO zuständig, die Beamten der Gemeinde zu ernennen, zu befördern, zu einem anderen Dienstherrn abzuordnen oder zu versetzen bzw. in den Ruhestand zu versetzen und zu entlassen. Aus derselben Rechtsgrundlage folgt die Befugnis des Gemeinderates, die Angestellten und Arbeiter der Gemeinde einzustellen, höher zu gruppieren oder zu entlassen. Allerdings kann der Gemeinderat *diese Befugnisse* auf den Werkausschuß übertragen. Außerdem können in Gemeinden mit mehr als 10 000 Einwohnern bestimmte Zuständigkeiten, die im Art. 43 Abs. 2 GO aufgezählt worden sind, auch auf den ersten Bürgermeister übertragen werden. Die Musterbetriebssatzung hat von diesen Möglichkeiten Gebrauch gemacht. In ihren §§ 4 Abs. 2, 5 Abs. 3, 6 Abs. 1 und 7 werden die Zuständigkeiten in Personalangelegenheiten zwischen Gemeinderat, Werkausschuß, erstem Bürgermeister und Werkleitung aufgeteilt. Hierauf wird im folgenden noch einzugehen sein.

II. Funktionelle Kompetenzverflechtung als rechtliche Leitungsmaßgabe des Eigenbetriebes

Zieht man ein vorläufiges Fazit aus der voraufgegangenen Darstellung der kompetentiellen Grundstrukturen des Eigenbetriebes, so ergibt sich als genuines Leitbild der Verfassung und Verwaltung kommunaler Eigenbetriebe ein dichtes Geflecht von Aufgaben und Kompetenzen. Dieses Zuständigkeitsgeflecht, das je besondere Funktionszuweisungen bzw. Zuordnungen der Organe untereinander enthält, darf nicht einseitig zugunsten des einen oder anderen Kompetenzinhabers bei der Führung des Eigenbetriebes aufgeknüpft werden. Insbesondere

152 Näher hierzu statt aller *Widtmann* (Fn. 42), Art. 95, Anm. 4, 5; Art. 37, Anm. 2 a; Art. 43, Anm. 4.

würde eine übermäßige Kompetenzverschiebung zugunsten der Werkleitung und zu Lasten der anderen Zuständigkeitsträger im Eigenbetrieb den verdeckten Übergang zur *Eigengesellschaft* bedeuten, die aber ihrerseits und umgekehrt den viel strengeren Erfordernissen des Art. 91 GO unterliegt[153].

Dies vorausgeschickt, lassen sich im Rahmen der funktionellen Kompetenzverflechtung bei der Fürung des Eigenbetriebes prinzipiell zwei Kompetenzschichten unterscheiden: Den *Zuständigkeiten* zur *Verwaltung* und *Leitung* des Eigenbetriebes stehen jene Kompetenzen gegenüber, die sich unter den Begriff der *Überwachung* bzw. *Kontrolle* zusammenfassen lassen[154]. Der Eigenbetrieb und damit auch die Stadtwerke sind in ein vielschichtiges Überwachungsgefüge eingegliedert, das unternehmensinterne Kontrollen ebenso umfaßt wie Überwachungen durch den Träger, durch Wirtschaftsprüfer, durch Aufsichtsbehörden und andere Prüfungen. Die besondere Situation des Eigenbetriebes besteht so vor allem darin, daß sich die Grenzen zwischen Überwachung einerseits und unmittelbarer Beteiligung an wesentlichen unternehmerischen Entscheidungen andererseits verwischen. Dies haben die zuvor aufgeführten Kataloge der Mitwirkungs- und Entscheidungsvorbehalte für den Gemeinderat und für den Werksausschuß sowie für den ersten Bürgermeister deutlich belegt.

Der rechtlich unselbständige Eigenbetrieb grenzt sich insofern scharf von kommunalen Unternehmen in der Form von Kapitalgesellschaften ab. So kann vor allem die *Werkleitung* nicht dem Vorstand einer privatrechtlichen Kapitalgesellschaft gleichgesetzt werden. Zwar handelt die Werkleitung des Eigenbetriebes ebenso wie jener Vorstand im Rahmen ihrer Zuständigkeit in eigener Verantwortung. Jedoch hat die Werkleitung zu beachten, daß sie mit ihren Versorgungsbetrieben in das System von demokratischer (Selbstverwaltungs-)Legitimation und sozialstaatlicher Aufgabe bzw. Leistungsverantwortung hineingestellt ist.

Im Gefolge dieser speziellen Legitimation und Aufgabenzuweisung bleibt die Stellung der Gemeindevertretung als des Hauptorgans der Gemeinde zu beachten. Die Gemeindeordnung behält, wie dargelegt, dem Gemeinderat eine Reihe von Entscheidungen zwingend vor, was praktische Bedeutung für die *Führung* des (rechtlich unselbständigen) Eigenbetriebes hat. Damit und aufgrund des überdies gegebenen Eintrittsrechts der Gemeindevertretung sind besondere Verwaltungszuständigkeiten des Gemeinderats in der Grundsatzfrage zu verzeichnen, wie der Eigenbetrieb gestaltet und wirtschaftlich geleitet werden soll.

---

153 Vgl. oben zu A. III. 1 - 3.

154 Näher hierzu und zur Ausdifferenzierung des Überwachungsgefüges vgl. *Bolsenkötter* (Fn. 80), S. 90 ff., 97 ff., 111 ff.

Ebenfalls streng zu sondern von dem Organ des Aufsichtsrates, wie ihn etwa das Aktienrecht vorsieht, ist der *Werkausschuß*. Ebensowenig wie der Gemeinderat ist auch der Werkausschuß ein Aufsichtsrat des Eigenbetriebes: Er hat durchaus seine Bedeutung als Überwachungsinstitution, ist aber — anders als der Aufsichtsrat — *in beachtlichem Maße* in das Gefüge der *Leitung* des Eigenbetriebes einbezogen. Er verfügt über eine Reihe von unmittelbaren Zuständigkeiten, die seine entsprechende Beteiligung an der Führungsorganisation der Stadtwerke erforderlich machen. Ersichtlich will der kommunalrechtliche Gesetzgeber dem Werkausschuß eine noch größere Bewegungsfreiheit einräumen, als er sie anderen Ausschüssen zugestanden hat.

In rechtlicher Sicht ergibt sich aus alledem ein Maß *funktionsspezifischer Kompetenzverflechtung* für die Führung des Eigenbetriebes. Dessen Einbindung in den Rahmen demokratisch legitimierter, gemeindlicher Selbstverwaltung unter Wahrung möglichst großer Verwaltungseffizienz wird zum maßgeblichen Gesichtspunkt der Kompetenzverteilung zwischen Werkleitung, Werkausschuß, Gemeinderat (Stadtrat) und dem ersten Bürgermeister. Diesem Gesichtspunkt entspricht das Muster der kompetentiellen Grundstrukturen des Eigenbetriebes. Es bedarf allerdings zu seiner Vollständigkeit noch der präzisen Maßgaben für die jeweilige Zuordnung der Kompetenzträger untereinander.

1. *Verwaltung und Leitung des Eigenbetriebes*

a) Die *Hauptaufgaben* der Verwaltung und Leitung des Eigenbetriebes liegen unzweifelhaft bei der *Werkleitung*. Sie nimmt alle im täglichen Betrieb ständig wiederkehrenden Maßnahmen wahr, die zur Aufrechterhaltung des Betriebes notwendig sind. Die umfassende und eigenverantwortliche Führung des Eigenbetriebes betrifft aber mehr als nur die laufende Betriebsführung. Eine Vielzahl der über sie hinausreichenden Aufgaben ist deshalb dem Werkausschuß zugewiesen. Insgesamt teilen sich damit *Werkausschuß* und *Werkleitung* in die Verwaltung und Leitung des Eigenbetriebes. Auch der *Werkausschuß* verfügt insofern über eine *eigenständige Verwaltungskompetenz;* er ist nicht bloß Kontrollorgan. Zu beachten ist, daß diese originäre Verwaltungskompetenz mitgliedschaftlich begründet wird. Die Angehörigen des Werkausschusses sind nicht etwa Bedienstete der Stadtwerke, sondern demokratisch gewählte und legitimierte Mitglieder des Stadtrates.

Auf den Eigenbetrieb bzw. die Stadtwerke bezogen, kann damit von einer *gemeinsamen Verwaltungszuständigkeit der Werkleitung und des Werkausschusses* gesprochen werden. Sie konkretisiert sich vor allem in „Nahtbereichen“ der Betriebsführung; also dort, wo die Abgrenzung der „laufenden Geschäfte“ (Art. 95 Abs. 1 GO) von den nichtalltäglichen, schwergewichtigen Angelegenheiten des Eigenbetriebes schwierig ist.

Gemeinsame Verwaltungszuständigkeit, die später noch näher zu erörternden und bereits beschriebenen spezifischen Kontrollbefugnisse des Werkausschusses gegenüber der Werkleitung sowie die „Offenheit“ der laufenden Betriebsführung in der Abgrenzung zu nicht-wiederkehrenden Maßnahmen erlauben es, von einer übergreifenden, *gemeinsamen exekutivischen Gesamtverantwortung* des Werkausschusses und der Werkleitung auszugehen. Sie markiert die zwischen beiden Organen des Eigenbetriebes bestehende, ungeschriebene *Organinterdependenz*[155].

Die Wahrnehmung dieser gemeinsamen, organinterdependenten Verwaltungszuständigkeit für den Eigenbetrieb erfordert, wie bereits gezeigt, die Entwicklung oder Anerkennung spezifischer Verfahren für die Zuordnung der beiden (Teil-)Organe von Werkausschuß und Werkleitung. Oder mit anderen Worten: Es bedarf eines *Verfahrensäquivalents,* das die besondere bürokratische Zuordnung beider Organe handhabbar macht. Auf Seiten des Werkausschusses erscheint es insofern sach- und kompetenzgerecht, diesem das jederzeitige Recht auf Berichterstattung durch die Werkleitung über den Gang der Geschäfte und die Lage des Unternehmens zu übertragen. Auf Seiten der Werkleitung entspricht es den gleichen Grundsätzen, dieser das jederzeitige *Recht zum Vortrag* vor dem Werkausschuß einzuräumen. Dementsprechend sehen die §§ 4 Abs. 3 und 5 Abs. 2 der Musterbetriebssatzung ein solches Recht der Werkleitung zum Vortrag im Werkausschuß und einen (entsprechenden) Anspruch des Werkausschusses auf Berichterstattung durch die Werkleitung vor. Dieses Recht auf Vortrag impliziert allerdings noch kein Antragsrecht für die Werkleitung.

Bedenken gegen ein solches Vortragsrecht der Werkleitung im Werkausschuß ließen sich allenfalls in dem Sinne geltend machen, daß im Werkausschuß gewählte Gemeinderatsmitglieder sitzen, während die Mitglieder der Werkleitung Gemeindebedienstete gemäß Art. 42 f. GO sind, also nicht dem Gemeinderat als entsprechend demokratisch legitimierte Statusträger angehören. Nimmt man hinzu, daß nach allgemeinen verfahrensrechtlichen Grundsätzen der Sachvortrag zumindest in dem „Antrag“ gipfelt, der das Gesagte bekräftigend zusammenfaßt[156], so könnte u. U. geltend gemacht werden, durch das Vortragsrecht der Werkleitung im Werkausschuß werde unzulässigerweise auf die Willensbildung von Gemeinderatsmitgliedern Einfluß genommen;

---

155 Dazu schon oben der Text bei C. I. 2. zu c).

156 Vgl. BayVGH n. F. 33, 106 (112).

unter weiteren Umständen sogar mit der Konsequenz, daß dies gegen Art. 28 Abs. 1 S. 2 GG bzw. gegen die dort garantierte demokratische Integrität der Gemeinde verstieße.

Indessen bedeutete eine solche Argumentation ein erhebliches Mißverständnis. Zum einen bleibt den Mitgliedern des Werkausschusses sowie dem ersten Bürgermeister als seinem Vorsitzenden in jedem Falle die Entscheidung darüber vorbehalten, das Vorgetragene zu werten und ggf. auch antragsmäßig in eigener Verantwortung aufzunehmen. Bereits insoweit bleibt das maßgebende Element demokratischer Legitimation und selbstverwaltungsrechtlicher Integrität gewählter Organe gewahrt[157]. Zum anderen ist auf die besondere Position des Werkausschusses Bedacht zu nehmen. Denn der Werkausschuß ist nicht nur gemeindliches Vertretungsorgan, sondern auch exekutivische Instanz des Eigenbetriebsrechts (Art. 95 Abs. 1 GO). Der Werkausschuß unterscheidet sich insoweit bereits vom Gemeinderat allgemein; im besonderen kommt seine spezifische (organinterdependente) Beziehung zur Werkleitung als zweitem Exekutivorgan des Eigenbetriebes hinzu — eine Beziehung, die den Werkausschuß mit der Werkleitung, wie gezeigt, zu Trägern einer gemeinsamen Sonderverwaltungskompetenz verbindet und die den Werkausschuß auch qualitativ maßgebend vom Gemeinderat abhebt. Der Werkausschuß verfügt — im Unterschied zum Gemeinderat — über eine *Mittelstellung* zwischen einem normalen Ausschuß der Gemeindevertretung und einem kommunalen Verwaltungsorgan. Er ist deshalb nicht „verkleinerter" Stadtrat, sondern auch und maßgebend exekutivisches Leitungsorgan des Eigenbetriebes. Diese Eigenschaft des Werkausschusses grenzt ihn vom Gemeinde- bzw. Stadtrat ab; für den letzteren ist der Werkausschuß *auch* als exekutivisches Organ zu begreifen. Im Einklang hiermit sieht § 5 Abs. 1 der Musterbetriebssatzung vor, daß der Werkausschuß als *vorberatender Ausschuß* in allen Angelegenheiten der Stadtwerke tätig werden soll, die dem Beschluß des Stadtrates unterliegen. Die Nutzung der in dieser Vorbereitung mittels Beratung liegenden (exekutivischen) Fachlichkeit entspricht den Erfordernissen einer funktions- und kompetenzgerechten Führung des Eigenbetriebes.

Das Vortragsrecht der Werkleitung im Werkausschuß basiert auf der organinterdependenten Verbindung von Werkausschuß und Werkleitung als eigenbetriebsrechtlich-gemeinsamen Exekutivorganen. Das Vortragsrecht der Werkleitung hat mit anderen Worten nicht die Qualität eines demokratischen Statusrechts im Sinne des Kommunalverfassungsrechts; es kann demgemäß auch mit den demokratischen Kompetenzen der gewählten Gemeindevertretung nicht kollidieren.

---

[157] Zu dessen Erfordernis und Begründung vgl. oben zu B. I.

b) Qualitativ anders geartet ist die Situation beim *Gemeinderat* selbst: Zwar kommen auch ihm in der Verwaltung und Leitung des Eigenbetriebes exekutivische Kompetenzen zu. Diese sind — wie bereits oben dargelegt[158] — teilweise sogar zwingender Natur. Im übrigen ist die Reichweite der gemeindlichen Verwaltungskompetenz jedoch variabel. Dies alles ändert aber nichts daran, daß der Gemeinderat in keiner vergleichbar organinterdependenten Beziehung zur Werkleitung wie der Werkausschuß steht.

Von entscheidender Bedeutung ist in diesem Zusammenhang vor allem die Beobachtung, daß das Schwergewicht der Verwaltung des Eigenbetriebes nicht dem Gemeinderat zugewiesen ist. Demgemäß begründet Art. 95 Abs. 1 GO eine grundsätzliche Vermutung für die Verwaltungszuständigkeit von Werkleitung und Werkausschuß. Zu berücksichtigen ist des weiteren, daß der Gemeinderat seine Beschlüsse nicht selbst vollzieht. Diese (genuin-exekutivische) Aufgabe obliegt vielmehr dem ersten Bürgermeister, der den Vorsitz im Gemeinderat führt und dessen Beschlüsse gemäß Art. 36 GO in Vollzug setzt.

c) Von den beiden nach bayerischem Gemeindeverfassungsrecht existierenden nebengeordneten Verwaltungsspitzen (Gemeinderat und erster Bürgermeister) ist daher auch der *erste Bürgermeister* verhältnismäßig stark in die Verwaltung und Leitung des Eigenbetriebes einbezogen. Der erste Bürgermeister kann kraft seiner besonderen Weisungs- und Entscheidungsbefugnisse gegenüber dem Eigenbetrieb, der Vorbereitungsaufgaben für Beratung und Beschlußfassung durch Gemeinderat und Werkausschuß sowie aufgrund seiner Position als oberster Dienstvorgesetzter der Eigenbetriebsangehörigen starken Einfluß auf die Führung des Eigenbetriebes nehmen. Dies gilt unbeschadet des Rechts der Werkleitung zur Führung der „laufenden Geschäfte“.

Darüber hinaus besitzt der erste Bürgermeister die weiter oben dargestellten Zuständigkeiten in Personalangelegenheiten[159]. Außerdem kann ihm der Gemeinderat weitere Zuständigkeiten übertragen. Zwar gilt dies nicht für die Angelegenheiten, die im Art. 32 Abs. 2 S. 2 GO aufgezählt sind und für die der Gemeinderat ausschließlich zuständig ist. Auszuscheiden sind ferner die laufenden Geschäfte des Eigenbetriebes, für die Art. 95 Abs. 1 GO eine ausschließliche Zuständigkeit der Werkleitung begründet. Jedoch hat es der Gemeinderat in der Hand, diesen Einfluß des ersten Bürgermeisters auf die Eigenbetriebsführung — und damit über Art. 39 GO die Stellung der Werkleitung — noch zu verstärken. Auf der anderen Seite würde dadurch die Position des Werkausschusses geschwächt werden.

---

[158] Vgl. oben zu C. I. 4.

[159] Vgl. zu C. I. 3.

Die insofern variable Reichweite der Zuständigkeiten des ersten Bürgermeisters läßt für die *Organisation von Gemeinde- oder Stadtwerken* einen beträchtlichen *Gestaltungsspielraum*. Dies gilt insbesondere im Hinblick auf die Möglichkeit, eventuelle Kompetenzverlagerungen auf den ersten Bürgermeister im Wege der Delegation an die Werkleitung „weiterzureichen". Die Grenze dieses Verfahrens liegt allerdings in der Auszehrung der Kompetenzen des Werkausschusses. Mit der Sinngebung des Art. 95 Abs. 1 GO ist kaum vereinbar, daß der Gemeinderat andere Zuständigkeiten als die in grundsätzlichen oder finanziell weittragenden Fragen an sich zieht[160].

d) Auch ohne die gesonderte Übertragung weiterer Zuständigkeiten auf den ersten Bürgermeister kommt dessen *Verhältnis zur Werkleitung* besondere Bedeutung zu. Sie beruht auf den skizzierten Weisungs- und Entscheidungsbefugnissen gegenüber dem Eigenbetrieb.

Im einzelnen kann das Verhältnis der Werkleitung zum ersten Bürgermeister auf dreierlei Weise ausgestaltet werden: Dieser kann sich einerseits die Werkleitung unmittelbar unterstellen. Er kann sich aber auch im Rahmen seiner Befugnis zur Geschäftsverteilung für den Bereich des Eigenbetriebes durch einen weiteren Bürgermeister bzw. durch ein berufsmäßiges Gemeinderatsmitglied (Art. 4 GO) vertreten lassen. Letzteres muß dann durch den Gemeinderat gewählt werden. Eine dritte Möglichkeit besteht darin, daß der auf diese Weise für den Eigenbetrieb bestellte Werkreferent zugleich zum Werkleiter bzw. Ersten Werkleiter ernannt wird.

Eine rechtliche Verpflichtung des Gemeinderates, für den Eigenbetrieb ein berufsmäßiges Gemeinderatsmitglied zu bestellen, besteht freilich nicht. Art. 95 Abs. 1 GO sieht als Pflicht- bzw. Sonderverwaltungsorgan des Eigenbetriebes lediglich die Werkleitung und den Werkausschuß vor. Er verpflichtet nicht zur Schaffung eigener Geschäftsbereiche, um den Eigenbetrieb zu verwalten. Auch aus Art. 40, 41 GO läßt sich eine Pflicht zur Bestellung eines Werkreferenten nicht herleiten. Beide Vorschriften enthalten nur eine „Kann"-Bestimmung. Auszugehen ist vielmehr von dem Selbstorganisationsrecht der Gemeinde als Bestandteil ihrer Selbstverwaltungsbefugnis. Kraft dieses Eigenorganisationsrechts kann der Gemeinderat für den Eigenbetrieb ein berufsmäßiges Gemeinderatsmitglied bestellen; er kann aber auch auf dessen Bestellung verzichten. Gleichermaßen offen bleibt die Frage der Bestellung eines Werkreferenten in der EBV. Diese trifft weder positive noch negative Regelungen für die Zuordnung eines berufsmäßigen Stadtrates zu den Stadtwerken.

---

160 Ebenso *Zeiss* (Fn. 76), § 5 EBV, Anm. B III (S. 17); *Masson / Samper* (Fn. 82), Art. 95, Anm. 7; vgl. ferner die Ausführungen zu C. I. 2.

Maßgeblich für die Übertragung der Zuständigkeiten des ersten Bürgermeisters gegenüber dem Eigenbetrieb auf ein berufsmäßiges Gemeinderatsmitglied sind deshalb in erster Linie Zweckmäßigkeitsüberlegungen. Diese könnten aber ebenso dazu führen, die Werkleitung dem Bürgermeister unmittelbar zu unterstellen. Die unmittelbare Unterstellung der Werkleitung unter den ersten Bürgermeister gibt diesem die Möglichkeit, sich über die Angelegenheiten des Eigenbetriebes unmittelbar zu unterrichten und die ihm übertragene Verantwortung für die wirtschaftliche Führung des Eigenbetriebes[161] ohne Einschaltung weiterer Kompetenzträger wahrzunehmen.

Insgesamt stellt sich damit heraus, daß die Geschäftsführungszuständigkeiten im Eigenbetrieb vornehmlich unter Werkleitung, Werkausschuß und erstem Bürgermeister verteilt sind. In diesem Kompetenzgeflecht läßt sich eine spezifisch verwaltungsmäßige Zuordnung von erstem Bürgermeister zur Werkleitung erkennen, die die gleichfalls gegebene Organinterdependenz zwischen Werkausschuß und Werkleitung zugunsten einer stärkeren Gesamtbeteiligung der letzteren an der Eigenbetriebsführung ergänzt. Gleichwohl läßt sich daraus *keine dominierende Führungsposition* der Werkleitung herleiten. Rechtliche Leitungsmaßgabe des Eigenbetriebes bleibt die *funktionelle Kompetenzverflechtung aller Organe.*

2. *Überwachung des Eigenbetriebes*

Zu beachten bleibt darüber hinaus die Verbindung von Verwaltung und Leitung des Eigenbetriebes mit dessen Kontrolle: Auch diese kompetentielle Besonderheit der Eigenbetriebswirtschaft darf bei der Konzeption der Führungsorganisation von Gemeinde- bzw. Stadtwerken nicht außer Acht gelassen werden. Sie widerstrebt insbesondere einer prinzipiellen Hervorhebung der Führungsposition der Werkleitung. In bezug auf derartige Bestrebungen sind vor allem die Vorschriften des Eigenbetriebsrechtes zur *externen Überwachung* des Eigenbetriebes[162] zu beachten. Die Verlagerung von Zuständigkeiten auf die Werkleitung im Rahmen einer Neukonzeption der Führungsorganisation des Eigenbetriebes darf keine grundlegende Veränderung des kommunalen Überwachungsgefüges zur Folge haben.

a) Eine gewichtige Bedeutung als Überwachungsinstitution kommt insofern dem *Werkausschuß* zu[163]. Nach § 18 EBV hat die Werkleitung u. a. den Werkausschuß vierteljährlich über die Entwicklung der Er-

[161] Zu deren Reichweite siehe die Ausführungen oben zu C. I. 3.

[162] Zur Differenzierung zwischen *interner* und *externer* Überwachung des Eigenbetriebes vgl. *Bolsenkötter* (Fn. 80), S. 90.

[163] Näher hierzu *Bolsenkötter* (Fn. 80), S. 98 f.

träge und Aufwendungen sowie über die Abwicklung des Finanzplanes schriftlich zu *unterrichten*. Darüber hinaus hat gemäß § 23 EBV die Werkleitung den Jahresabschluß, den Anlagennachweis, die Erfolgsübersicht und den Jahresbericht bis zum Ablauf von 3 Monaten nach Schluß des Wirtschaftsjahres aufzustellen, zu unterschreiben und (über den ersten Bürgermeister) dem Werkausschuß vorzulegen. Dieser hat sodann die Unterlagen mit einer eigenen Stellungnahme dem Gemeinderat weiterzureichen (§ 23 Abs. 3 S. 1 EBV).

Der zwischen Werkausschuß und Werkleitung bestehenden Organinterdependenz[164] entspricht ferner die Regelung der Musterbetriebssatzung in § 5 Abs. 2, wonach der Werkausschuß jederzeit von der Werkleitung über den Gang der Geschäfte und die Lage des Unternehmens *Berichterstattung* verlangen kann[165]. Das dadurch eingeräumte kontinuierliche Informationsrecht steht neben den gesetzlichen Rechten auf Zwischenberichte. Beide Rechtsgewährleistungen ermöglichen es dem Werkausschuß, seine vorberatenden und beschließenden Funktionen[166] ganz auf die aktuelle Situation des Eigenbetriebes auszurichten.

b) Die oberste Überwachungsinstitution für den Eigenbetrieb ist der *Gemeinderat* als parlamentarische Vertretung der Gemeindebürger. Da nach Art. 30 Abs. 3 GO der Gemeinderat die gesamte Gemeindeverwaltung und insbesondere die Ausführung seiner Beschlüsse überwacht, kontrolliert er auch den Eigenbetrieb als organisatorisch teil-verselbständigte Einheit der Gemeindeverwaltung. Die Überwachung geschieht durch Einholung von Informationen über den Gang der Geschäftsführung und über den Vollzug von Beschlüssen des Gemeinderates[167]. Allerdings berechtigt diese Kontrollfunktion nicht zu unmittelbaren Weisungen an die Werkleitung. Für diese ist wiederum der erste Bürgermeister nach Art. 36 GO zuständig.

c) Die externe Überwachung der Eigenbetriebsführung gipfelt vor allem in einer *Überwachung der Aufgabenerfüllung*. Hierbei geht es im wesentlichen um die Bindung der wirtschaftlichen Betätigung der Gemeinde an bestimmte, im öffentlichen Interesse liegende Voraussetzungen. So darf nach Art. 89 Abs. 1 Nr. 1 GO die Gemeinde wirtschaftliche Unternehmen nur errichten, übernehmen oder erweitern, wenn der *öffentliche Zweck* das Unternehmen erfordert. Diese Zweckbindung betrifft auch den Gegenstand der wirtschaftlichen Betätigung des Eigenbetriebes und seine Fähigkeit, den sich daraus ergebenden Anforderungen wirtschaftlich gerecht zu werden.

---

164 Hierzu näher bereits oben bei C. I. 2. mit c); C. II. 1. zu Fn. 155.

165 Vgl. hierzu schon oben bei C. II. 1. zu a) mit Fn. 155.

166 Zu dieser Funktionenteilung siehe bereits oben C. I. 2.

167 Ebenso *Zeiss* (Fn. 76), § 5 EBV, Anm. B IV (S. 17).

Auf der anderen Seite stehen im engen Zusammenhang mit den öffentlichen Aufgaben auch die Ertragsziele des Eigenbetriebes. Auch auf ihn erstreckt sich die Vorschrift des Art. 94 Abs. 1 GO, daß wirtschaftliche Unternehmen und Beteiligungen einen *Ertrag* für den Haushalt der Gemeinde abwerfen sollen[168]. Gleichwohl gilt dies nur im Einklang mit der Erfüllung des dringenden öffentlichen Zwecks. Lassen sich aber bestimmte, durch den öffentlichen Zweck vorgegebene *Sachziele* nur unter Beeinträchtigung des kommunalrechtlich postulierten *Ertragszieles* erreichen, so darf der deswegen entstehende Zielkonflikt[169] nicht durch eine einseitig auf Erhöhung der Wirtschaftlichkeit des Eigenbetriebes abstellende Effektivierung des Managements aufgelöst werden. Gerade einer solchen isolierten *Zieloptimierung durch Führungsreform* beugt die Überwachung der Aufgabenerfüllung des Eigenbetriebes durch Gemeinderat und Werkausschuß vor. Die Wahrung der öffentlichen Zwecksetzung führt dazu, daß für die beiden letztgenannten Organe umfangreiche Kataloge an Mitwirkungs- und Entscheidungsvorbehalten bestehen, durch die sich die Grenzen zwischen Überwachung und unmittelbarer Beteiligung an wesentlichen unternehmerischen Entscheidungen verwischen. Die insofern „aktive" Überwachung stellt im Eigenbetriebsrecht ein grundlegendes Instrument dar, den Einfluß der Gemeinde im Interesse der öffentlichen Aufgaben geltend zu machen.

d) In diesem Zusammenhang sind es konkret stets auch die *Wirtschaftspläne* und die *Mittelgewährung*, die als Ansatzpunkte zur Wahrung des öffentlichen Interesses dienen. Nicht von ungefähr enthält daher das Eigenbetriebsrecht differenzierte Regelungen über die Wirtschaftsführung der Eigenbetriebe durch *Unternehmensplanung*. Deren Aufstellung und Beachtung wird zu einem internen *Überwachungsinstrument*. In der Verknüpfung der Haushaltslage und der Feststellng des Haushaltsplanes der Gemeinde mit der internen Unternehmensplanung des Eigenbetriebes (Wirtschaftsplan, Erfolgsplan, Finanzplan und Stellenübersicht) ist dem Gemeinderat ein weiteres Instrument zur Überwachung des Eigenbetriebes an die Hand gegeben[170]. Umgekehrt ist das eigenbetriebliche Management an die daraus resultierenden Maßgaben für die Führung des Eigenbetriebes gebunden.

---

[168] *Pagenkopf* (Fn. 31), S. 162 mit Anm. 44.

[169] Zu seiner Entstehung und dem spezifischen Bezug zur Erledigung öffentlicher Aufgaben vgl. grundsätzlich *Hidien* (Fn. 8), S. 220 ff.; *Witte / Hauschildt* (Fn. 46), passim; *Steinebach*, Verwaltungsbetriebslehre, 1980, S. 45 ff.; *Püttner*, Die Kunst der Führung öffentlicher Unternehmen im marktwirtschaftlich geordneten Staat, in: Zeitschrift für Unternehmens- und Gesellschaftsrecht 1977, 482, 486 ff.

[170] *Bolsenkötter* (Fn. 80), S. 111 ff.

III. Die Konzeption der eigenbetrieblichen Führungsorganisation als Problem der Bindung an das unternehmerische Leitbild des Eigenbetriebes

Die Analyse der funktionellen Kompetenzverflechtung bei der Führung des Eigenbetriebes ergibt ein hochdifferenziertes Bild. Er zeigt sich auf der einen Seite einem vielschichtigen Überwachungsgefüge unterworfen. Es umfaßt sowohl interne als auch externe Unternehmenskontrollen. Als Besonderheit des rechtlich unselbständigen Eigenbetriebes stellt sich heraus, daß nach den geltenden kommunalrechtlichen Regelungen die Grenzen zwischen Überwachung und unmittelbarer Beteiligung an den unternehmerischen Entscheidungen fließend sind. Die Organe des Eigenbetriebes werden allesamt — wenn auch durchaus in unterschiedlichem Ausmaß — in das Gefüge der Verwaltung und Leitung des Eigenbetriebes einbezogen[171]. Dabei besteht innerhalb der Verwaltung und Leitung des Eigenbetriebes eine mehrschichtige, differenzierte Zuordnung einzelner Organe untereinander in der Wahrnehmung von Leitungsaufgaben.

Aus den hiesigen und, wie gezeigt, funktionell vielschichtigen Kompetenzverflechtungen ergeben sich die maßgebenden Grenzen wie organisationspolitischen Direktiven für die Führungsorganisation kommunaler Werke. Zunächst ist davon auszugehen, daß eine Führungskonzeption rechtlich scheitern muß, die etwa der Werkleitung allein die (absolut) dominierende Leitungsfunktion oder eine solche, voll vergleichbar etwa der des Vorstandes einer Eigengesellschaft, einräumen wollte. Die rechtlich ebenso garantierten Kompetenzen der anderen Organe des Eigenbetriebes verhindern einen solchen Schritt definitiv. Andererseits ist jedoch zu erkennen, daß im System von Gemeinde- und Eigenbetriebsverwaltung auch wesentliche Spielräume für eine partielle Verlagerung oder instantielle Modifikation gegebener Kompetenzen bestehen. Diese Spielräume sind freilich nur teilweise materiellrechtlicher Art. Zum anderen Teil basieren sie auf den verfahrens- und organisationsrechtlichen Implikationen gegebener und gemeinderechtlich legitimierter Organinterdependenzen.

Die wirtschaftlich erforderliche Eigenständigkeit oder Eigenverantwortlichkeit des Eigenbetriebes einerseits und seine notwendige Verwaltung bzw. Leitung und Überwachung durch den Träger und weitere Organe andererseits begründen ein prinzipielles Spannungsverhältnis, dessen verfahrensrechtliche und organisationspolitische Bewältigung eine durchaus *ständige Aufgabe für die kommunale Organisationsgewalt* formuliert und der durch institutional starre oder allein materiell-

---

171 Ebenso *Bolsenkötter* (Fn. 80), S. 98, 99 und 112.

kompetenzrechtliche Regelungen nur bedingt entsprochen werden kann. Der gemeindlichen Organisationsgewalt steht insoweit ein durchaus prinzipielles Maß an Flexibilität und organisationsrechtlicher Offenheit zur Verfügung, um auch wechselnden Spannungslagen und kompetentiellen Ineffizienzen begegnen zu können. Alle kommunale Organisationspolitik dieser Art ist zwar an den grundsätzlichen Rahmen des Gemeinde- und Eigenbetriebsrechts gebunden. Da dies aber, wie gezeigt, nur teilweise über abschließende oder definitiv zwingende Kompetenzregelungen (Kompetenzverteilungen) verfügt, da dies des weiteren bewußt Organinterdependenzen und damit auch deren Lösungsbedürftigkeit aufnimmt oder doch zumindest toleriert, ergeben sich für das organisationspolitische Mandat der Gemeinde auch im Bereich des Eigenbetriebsrechts wesentliche Gestaltungsspielräume, für deren Nutzung und Ausfüllung vor allem der Aspekt komunalpolitischer *Effizienz* und kommunalverwaltungsrechtlicher *Wirtschaftlichkeit* maßgebend ist. Innerhalb dieses grundsätzlich bereits abgesteckten Rahmens für eine Neu- oder Umorganisation der Gemeinde- bzw. Stadtwerke ist es erforderlich, die organisationspolitischen Schwerpunkte solcher Führungsorganisation auf ihre Vereinbarkeit mit dem geltenden Gemeinde- und Eigenbetriebsrecht zu überprüfen. Konkret geht es vor allem um die drei nachstehenden Fragenkomplexe:

— Vertretung der Stadtwerke durch die Werkleitung im Gemeinderat und Werkausschuß.
— Zuständigkeiten für Personalangelegenheiten der Eigenbetriebe.
— Zuständigkeiten für Stellenplanangelegenheiten der Eigenbetriebe.

Die Auseinandersetzung mit diesen für die Führungsorganisation der Gemeinde- bzw. Stadtwerke wesentlichen kompetentiellen Fragestellungen verhilft dazu, die rechtlichen Leitungsmaßgaben für den Eigenbetrieb zu verdeutlichen.

IV. Die Fortentwicklung des gesetzlichen Leitbildes im Modellentwurf eines Bayerischen Eigenbetriebsgesetzes

1. Funktionelle Kompetenzentflechtung durch Umbau von Organisation und Verwaltung des Eigenbetriebes

Ein ganz anderes unternehmerisches Leitbild des Eigenbetriebes zeichnet freilich für die genannten Fragenkomplexe der schon oben[172] vorgestellte Modellentwurf eines Bayerischen Eigenbetriebsgesetzes. Er sucht die bestehenden kompetentiellen Grundstrukturen des Eigen-

[172] Siehe oben zu B. IV.

betriebes im Sinne einer funktionellen Kompetenzentflechtung umzugestalten.

a) Zu diesem Zweck verstärkt der Modellentwurf in erster Linie die Leitungskompetenzen der *Werkleitung*. Ihr obliegt nach Art. 11 Modellentwurf die Führung der Geschäfte des Eigenbetriebes, soweit hierfür nicht der Gemeinderat oder der Verwaltungsrat zuständig sind. Die Hauptaufgabe der Werkleitung liegt damit nicht mehr nur in der täglichen Verwaltung und Leitung des Eigenbetriebes, d. h. in der Führung der „laufenden Geschäfte", sondern in der prinzipiell *alle* Geschäfte des Eigenbetriebes umfassenden Leitung der Gemeinde- bzw. Stadtwerke.

Die nach gegenwärtigem Recht insoweit bestehenden Schwierigkeiten, den unbestimmten Rechtsbegriff der „laufenden Geschäfte des Eigenbetriebes" im Sinne des Art. 95 GO zu konkretisieren[173], entfallen damit. Vielmehr dokumentiert die Übertragung einer umfassenden und eigenverantwortlichen Geschäftswahrnehmung auf die Werkleitung in allen wirtschaftlichen, personellen und sozialen Angelegenheiten eine neuartige Führungskonzeption für den Eigenbetrieb, dergestalt die Werkleitung allein die (absolut) dominierende Leitungsfunktion übernimmt. Sie wird dadurch dem Vorstand einer Eigengesellschaft gleichgestellt.

Dem Verzicht des Modellentwurfs auf Gewährleistung einer situativen Betriebsführung durch die Werkleitung[174] und der damit erreichten prinzipiellen Hervorhebung ihrer Führungsposition entspricht die in Art. 12 Abs. 2 Modellentwurf vorgesehene Regelung, wonach der erste Werkleiter die Werkleitung im Gemeinderat und im Verwaltungsrat nicht nur vertritt, sondern dort auch ein *Vortrags- und Antragsrecht* besitzt. Die Vertretung der Kommunal- oder Stadtwerke durch die Werkleitung im Gemeinderat steht auf diese Weise in einem grundsätzlichen Kontrast zu ihrer gegenwärtigen rechtlichen Ausformung. Verstärkt wird diese Änderung der aktuellen Rechtslage durch die Übertragung nahezu aller Zuständigkeiten für Personalangelegenheiten der Eigenbetriebe auf deren Leitungsorgane. Lediglich die Einstellung und Entlassung leitender Bediensteter ist gemäß Art. 9 Abs. 1 Nr. 8 Modellentwurf dem neugeschaffenen *Verwaltungsrat* vorbehalten.

b) Mit dem skizzierten Kompetenzgewinn der Werkleitung soll nach den Vorstellungen des Modellentwurfs ein Kompetenzverlust auf Seiten des *Gemeinderates* und des *Werkausschusses* einhergehen. Der in Art. 29 GO verankerte Grundsatz, daß der Gemeinderat die Gemeinde

---

[173] Vgl. dazu oben C. I. 1. mit a).

[174] Vgl. dazu näher oben in C. I. 4. mit b).

verwaltet, soll demnach für die Eigenbetriebswirtschaft nicht länger in dieser Ausschließlichkeit gelten. An der Führung des Eigenbetriebes wird der *Gemeinderat* nicht länger beteiligt. Nicht nur wird ihm die Bestellung der Mitglieder der Werkleitung und der Widerruf dieser Bestellung entzogen (Art. 9 Abs. 1 Modellentwurf), sondern auch die nach geltendem Recht garantierte Möglichkeit, betriebliche Angelegenheiten sich allgemein vorzubehalten oder im Einzelfall an sich zu ziehen[175], entfällt nach den Vorstellungen der Entwurfsverfasser. Weitgehend eingeschränkt werden sollen schließlich auch die Überwachungs- bzw. Kontrollbefugnisse des Gemeinderates gegenüber dem Eigenbetrieb. Die Einholung von Informationen über den Gang der Geschäftsführung, wie sie nach gegenwärtigem Recht eine Aufgabe des Gemeinderates darstellt[176], entfällt.

Konzeptionell folgerichtig im Rahmen derartigen Bemühens um eine funktionelle Kompetenzentflechtung in der Führung des Eigenbetriebes ist des weiteren der Wegfall des *Werkausschusses* in dem dargestellten Modellentwurf. Seine Regelungen über Organisation und Verwaltung des Eigenbetriebes sehen den Werkausschuß nicht mehr als ein Organ vor (vgl. Art. 3 Modellentwurf). Die Notwendigkeit hierzu entfällt in der Tat, wenn man die Kompetenzen des Gemeinderates in der beschriebenen Weise einengt. Denn materiell bzw. kommunal verfassungsrechtlich handelt es sich — wie schon oben ausgeführt[177] — bei Gemeinderats- und Werkausschußzuständigkeiten um zunächst identische Kompetenzen: Nimmt der Gemeinderat weder Leitungs- noch Kontrollbefugnisse wahr, bedarf es auch keiner entsprechenden Entlastungstätigkeit seitens dazu gesondert eingerichteter Ausschüsse.

Freilich nimmt der Werkausschuß darüber hinaus auch eine *exekutivische Funktion* ein. Zwischen ihm und der Werkleitung bestehen nach geltendem Recht gemeinsame Sonderverwaltungszuständigkeiten[178]. Die dadurch begründete eigenbetriebsrechtliche Organinterdependenz wird durch den Modellentwurf eines Bayerischen Eigenbetriebsgesetzes aufgebrochen. Die Leitungskompetenzen werden insoweit der Werkleitung zugeschlagen. Was schließlich die bei dem Werkausschuß konzentrierten *Kontrollfunktionen* anbelangt[179], so werden sie von dem neubegründeten Organ „Verwaltungsrat" wahrgenommen.

---

175 Siehe dazu oben unter C. I. 4. mit a) und c).

176 Vgl. zur gegenwärtigen Rechtslage oben zu C. I. 4. mit d); allgemein kritisch zu derartigen Variationen der Organisationsform des Eigenbetriebes i. S. einer Gefährdung des öffentlichen Unternehmensauftrages äußert sich *Janson* (Fn. 45), S. 206 f.

177 Vgl. den Text zu C. I. 1. mit d).

178 Siehe oben C. I. 2. mit c).

179 Vgl. oben C. I. 2. mit b) und c).

c) Die im Modellentwurf verankerte Neukonzeption der eigenbetrieblichen Führungsorganisation wird schließlich durch den Verlust der Führungsverantwortung des ersten *Bürgermeisters/Oberbürgermeisters* abgerundet. Der erste Bürgermeister hat zwar nach Art. 6 Abs. 1 Modellentwurf den Vorsitz im Verwaltungsrat inne und verfügt insoweit über die Befugnis, rechtswidrige Beschlüsse der Verwaltungsrates zu beanstanden und ihren Vollzug auszusetzen (Art. 10 Modellentwurf). Jedoch sind im Gegensatz zur derzeitigen Rechtslage dem ersten Bürgermeister keinerlei Weisungs- bzw. Entscheidungsbefugnisse zugestanden[180]. Umgekehrt ist die Werkleitung nicht länger dem Bürgermeister für die wirtschaftliche Führung des Eigenbetriebes verantwortlich.

d) Die voraufgegangene Wiedergabe der maßgeblichen Regelungsvorschläge des Modellentwurfes zu Organisation und Verwaltung der Eigenbetriebe zeigt deutlich, daß die kommunalverfassungsrechtlichen Organe aus dem Leitungssystem herausgenommen werden sollen. Während auf der einen Seite die Werkleitung Funktionen des Vorstands in einer Eigengesellschaft übernehmen soll, wird auf der anderen Seite ein Gremium neu eingerichtet, dem entsprechende *Aufsichtskompetenzen* zugeordnet werden. Der Modellentwurf sieht insoweit in Art. 3 und Art. 5 die Einrichtung eines *Verwaltungsrates* vor. Er ist nach den Vorstellungen der Entwurfsverfasser in Zukunft dasjenige Organ, das die eigentlichen Kontrollbefugnisse gegenüber der Werkleitung wahrnehmen soll, aber auch — und insoweit in Abweichung vom Modell der Eigengesellschaft — in gewisser Weise an der *Leitung* der Kommunal- bzw. Stadtwerke beteiligt ist. Das beabsichtigte Verhältnis von Verwaltungsrat und Werkleitung ähnelt deshalb grundsätzlich der Sonderbeziehung zwischen Werkausschuß und Werkleitung nach gegenwärtigem Recht[181].

Kennzeichnend für die Angleichung des Verwaltungsrates an den „Aufsichtsrat" in privatrechtlich geführten Eigengesellschaften ist die Übertragung der Befugnis zur Bestellung der Mitglieder der Werkleitung und ihrer Stellvertreter auf den Verwaltungsrat. Ebenso, wie der Aufsichtsrat die Mitglieder des Vorstandes einer Aktiengesellschaft bestellt, soll nach den Überlegungen des Modellentwurfs der Verwaltungsrat diese Funktion übernehmen. Daneben werden ihm grundsätzliche Aufgaben in der Leitung und Überwachung des Eigenbetriebes übertragen, die in ihrer Substanz über das aktienrechtliche Modell hinausgehen[182]. Soweit schließlich die Betriebssatzung keine Zuständig-

---

180 Siehe auch oben zu C. I. 3.

181 Vgl. dazu den Text oben um und zu Fn. 107 ff.

182 Insoweit wird das *Dresdner Prinzip* (vgl. Fn. 79) abgewandelt und auf

keit des Gemeinderates vorsieht, soll der Verwaltungsrat ferner zuständig sein für die Festsetzung, Änderung oder Aufhebung von Tarifentgelten, für die Übernahme neuer Aufgaben durch den Eigenbetrieb, zu der eine gesetzliche Verpflichtung nicht besteht, sowie für die Bestellung eines Abschlußprüfers. Nach Art. 9 Abs. 2 S. 2 Modellentwurf soll der Verwaltungsrat in diesem Fall die genannten Aufgaben durch Dienstanweisung auch auf die Werkleitung übertragen können. Damit würde im Ergebnis die Festsetzung bzw. Änderung von Tarifentgelten der kommunalverfassungs- bzw. verwaltungsrechtlichen Zuständigkeit völlig entzogen sein.

2. *Die Gefahr zukünftiger Führungsdefizienzien durch Leitungskonflikte und Verunklarung des gesetzlichen Leitbildes*

a) In der dargestellten Führungskonzeption für den Eigenbetrieb scheint der Modellentwurf eines Bayerischen Eigenbetriebsgesetzes die organisatorischen Defizienzen traditioneller Betriebsführung ohne Einschränkung beheben zu können. Seiner Stoßrichtung zufolge soll die funktionelle Kompetenzverflechtung nicht länger rechtliche Leitungsmaßgabe des Eigenbetriebes sein. Vielmehr wird der unternehmensmäßigen Organisation des Eigenbetriebes durch Straffung der eigenbetrieblichen Verwaltung und Leitung einerseits sowie durch die Konzentration von Überwachung bzw. Kontrolle andererseits auf eine einzige Institution (Verwaltungsrat) eine Struktur unterlegt, die ein erhebliches Maß an kompetentieller Geschlossenheit, funktioneller Selbständigkeit und einheitlicher Eigenverantwortlichkeit der Unternehmens- bzw. Betriebsleitung garantieren könnte. Der Modellentwurf richtet zu diesem Zweck Organisation und Verwaltung des Eigenbetriebes auf die Funktionsbedingungen der privatrechtlichen Eigengesellschaft aus, behält jedoch die eigenbetriebliche Form bei[183].

Gleichwohl darf bezweifelt werden, ob diese Lösung der unternehmenspolitischen Problematik wirtschaftender Daseinsvorsorge den erwarteten Effizienzgewinn vermittelt. Der Entwurf verkennt, daß *organisationstechnisch* zwar die Werkleitung dem Vorstand einer privatrechtlichen Kapitalgesellschaft gleichgesetzt werden kann, jedoch immer zu beachten bleibt, daß Versorgungs- und Verkehrsbetriebe stets in das System von demokratischer (Selbstverwaltungs-)Legitimation und sozialstaatlicher Aufgabe bzw. Leistungsverantwortung hineingestellt sind[184]. Im Gefolge dieser speziellen Legitimation und Aufgabenzuwei-

---

das board-System zurückgegriffen, vgl. dazu *Wiedemann*, Gesellschaftsrecht, Bd. I, 1980, S. 341 ff., 342 f. (Einheit von Leitungs- und Kontrollorgan).

[183] Vgl. zu dieser Variation der Organisationsform des Eigenbetriebes auch *Janson* (Fn. 45), S. 155 m. w. Nachw.

[184] Siehe dazu oben bei C. II. 1.

sung scheitert die eindimensionale Führungsoptimierung durch Übernahme gesellschaftsrechtlicher Organisationsprinzipien und deren Placierung unter dem Deckmantel kommunaler Eigenbetriebsform. Die nach geltendem Recht bestehende funktionelle Kompetenzverflechtung ist denn auch als rechtliche Leitungsmaßgabe des Eigenbetriebes kein Selbstzweck, sondern Ergebnis hochdifferenzierter Austarierung von Überlegungen zur Rechtsformenwahl, kommunalen Selbstverwaltung, deren sozialwirtschaftlichem Funktionsmandat und zur bürgerschaftlichen Unternehmenskontrolle[185]. Wählt man diese zum Bezugspunkt von Effizienzvorstellungen, dann bildet der vorgelegte Modellentwurf die Quelle zahlreicher und derzeit kaum einschätzbarer Führungsdefizienzien durch Leitungskonflikte.

b) Zweifel an der Effizienz funktioneller Kompetenzentflechtung durch Umbau von Organisation und Verwaltung des Eigenbetriebes nach Maßgabe des Modellentwurfes weckt darüber hinaus die mit ihm verbundene *rechtliche Problematik*. Die Einrichtung des eigenbetrieblichen Organs „Verwaltungsrat" droht gegen Art. 28 Abs. 1 S. 1 GG bzw. gegen die dort garantierte demokratische Integrität der Gemeinde zu verstoßen. Denn nur die Hälfte der Mitglieder des Verwaltungsrats wird, wie Art. 5 Abs. 2 S. 1 Modellentwurf formuliert, „vom Gemeinderat bestellt". Wiewohl diese Formulierung noch offen läßt, ob es sich dabei ausschließlich um Gemeinderatsmitglieder handeln muß, ist jedenfalls nur die Hälfte der Verwaltungsratsangehörigen zur Führung und Kontrolle des Eigenbetriebes demokratisch legitimiert. Die andere Hälfte der Mitglieder des Verwaltungsrates wird nämlich gemäß Art. 5 Abs. 2 S. 2 Modellentwurf als Gesamtheit von Arbeitnehmern durch den Personalrat — und soweit ein Gesamtpersonalrat beim Eigenbetrieb besteht, durch den Gesamtpersonalrat — bestellt. Diese Mitglieder des Verwaltungsrates sind m. a. W. keine demokratisch legitimierten Statusträger, entscheiden aber gleichwohl über das Schicksal des Eigenbetriebes. Sie nehmen damit unzulässigweise auf die Willensbildung von Gemeinderatsmitgliedern Einfluß bzw. können diese im Einzelfall sogar dirigieren. Dies aber führt zur Kollision mit den demokratischen Kompetenzen der gewählten Gemeindevertretung bzw. deren in den Verwaltungsrat entsandten Vertretern[186].

Unvereinbarkeitsprobleme in rechtlicher Hinsicht ergeben sich für den Modellentwurf darüber hinaus im Verhältnis zum geltenden Personalvertretungs- und Landesgemeinderecht. Nach Art. 75 ff. Bayerisches Personalvertretungsgesetz (BayPVG)[187] umfassen die Angelegen-

---

[185] Vgl. insoweit A. IV. 2.

[186] Vgl. dazu die Ausführungen bei C. II. 1. mit Fn. 156 ff.

[187] Bayerisches Personalvertretungsgesetz vom 29. April 1974 (GVBl. S. 157, ber. S. 272).

heiten, in denen der Personalrat zu beteiligen ist, jedenfalls nicht Mitbestimmungsmöglichkeiten in den Verkehrs- und Versorgungsunternehmen. Die Institutionalisierung eines Verwaltungsrates in der Organisation und Verwaltung von Eigenbetrieben gemäß dem Modellentwurf würde daher eine prinzipielle Änderung des Personalvertretungsrechts erforderlich machen.

Darüber hinaus sind im genannten Gesetzentwurf die Mitbestimmungsregelungen eng an weitere Neuregelungen gebunden, die ihrerseits nicht nur eine völlige *Neugestaltung des Eigenbetriebsrechts*, sondern auch eine tiefgreifende Änderung des Gemeinderechts erfordern. Im Gegensatz zu der durch Art. 36 Abs. 2 und 3 des Modellentwurfes vorgesehenen Änderung der Gemeindeordnung bedürfte die Gesetzwerdung des Entwurfs umfangreicher Neufassung der Stellung von erstem Bürgermeister und Gemeinderat in der Gemeindeordnung: Der Grundsatz, daß der Gemeinderat im Zusammenwirken mit dem Bürgermeister die Gemeinde verwaltet[188], wäre ebenso aufzuheben bzw. zu verändern wie der im einzelnen aufgefächerte Zuständigkeitskatalog beider Organe für den Eigenbetrieb[189]. Der Modellentwurf enthält auch im Hinblick hierauf keinen gelungenen und rechtlich stringenten Austausch der funktionellen *Kompetenzverflechtung* als rechtlicher Leitungsmaßgabe durch die funktionelle *Kompetenzentflechtung*.

3. *Die Einführung der paritätischen Mitbestimmung bei Verwaltung und Leitung des Eigenbetriebes*

Verantwortlich für die aus hiesiger Sicht mißlungene Neukonzeption der eigenbetrieblichen Führungsstrukturen im Modellentwurf eines Bayerischen Eigenbetriebsgesetzes zeichnet letztlich der Versuch, in den Zusammenhang von demokratischer Selbstverwaltung der Gemeinde mit administrativen Leitungs- und Kontrollfunktionen den Gedanken der Mitbestimmung durch die Beschäftigten des Eigenbetriebes bzw. durch Gewerkschaftsvertreter einzuführen. Die Umsetzung dieser Leitvorstellung in konkrete Regelungen für Organisation und Verwaltung des Eigenbetriebes stellt dessen als kompetentielle Funktionstüchtigkeit verstandene Funktionsfähigkeit nachhaltig dadurch in Frage, daß die gemeindliche Kompetenzhoheit und ihre demokratische Legitimation angetastet werden[190].

---

188 Vgl. dazu oben C. I. 3. und 4.; *Janson* (Fn. 45), S. 153 ff.

189 Vgl. näher die Darstellung oben unter C. I. 3. und 4.

190 Vgl. hierzu bes., zum Teil durchaus kontrovers sowie zugleich zum Folgenden *Leisner*, Mitbestimmung im öffentlichen Dienst, 1970; *Kisker*, DÖV 1972, 520 ff.; *Obermayer*, Mitbestimmung in der Kommunalverwaltung, 1973; *ders.*, RiA 1973, 81 ff.; *Ossenbühl*, Erweiterte Mitbestimmung in kommunalen Eigengesellschaften, 1972; *Schmitt Glaeser*, DÖV 1974, 152 ff.; *Rai-*

a) Demgegenüber vermag sich der Modellentwurf allerdings auf bereits praktizierte und von der Rechtsprechung auch als verfassungsrechtlich zulässig beurteilte organisatorische Vorläufer zu berufen. Aktuell ist die hiesige Problematik vor allem im Falle der Mitbestimmung bei den Stadtwerken Bremerhaven AG und der Verkehrsgesellschaft Bremerhaven AG geworden[191]. Hier handelte es sich um öffentliche Unternehmen mit eindeutig verwaltungsrechtlich-daseinsvorsorgerischem Aufgabenbezug, also um wirtschaftende Daseinsvorsorge der öffentlichen Hand in ehemals eigenbetrieblicher und nunmehr gesellschaftsrechtlicher Form. Durch Satzung war den Arbeitnehmern dieser Verwaltungsunternehmen ein nahezu voll-paritätisches Mitbestimmungsrecht eingeräumt worden. Für den Fall der Patt-Situation blieb der Gemeinde lediglich ein Letztentscheidungsrecht insoweit eingeräumt, als ein Beschluß der Stadtverordneten-Versammlung vorgesehen war, die der jeweilige Aufsichtsratsvorsitzende mit eigenem Stichentscheidsrecht seiner Entscheidung zugrundezulegen hatte.

b) Ähnlich regelt der Modellentwurf eines Bayerischen Eigenbetriebsgesetzes die Mitbestimmung der betrieblichen Arbeitnehmer. Die eine Hälfte der Mitglieder des Verwaltungsrates und ihre Stellvertreter werden gemäß Art. 5 Abs. 2 S. 2, 3 Modellentwurf vom Personalrat, soweit ein Gesamtpersonalrat beim Eigenbetrieb besteht, durch den Gesamtpersonalrat bestellt. Die Gewerkschaftsvertreter werden von den im Personalrat vertretenen tarifvertragsschließenden Gewerkschaften unter Berücksichtigung ihrer Mitgliederzahl im Eigenbetrieb nach Beratung mit der zuständigen Personalvertretung berufen. Für die Bestellung

---

ser, RdA 1972, 65 ff.; *H. P. Schneider*, DÖV 1972, 598 ff.; *Püttner*, Die Mitbestimmung in kommunalen Unternehmen unter dem Grundgesetz, 1972; *ders.*, in: *von Oertzen*, Demokratisierung und Funktionsfähigkeit der Verwaltung, 1974, S. 73 ff.; *ders.*, AfK 1974, 251 ff.; *Biedenkopf / Säcker*, ZfA 1971, 211 ff.; *Biedenkopf*, Mitbestimmung im kommunalen Bereich, Vortrag auf der Jahresmitgliederversammlung 1970 des Kommunalen Arbeitgeberverbandes Niedersachsen, 1970; *Duden*, ZRP 1972, 29 ff.; *Hensche*, AuR 1971, 33 ff.; *Hoschke*, ZBR 1978, 221 ff.; *Hoffmann / Lehmann / Weinmann*, MitbestG, 1978, § 7 Rdnr. 47; *Fitting / Wlotzke / Wißmann*, MitbestG, 2. Aufl. 1978, Vorb. 41; *R. Scholz*, Paritätische Mitbestimmung und Grundgesetz, 1974, S. 29 ff.; *ders.*, in: *Leisner*, Das Berufsbeamtentum im demokratischen Staat, 1975, S. 179 ff.; *ders.*, Personalvertretung 1975, 81 ff.; *ders.*, ZBR 1980, 297 ff.; *Maunz / Dürig / Herzog / Scholz*, GG, Art. 9, Rdnr. 16, 381.

[191] Vgl. hierzu LG Bremen, NJW 1976, 333 ff.; OLG Bremen, NJW 1977, 1153 ff.; siehe ferner das Beispiel des neuen Berliner Eigenbetriebsgesetzes von 1959 i. d. F. von 1973 (GVBl. 1959, S. 1229 und 1973, S. 1742). In diesem Gesetz ist zusätzlich ein paritätisch besetzter Verwaltungsrat für die Eigenbetriebe vorgesehen, dessen Zustimmung zu allen wichtigen Maßnahmen der Geschäftsführung vorgeschrieben ist (§§ 6 und 7 EigenbetriebsG). Aufgrund des Beanstandungsrechts des zuständigen Senatsmitglieds (§ 8) ist jedoch die letztliche Entscheidungskompetenz beim Muttergemeinwesen geblieben. Kritisch hierzu *Emmerich* (Fn. 50), S. 97. Weitere Nachw. zur Mitbestimmung in Eigenbetrieben bei *Decker / Ludwig* (Fn. 48), 8.

der von den Beschäftigten des Eigenbetriebes zu entsendenden Verwaltungsratsmitglieder sollen die Bestimmungen des Mitbestimmungsgesetzes vom 4. Mai 1976 (BGBl. I S. 1153) entsprechende Anwendung finden. Beschlüsse des Verwaltungsrates bedürfen einer Mehrheit der abgegebenen Stimmen; ergibt sich bei Beschlußfassung über denselben Gegenstand zweimal Stimmengleichheit, hat gemäß Art. 8 Abs. 2 Modellentwurf der Verwaltungsratsvorsitzende bei der zweiten Beschlußfassung zwei Stimmen. Damit ist dem ersten Bürgermeister als „geborenem" Vorsitzenden des Verwaltungsrates (Art. 6 Abs. 1 Modellentwurf) das Stichentscheidsrecht zugestanden, allerdings ohne daß dieser seiner eigenen Entscheidung eine vorgängige Beschlußfassung des Gemeinderates zugrundezulegen hätte.

Das LG Bremen hielt eine solche Konstruktion (allerdings mit Bindung des Aufsichtsratsvorsitzenden an den Entscheid der Stadtverordneten-Versammlung) für nicht verfassungskonform; es sah einen Verstoß gegen das Rechtsstaatsprinzip darin, daß „der bisher maßgebende Einfluß der Gemeinde im Aufsichtsrat soweit geschmälert wird, daß eine durch klare Mehrheitsverhältnisse gesicherte Entscheidungs- und damit auch Verantwortungsmöglichkeit nicht mehr besteht"[192]. Das OLG Bremen schränkte diese Entscheidung zwar ein, indem es die freiwillige Einführung der paritätischen Mitbestimmung auch dann noch für verfassungsmäßig hielt, „wenn sich die Gemeinde dadurch ihres letztentscheidenden Einflusses nicht begibt"; dies sei bei dem voraufgehend umschriebenen Letztentscheidungsrecht des Aufsichtsratsvorsitzenden aber nicht der Fall[193]. Das Gericht sah jedoch in dem Stichentscheidsrecht ebenso wie das LG ein unverzichtbares Element maßgeblichen Einflusses der Gemeinde auf die Gesellschaftsentscheidung[194].

Zu beachten ist allerdings, daß es in beiden Entscheidungen um Mitbestimmung in *Eigengesellschaften* ging und nicht um Eigenbetriebe, in denen der Verwaltungsrat oder ähnliche *Organe* der *Leitung und Kontrolle* weitergehende Funktionen als der Aufsichtsrat innehaben[195]. In diesen letzteren Fällen droht sich die mitbestimmte eigenbetriebliche Führung den Prinzipien demokratischer Gemeinderats-Verantwortung und bürgerschaftlicher Unternehmenskontrolle zu entziehen[196]. Ein bloßes Stichentscheidsrecht des ersten Bürgermeisters als Minimal-Mehrheitssicherung demokratisch legitimierter Gemeinde-

---

192 NJW 1976, 333 f. (LS).

193 Vgl. NJW 1977, 1156.

194 NJW 1977, 1153 (LS 4).

195 Zur ausschlaggebenden Rolle der *Trägerschaft* für das öffentliche Unternehmen in dieser Frage vgl. z. B. *Janson* (Fn. 45), S. 207.

196 *Emmerich* (Fn. 50), S. 97 f.; *Janson* (Fn. 45), S. 207 m. w. Nachw.

vertretung, ohne daß dem Gemeinderat selbst als originärem Selbstverwaltungsorgan und zweiter Verwaltungsspitze Letztentscheidungsrechte zugewiesen sind, muß deshalb erst recht als *prinzipiell verfehlt* angesehen werden.

Die Konsequenz hieraus ist, daß die Gedanken des Mitbestimmungsgesetzes zwar auf die Ausgestaltung öffentlicher Unternehmen einschließlich von Eigenbetrieben angewandt werden können, es aber von kommunaler Seite weiterer Vorkehrungen bedarf, um die kompetentielle Funktionstüchtigkeit der Kommunal- bzw. Stadtwerke zu sichern. Sie verlangt im Rahmen wirtschaftlicher Daseinsvorsorge *in Form des Eigenbetriebes* weitere bzw. andere *Funktionsbedingungen eigenbetrieblicher Mitbestimmung.* Zu ihnen mag das Letztentscheidungsrecht des Verwaltungsratsvorsitzenden gehören. Dies reicht jedoch keinesfalls aus, die originäre, aus der gemeindlichen Vertretungs- und Verwaltungsbefugnis fließende letztendliche Führungsverantwortung für den Eigenbetrieb sicherzustellen. Insoweit kann der Verwaltungsrat weder die Zuständigkeit des Gemeinderates noch des ersten Bürgermeisters, wie sie im gegenwärtigen Gemeinde- und Eigenbetriebsrecht angeordnet sind, derogieren.

4. Fortgeltung des herkömmlichen gesetzlichen Leitbildes

Der Modellentwurf eines Bayerischen Eigenbetriebsgesetzes ist unter diesen Umständen nicht geeignet, der eigenbetrieblichen Führungsorganisation wesentlich neue Impulse zu vermitteln, geschweige denn irgendeine „Vorwirkung“ zu entfalten. Nach wie vor bedarf deshalb das geltende gesetzliche Leitbild einer unternehmerischen Führung des Eigenbetriebes näherer Aufhellung in bezug auf die schon oben angedeuteten konkreten Fragestellungen[197].

---

[197] Siehe oben zu C. III.

D. Vertretung des Eigenbetriebes durch die Werkleitung in Gemeinderat und Werkausschuß

I. Ausgangsposition

Die Möglichkeit des unmittelbaren Zugangs zu Gemeinderat und Werkausschuß als den in zentralen Eigenbetriebsangelegenheiten zuständigen Entscheidungs- und Kontrollorganen[198] ist eine der Voraussetzungen akzentuierter wirtschaftlicher Führungsverantwortung der Werkleitung. Im einzelnen lassen sich vier verschiedene Formen der Vertretung der Gemeinde- bzw. Stadtwerke durch die Werkleitung unterscheiden:

— Vorbereitung der in Gemeinderat und Werkausschuß zu behandelnden Beratungsgegenstände;

— Teilnahmerecht der Werkleitung an den Sitzungen des Gemeinderates und des Werkausschusses sowie Anhörungsrecht;

— Vortragsrecht der Werkleitung in den Sitzungen des Gemeinderates und des Werkausschusses;

— Antragsrecht der Werkleitung in den Sitzungen des Gemeinderates und des Werkausschusses.

1. Die Vorbereitung der den Eigenbetrieb betreffenden Beratungsgegenstände

Die Befugnis der Werkleitung zur Vorbereitung der im Gemeinderat und im Werkausschuß zu behandelnden Beratungsgegenstände, die den Eigenbetrieb betreffen, ist im Grundsatz unbestritten[199]. Sie ergibt sich freilich nicht durchweg aus originären Rechten der Werkleitung.

Was den *Gemeinderat* anbelangt, so ist mit der Vorbereitung der dort zu behandelnden Beratungsgegenstände, die Angelegenheiten der Gemeinde- bzw. Stadtwerke betreffen, von Gesetzes wegen der erste Bürgermeister betraut. Nach Art. 46 Abs. 2 GO bereitet er die Beratungsgegenstände vor und setzt die Tagesordnung fest. Der Bürgermeister kann allerdings die Vorbereitung der den Eigenbetrieb betreffenden Beratungsgegenstände auch auf die Werkleitung übertragen.

---

[198] Vgl. oben zu C. I. 2. und 4.; siehe ferner zu C. II. 1. und 2.

[199] Vgl. *Zeiss* (Fn. 76), § 2 EBV, Anm. VIII 3 e) (S. 7).

Besteht insoweit Einigkeit[200], so wird doch die Reichweite der Vorbereitung unterschiedlich beurteilt. Je nachdem, ob die Aufgabe der Vorbereitung der Beratungsgegenstände zur Funktion des ersten Bürgermeisters als Ratsvorsitzendem[201] oder als Verwaltungsspitze[202] gezählt wird, soll die Übertragung der Vorbereitung der Beratungsgegenstände auf die Werkleitung lediglich eine „beratende" Funktion oder — darüber hinausgehend — die formelle Berechtigung umfassen, die Beratungsgegenstände in bezug auf die Angelegenheiten der Werke abschließend für eine bestimmte Sitzung zu formulieren.

Die Befugnis zur Vorbereitung der Beratungsgegenstände gemäß Art. 46 Abs. 2 GO umfaßt auch die Befugnis, die Aufnahme von Beratungsgegenständen in die Tagesordnung vorzusehen. Der erste Bürgermeister handelt insoweit nicht als Gemeindeorgan, sondern als Vorsitzender des Gemeinderates[203]. Denn es geht um zukünftige Ratsentscheidungen, d. h. um Beschlüsse des demokratisch legitimierten Selbstverwaltungsorgans der Gemeinde. Unter diesem Gesichtspunkt kann der Werkleitung kein Recht darauf zustehen, aus eigener Verantwortung Angelegenheiten, die die Kommunalwerke betreffen, auf die Tagesordnung zu setzen. In Frage kommt daher im Rahmen einer Vorbereitung der im Gemeinderat zu behandelnden Eigenbetriebsangelegenheiten nur die Befugnis der Werkleitung, den ersten Bürgermeister in seiner Vorbereitungsfunktion *zu unterstützen*.

Das gleiche Verfahren gilt für den *Werkausschuß*. Auf ihn finden über Art. 95 Abs. 1, 55 Abs. 2 GO in Verbindung mit Art. 46 Abs. 2 GO die Vorschriften über die Vorbereitung der im Gemeinderat zu behandelnden Eigenbetriebsangelegenheiten entsprechende Anwendung. Demgemäß kann die Vorbereitung der Beschlüsse des Werkausschusses auch der Werkleitung übertragen werden[204]. Darüber hinaus ist für sie die Organinterdependenz zum Werkausschuß zu beachten. Die besondere Zuordnung von Werkleitung und Werkausschuß bezieht die erstere schon von der Sache her unabdingbar in die Vorbereitung der anstehenden Sitzung im Werkausschuß ein.

Im Ergebnis darf daher die Werkleitung die Beschlüsse des Gemeinderates und des Werkausschusses in den Angelegenheiten der Werke vorbereiten. Eine entsprechende Regelung sieht auch § 4 Abs. 3 S. 1 der Musterbetriebssatzung vor.

---

200 Vgl. *Zeiss* (Fn. 76), § 5 EBV, Anm. B V (S. 18 oben).

201 So *Widtmann* (Fn. 42), Art. 46, Anm. 3; *Masson / Samper* (Fn. 82), Art. 46, Anm. 6.

202 So *Hölzl / Hien* (Fn. 102), Art. 46, Anm. 3 a; Art. 36, Anm. II 3.

203 *Widtmann* (Fn. 42), Art. 46, Anm. 3.

204 *Zeiss* (Fn. 76), § 5 EBV, Anm. A III (S. 3).

2. *Teilnahme-, Vortrags- und Antragsrecht der Werkleitung im Gemeinderat und Werkausschuß als Kompetenzproblem*

Stellt sich die Vorbereitung der den Eigenbetrieb betreffenden Beratungsgegenstände in Gemeinderat und Werkausschuß als unproblematisch dar, so bildet demgegenüber das Teilnahme-, Vortrags- und Antragsrecht der Werkleitung in Gemeinderat und Werkausschuß ein schwieriges Kompetenzproblem. Dieses Problem stellt sich freilich nicht, wenn entweder ein berufsmäßiges Gemeinderatsmitglied als Werkreferent die Werke im Stadtrat vertritt — wobei der Werkreferent zugleich die Position des Ersten Werkleiters übernehmen kann[205] — oder der erste Bürgermeister in irgendeiner Form die Interessen der Werkleitung im Gemeinderat vermittelt.

a) Gegen die Vertretung der Werke im Stadtrat durch ein berufsmäßiges Gemeinderatsmitglied bestehen keine rechtlichen Bedenken. Der Bayerische Verwaltungsgerichtshof hat in seinem Urteil vom 16. Juli 1980[206] festgestellt, daß den berufsmäßigen Gemeinderatsmitgliedern ein eigenes, weisungsunabhängiges *Antragsrecht* zusteht. Es ist eng mit dem Recht zum Sachvortrag verbunden, dessen Zuerkennung an das berufsmäßige Gemeinderatsmitglied jedoch nicht umstritten ist[207].

In unternehmenspolitischer Hinsicht stellt sich allerdings die Frage, ob die Bestellung eines Werkreferenten mit der Stringenz einer auf wirtschaftliche Effizienz ausgerichteten Unternehmenskonzeption zu vereinbaren ist[208], eine Frage allerdings, die im hiesigen (rechtlichen) Zusammenhang offen bleiben kann.

b) Ist in der Führungskonzeption der Werke die Bestellung eines Werkreferenten nicht vorgesehen und wird auch kein Werkleiter zum weiteren Bürgermeister oder zum berufsmäßigen Referenten bestellt, so kommt ferner der erste Bürgermeister als derjenige in Betracht, der für den Bereich des Eigenbetriebes das Vortrags- und Antragsrecht in Gemeinderat und Werkausschuß wahrnehmen kann. Dies gilt auch dann, wenn er selbst in den genannten Gremien nicht den Vorsitz führt. Denn der jeweilige (vertretende) Ausschußvorsitzende bereitet in seinem *Auftrag* die Sitzung vor[209].

---

205 Vgl. oben zu C. II. 1. mit d).

206 BayVGH n. F. 33, 106 ff.

207 Vgl. *Widtmann* (Fn. 42), Art. 46, Anm. 3.

208 Kritisch WIBERA, Stadtwerke München: Vorstudie über die Vor- und Nachteile einer Änderung der Rechtsform; unveröff. Gutachten, 1979, S. 19, 24 f.

209 Dazu näher *Widtmann* (Fn. 42), Art. 55, Anm. 29.

Die Einschaltung des Bürgermeisters ist zunächst durch unmittelbare Unterstellung der Werkleitung denkbar. Eine solche Regelung entspräche den grundsätzlichen Weisungs- und Entscheidungsbefugnissen[210], würde allerdings einen umfangreichen eigenen Verwaltungsapparat erfordern. Darüber hinaus hätte diese Form der Regelung zur Folge, daß die Werkleitung eine wesentliche Beschränkung ihrer Möglichkeiten zur Führung des Eigenbetriebes hinnehmen müßte. Sie hätte keine Möglichkeit, sich unabhängig vom Oberbürgermeister in Gemeinderat und Werkausschuß zu Fragen des Eigenbetriebes zu äußern und entsprechende Anträge zu stellen. Überdies wäre die konkrete Beschlußvorbereitung immer von einem entsprechenden Auftrag des Oberbürgermeisters abhängig.

Einer wirtschaftlich effizienten Führungsverantwortung im Eigenbetrieb käme deshalb eine Lösung eher entgegen, aufgrund derer der Oberbürgermeister ein Teilnahme-, Vortrags- und Antragsrecht der Werkleitung im Gemeinderat durch *Delegation* vermitteln würde.

Eine *generelle Delegation* des Antragsrechts in Angelegenheiten des Eigenbetriebes durch den Oberbürgermeister auf ein Mitglied der Werkleitung scheidet jedoch aus. Gleiches gilt für das Vortragsrecht. Vortrags- und Antragsrecht sind *Mitgliedschaftsrechte* bzw. *kommunalverfassungsrechtliche Statusrechte*, die in dieser Qualität nur den Mitgliedern des Rates zukommen[211]. Darüber hinaus handelt es sich bei Vortrags- und Antragsrecht nicht um laufende Angelegenheiten im Sinne des Art. 37 Abs. 1 S. 1 Nr. 1 GO, die auch auf Gemeindebedienstete delegierbar wären[212]. Die gleichen Bedenken gelten für eine Delegation des Vortrags- und Antragsrechts im Einzelfall, ganz abgesehen davon, daß die Werkleitung *gegen den Willen* des Oberbürgermeisters keine Möglichkeit zur Vertretung der Interessen des Eigenbetriebes im Gemeinderat hätte.

c) Unter den dargestellten Voraussetzungen scheint allein die Beibehaltung des Werkreferenten als kommunaler Wahlbeamter eine praktikable und rechtlich bedenkenfreie Lösung zu bleiben. Er hat als berufsmäßiges Gemeinderatsmitglied gemäß Art. 40 GO das Recht, an den Sitzungen des Gemeinderates und des Werkausschusses mit beratender Stimme teilzunehmen, und verbunden hiermit das Vortrags- und Antragsrecht.

---

210 Vgl. oben zu C. I. 3.

211 So ausdrücklich BayVGH n. F. 13, 24 (27); grds. zu dieser Frage auch *M. Schröder*, Grundlagen und Anwendungsbereich des Parlamentsrechts, 1979, S. 27 ff., 39.

212 Dies ist einhellige Ansicht, siehe nur *Masson / Samper* (Fn. 82), Art. 46, Anm. 6.

Gleichwohl handelt es sich im Hinblick auf die angestrebte unternehmenspolitische Beweglichkeit der Gemeinde- bzw. Stadtwerke nur um die „zweitbeste" Lösung. Es bleibt deshalb zu prüfen, ob der Werkleitung nicht unabhängig vom Vorstehenden ein (originäres) Teilnahme-, Vortrags- und Antragsrecht in Gemeinderat und Werkausschuß zukommt.

3. Notwendigkeit der Differenzierung zwischen Gemeinderat und Werkausschuß

Hierzu ist es zunächst erforderlich, mit Blick auf die bereits verschiedentlich erörterte Sonderbeziehung von Werkleitung und Werkausschuß zwischen letzterem und dem Gemeinderat zu unterscheiden. Der Grund hierfür liegt in dem Umstand, daß dem Gemeinderat nicht die wesentlichen Aufgaben der Verwaltung des Eigenbetriebes obliegen[213]. Auf die Notwendigkeit einer darauf Bedacht nehmenden funktionsgerechten Auslegung ist bereits hingewiesen worden. Auch der Bayerische Verwaltungsgerichtshof gibt in seinen Ausführungen zum Vortrags- und Antragsrecht der berufsmäßigen Gemeinderatsmitglieder einer funktionsgerechten Interpretation den Vorzug[214].

Deren Grenze sieht das Gericht allerdings darin liegen, daß mit der Formulierung eines Antrags im Gemeinderat auf dessen Willensbildung Einfluß genommen werden könnte[215]. Dieser auf die Entscheidungsbildung des Gemeinderates bezogene Vorbehalt gegenüber einer Ausdehnung des Antragsrechts gilt auch für Ausschüsse: Sie können als Teile des Organs Gemeinderat keine andersartige Tätigkeit ausüben als das Organ selbst, nämlich Gemeindetätigkeit. Soweit Ausschüsse für den Gemeinderat abschließend entscheiden, ist offensichtlich, daß hierin die selbständige Ausübung von Gemeindetätigkeit liegt. Demgemäß gelten auch für sie die Legitimationsvorbehalte des Demokratieprinzips[216].

Als Gemeindetätigkeit in diesem Sinne sind grundsätzlich nicht nur letztverbindliche Entscheidungen des Gemeinde- bzw. Stadtrates mit Außenwirkung zu qualifizieren; vielmehr gehören dazu auch die ihnen vorgelagerten Akte der Initiierung und Willensbildung von Teilen dieses Organs. Deshalb unterliegt das Vortrags- und Antragsrecht in beschließenden Ausschüssen eben jenen Voraussetzungen, wie sie für den Gemeinderat als Gesamtorgan gelten. Dies alles betrifft jedoch

---

213 Vgl. oben C. II. 1. mit b).

214 BayVGH n. F. 33, 106 (112).

215 BayVGH n. F. 33, 106 (114).

216 *Linck*, DÖV 1981, 11, 17. Davon geht auch der BayVGH n. F. 13, 24 (27 f.) aus; vgl. ferner *Schröder* (Fn. 211), S. 37 ff., 337 ff.

nur Entscheidungs-, Antrags- und Vortragsrechte im Rahmen der kommunalverfassungsrechtlichen Statusrechte von demokratisch-mitgliedschaftlicher Qualität. Hiervon sind demgemäß Vortrags- und Antragsbefugnisse zu unterscheiden, die ihrer Funktion nach nicht von entsprechend *kommunalverfassungsrechtlich-demokratischer*, sondern von (primär) *exekutivischer* Qualität sind. So zielen Vortrags- und Antragsbefugnisse, die der Werkleitung im Verhältnis zum Werkausschuß zustehen oder zustehen könnten — der organinterdependenten gemeinschaftlichen Verwaltungszuständigkeit von Werkausschuß und Werkleitung im Eigenbetriebsbereich gemäß — primär auf den exekutivischen Verantwortungsbereich und nur sekundär auf Kompetenzen im Sinne der demokratischen Gemeindevertretung und ihrer kommunalverfassungsrechtlichen Statusrechte.

II. Teilnahme-, Vortrags- und Antragsrecht der Werkleitung im Gemeinderat

1. Das Teilnahmerecht der Werkleitung an Sitzungen des Gemeinderates

Teilnahmeberechtigt an den Sitzungen des Rates sind nur die Mitglieder des Gemeinderates. Dies gilt unbeschadet der Vorschriften über die Öffentlichkeit der Sitzungen gemäß Art. 52 Abs. 2 GO. Dem Gemeinderat ist es jedoch unbenommen, Sachverständige und Auskunftspersonen zu seinen Sitzungen zuzuziehen[217]. Auch Gemeindebedienstete können hierzu gehören[218].

Der Werkleitung steht mithin kein gesetzliches Recht auf Teilnahme an einer Sitzung des Rates zu, auch wenn Angelegenheiten der Werke beraten werden. Sollen die Werkleitung oder ein Werkleiter gleichwohl an einer Sitzung des Rates in Angelegenheiten der Werke teilnehmen, bedarf es der ausdrücklichen oder stillschweigenden Zustimmung bzw. eines entsprechenden Verlangens des Gemeinderates. Dieser kann freilich seine Zustimmung im Rahmen der Betriebssatzung generell erklären und damit der Werkleitung die ständige Teilnahme an den Sitzungen ermöglichen. Eine solche Regelung sieht auch die Musterbetriebssatzung in ihrem § 4 Abs. 3 vor[219].

---

[217] *Widtmann* (Fn. 42), Art. 47, Anm. 4.

[218] *Widtmann* (Fn. 42), Art. 47, Anm. 4.

[219] Vgl. dazu *Zeiss* (Fn. 76), § 2 EBV, Anm. V d) (S. 4); § 5 EBV, Anm. A III (S. 4).

2. Das Vortragsrecht der Werkleitung in den Sitzungen des Gemeinderates

Ein eigenständiges, originäres Vortragsrecht der Werkleitung in den Sitzungen des Gemeinderates besteht nach geltender Rechtslage nicht. Das Vortragsrecht ist ein *Mitgliedschaftsrecht,* das nur den Mitgliedern des Rates zukommt[220]. Zu berücksichtigen ist allerdings, daß der Gemeinderat für seine Beschlußfassung auf Informationen aus der Verwaltung angewiesen ist. Dem dient die *Vorbereitung der Beratungsgegenstände* und der *Vortrag in den Sitzungen* durch den Oberbürgermeister. Beide Funktionen sind ihm durch Art. 46 Abs. 2 GO zugewiesen.

Der Oberbürgermeister seinerseits kann mit ausdrücklicher oder stillschweigender Zustimmung des Rates den Ersten Werkleiter oder ein anderes Mitglied der Werkleitung beauftragen, in der Ratssitzung den Sachvortrag zu halten. Dies kann auch auf Initiative des Gemeinderates geschehen. Ausgeschlossen ist allerdings eine allgemeine Übertragung des Vortragsrechts in Angelegenheiten der Stadtwerke durch den *Oberbürgermeister* auf die Werkleitung. Sie kommt auch nach Art. 39 Abs. 2 GO nicht in Betracht, weil das Vortragsrecht als Bestandteil der Vorbereitung der Beratungsgegenstände keine laufende Angelegenheit im Sinne der Art. 37 Abs. 1 Nr. 1, 39 Abs. 2 GO bildet[221].

Dagegen kann der *Gemeinderat* in einer Betriebssatzung das Vortragsrecht in Angelegenheiten der Werke der Werkleitung generell zuordnen. Denn Veranlassung, Terminierung und Umfang der Sachausführungen stehen zur Disposition des Gemeinderates[222]. Demgemäß sieht auch § 4 Abs. 3 S. 2 der Musterbetriebssatzung ein Recht der Werkleitung zum Vortrag im Rat vor.

3. Das Antragsrecht der Werkleitung in den Sitzungen des Gemeinderates

a) Ausgeschlossen ist dagegen ein Antragsrecht der Werkleitung in den Sitzungen des Gemeinderates. Das Antragsrecht beruht — wie schon dargelegt[223] — unabdingbar auf der unmittelbaren demokratischen Legitimation der Gemeinderatsmitglieder. Die Mitglieder der Werkleitung verfügen hierüber jedoch nicht. Sie sind keine Mitglieder des Gemeinderates. Mangels solcher Mitgliedschaft scheidet ein entsprechendes Antragsrecht aus.

---

220 BayVGH n. F. 13, 24 (27); BayVGH n. F. 33, 106 (112).

221 Vgl. *Widtmann* (Fn. 42), Art. 46, Anm. 3.

222 *Zeiss* (Fn. 76), § 2 EBV, Anm. V d) (S. 4); ebd., Anm. VIII 3 e) (S. 7).

223 Vgl. oben zu D. I. 2. mit a) und b).

b) Gleichwohl könnte ein Antragsrecht der Werkleitung in Betracht kommen, wenn die Gemeindeordnung dies im Einzelfall anordnen würde. Allerdings enthält die Gemeindeordnung weder in positiver noch in negativer Form eine *konkrete* Regelung über die Verteilung des Antragsrechts. Sofern die Gemeindeordnung das Antragsrecht auch Nicht-Stadtratsmitgliedern einräumt, geschieht dies jedenfalls *ausdrücklich* (vgl. Art. 60 Abs. 4 und 78 Abs. 2 S. 1 GO).

Denkbar wäre allerdings, daß die GO ein Antragsrecht einzelnen Zuständigkeitsträgern auch ohne ausdrückliche Erwähnung einräumte. So hat der Bayerische Verwaltungsgerichtshof den *berufsmäßigen Gemeinderatsmitgliedern* ein Antragsrecht eingeräumt, obwohl Art. 40 GO hierüber direkt nichts aussagt[224]. Ganz abgesehen davon, daß diese Judikatur des Bayerischen Verwaltungsgerichtshofs auch implizit nicht zweifelsfrei ist, ist jedenfalls davon auszugehen, daß die Ergebnisse dieser Rechtsprechung nicht zu weiteren Ausdehnungen oder allzu extensiven Drittinterpretationen führen dürfen. Die Zuerkennung des originären Antragsrechts an die berufsmäßigen Ratsmitglieder leitet der Bayerische Verwaltungsgerichtshof nämlich aus dem Beratungsauftrag des Art. 40 S. 2 GO sowie daraus ab, daß den Referenten eine Doppelfunktion zukomme: Der Verwaltungsgerichtshof betont, in funktioneller Hinsicht seien die berufsmäßigen Ratsmitglieder ebenso kommunale Wahlbeamte wie Mitglieder des Gemeinderates (Stadtrates). Dies bedeutet wiederum nichts anderes, als daß der Verwaltungsgerichtshof das Antragsrecht jedenfalls nicht aus der mitgliedschaftlichen Verankerung und einem zumindest irgendwie im Kommunalverfassungsrecht anerkannten Kompetenzzusammenhang („Beratung") herauslösen will. Auf letzteres liefe jedoch die Zuerkennung eines originären Antragsrechts an die Werkleitung gegenüber dem Gemeinderat hinaus. Aus der Rechtsprechung des Bayerischen Verwaltungsgerichtshofs lassen sich demgemäß keine Argumente für ein entsprechendes Antragsrecht der Werkleitung gewinnen.

Ein Antragsrecht der Werkleitung hat allgemein auszuscheiden, sofern es nicht aus einzelnen Bestimmungen der GO bzw. aus deren Kompetenzzusammenhängen zwingend hergeleitet werden kann. In Betracht käme hierfür nur die Bestimmung des Art. 95 Abs. 1 GO, die sich als einzige Vorschrift des Gemeinderechts mit der Werkleitung und ihren Zuständigkeiten befaßt. Es stellt sich demgemäß die Frage, ob das Antragsrecht Bestandteil der Verantwortung der Werkleitung für die „laufenden Geschäfte" des Eigenbetriebes sein kann. Nach Sinn und Kompetenzreichweite dieser Zuständigkeit ergibt sich indessen

224 Gemäß Art. 40 GO haben die berufsmäßigen Gemeinderatsmitglieder „in den Sitzungen des Gemeinderates und seiner Ausschüsse in Angelegenheiten ihres Aufgabengebietes beratende Stimme".

rasch, daß auch insoweit keine Grundlage im Gemeinderecht auffindbar ist, um ein originäres Antragsrecht der Werkleitung vor dem Gemeinderat zu begründen.

Die hier vertretene Auslegung des Begriffs der „laufenden Geschäfte“[225] geht zwar von einem grundsätzlich weiten Verständnis der diesbezüglichen Geschäftsführungsbefugnisse der Werkleitung aus. Diese weite Interpretation gründet sich auf die Erfordernisse einer funktionsfähigen und effizienten Werkleitung, umschließt selbst mit dieser Maßgabe aber kein Antragsrecht zum Gemeinderat. Denn die mit der Zuerkennung des Antragsrechts gegebenenfalls angestrebte Herbeiführung von Entscheidungen des Rates kann sich von vornherein nur auf übergeordnete, zumindest allgemein-gewichtige Angelegenheiten der Werke beziehen. Gerade solche Angelegenheiten sind jedoch nicht Teil des alltäglichen Geschäftsgangs des Eigenbetriebes, wie er den funktionell maßgebenden Kern der „laufenden Geschäfte“ im Sinne des Art. 95 Abs. 1 GO ausmacht.

Eine gegenteilige Auslegung des Begriffs der „laufenden Geschäfte“ des Eigenbetriebes würde im übrigen diesen nicht nur immanent überdehnen, sondern auch dazu führen, daß bei den gleichgelagerten „laufenden Angelegenheiten“ im Sinne des Art. 37 Abs. 1 S. 1 Nr. 1 GO das Antragsrecht über ausdrückliche Regelungen der GO hinaus unter Rückgriff auf Art. 39 Abs. 2 GO auch jedem sonstigen Gemeindebediensteten übertragen werden könnte. Eben dies soll aber im Hinblick auf die besondere (demokratische) Funktion des Antragsrechts ausgeschlossen sein[226]. Entgegengesetztes gilt nur für ein *Vortragsrecht* der Werkleitung in den Sitzungen des Gemeinderates: Hier geht es nämlich nicht um die Ausübung eines konstitutionellen Statusrechts im Sinne der demokratischen Kommunalverfassung, sondern allein um die Nutzung von Sachverstand und Ausschöpfung von Informationen, die nicht unbedingt mit den jeweils im Gemeinderat zur Debatte stehenden beschlußfähigen Angelegenheiten verknüpft sein müssen. Oder anders ausgedrückt: Das *Vortragsrecht* basiert vor allem auf den *exekutivischen Zuständigkeiten der Werkleitung* und greift auch in seiner Ausübung in die demokratischen Zuständigkeiten der Gemeindevertretung nicht ein.

c) Überlegungen darüber, ob der Werkleitung nicht doch ein originäres Antragsrecht eingeräumt werden könnte, müssen überdies noch einen weiteren kompetenzrechtlichen Faktor berücksichtigen, der im Verhältnis von Werkausschuß und Werkleitung begründet liegt: Jede

---

225 Vgl. oben C. I. 1. mit a).

226 BayVGH n. F. 33, 106 (112, 114); *Masson / Samper* (Fn. 82), Art. 46, Anm. 6.

Zuständigkeit, die der Werkleitung eingeräumt wird, muß auf der Grundlage der zwischen den Zuständigkeiten von Werkleitung einerseits und Werkausschuß andererseits bestehenden *Organinterdependenz* auf die Zuständigkeiten des Werkausschusses abgestimmt bzw. zumindest verfahrensmäßig mit diesen harmonisiert werden[227]. Auch unter diesen Aspekten wäre die Einräumung eines Antragsrechts für die Werkleitung gegenüber dem Rat nicht möglich. Denn sie wäre geeignet, die Kompetenzen des Werkausschusses zu beeinträchtigen. Dessen Zuständigkeit für die nicht-alltäglichen Aufgaben der Werke könnte durch ein eigenständiges, nicht auf den Werkausschuß bezogenes Antragsrecht der Werkleitung in den Sitzungen des Gemeinderates empfindlich konterkariert werden. Der Werkleitung wäre faktisch der Weg geöffnet, am Werkausschuß und dessen Kompetenz vorbei sich unmittelbar an den Gemeinderat zu wenden und dessen Entscheidung auch „hinter dem Rücken" des Werkausschusses zu erwirken; dies u. U. sogar in solchen Angelegenheiten, für die der Werkausschuß im Verhältnis zur Werkleitung ausschließlich zuständig wäre (Art. 95 Abs. 1 GO). Gemäß den Grundsätzen von der Organinterdependenz zwischen Werkausschuß und Werkleitung ist damit ebenso ein originäres Antragsrecht der Werkleitung im Gemeinderat zu verneinen.

Das gleiche gilt schließlich im Verhältnis zur Position des ersten Bürgermeisters. Ein eigenständiges Antragsrecht der Werkleitung im Gemeinderat würde diesem die auf Art. 46 GO beruhende, ausschließliche Befugnis zur „Letztendlichherbeiführung" der Gemeinderatsbeschlüsse in Angelegenheiten der Werke nehmen oder diese doch in gravierendem Umfange durchbrechen. Eben dies verstieße jedoch gegen Art. 46 GO. Hiernach wären Anträge der Werkleitung stets an den Oberbürgermeister zu richten und nicht im unmittelbaren Durchgriff an den Gemeinderat[228].

d) Verschließt sich damit die GO einem originären Antragsrecht der Werkleitung im Gemeinderat, so läßt sich Gegenteiliges auch nicht aus der EBV herleiten. § 4 Abs. 1 S. 1 EBV spricht zwar davon, daß die Werkleitung die Entschließung des Bürgermeisters „herbeizuführen" habe. Dies bedeutet indessen nicht, daß der Werkleitung ein entsprechendes Antragsrecht gegenüber dem Gemeinderat einzuräumen sei. Die fragliche Bestimmung des § 4 Abs. 1 S. 1 EBV basiert auf der ursprünglichen Fassung der EBV von 1938 und kann schon deshalb heute nicht mehr in unveränderter Form angewandt werden. Hinter dieser Bestimmung steht ein grundsätzlich monokratisches Verständnis der Eigenbetriebsführung und auf seiten des Gemeindeverfassungsrechts

---

[227] Dazu schon oben C. II. mit 1. und 2.

[228] *Zeiss* (Fn. 76), § 5 EBV, Anm. B V (S. 17).

das nationalsozialistische Führerprinzip, zugeschnitten auf die Person des Bürgermeisters. Im Lichte des geltenden, demokratischen Kommunalverfassungsrechts muß die Vorschrift des § 4 Abs. 1 S. 1 EBV mit den demokratisch legitimierten Zuständigkeitsverteilungen des geltenden Gemeinderechts in Einklang gebracht werden. Dies bedeutet zunächst, daß nicht an die Stelle des in § 4 Abs. 1 EBV genannten „Bürgermeisters" automatisch der Stadt- oder Gemeinderat gesetzt werden könnte. Eine solche Vorgehensweise würde die grundsätzliche Kompetenzverflechtung bei der Verwaltung, Leitung und Kontrolle des Eigenbetriebes durch den ersten Bürgermeister, den Gemeinderat, den Werkausschuß und die Werkleitung auf der Grundlage des geltenden Gemeinderechts verkennen. Eine verfassungs- und funktionsgerechte Interpretation oder Anpassung des § 4 Abs. 1 S. 1 EBV an das heute geltende Gemeinderecht muß dementsprechend hinsichtlich der Entscheidungszuweisung an den „Bürgermeister" zugunsten des *gesamten Kompetenzzusammenhangs* von Gemeinderat, erstem Bürgermeister und Werkausschuß sowie Werkleitung differenzieren. Hiermit kehrt der grundsätzliche funktionelle Kompetenzzusammenhang des Gemeinde- und Eigenbetriebsrechts auch in die hiesige Problemstellung zurück; mit der Folge, daß aus § 4 Abs. 1 S. 1 EBV kein Ergebnis abgeleitet werden kann, das die grundsätzliche und verfassungsrechtlich begründete Kompetenzverteilung im demokratischen Gemeindeverwaltungssystem derogieren dürfte. Trotz des — unter heutigen Rechtsgesichtspunkten wenig glücklichen bzw. mißverständlichen — Wortlauts des § 4 Abs. 1 S. 1 EBV läßt sich auch aus dieser Bestimmung kein originäres Antragsrecht der Werkleitung im Gemeinderat ableiten.

e) Eine entgegengesetzte Regelung läßt sich schließlich auch nicht mit den Mitteln der *Geschäftsordnung* des Gemeinderates gewinnen. Der Stadt- bzw. Gemeinderat ist zwar im Rahmen seiner demokratisch-selbstverwaltungsrechtlichen Autonomie auch berechtigt, das eigene Verfahren und den eigenen Geschäftsgang durch autonome Geschäftsordnungsregelung zu verfassen. Geschäftsordnungsregelungen dieser Art beschränken sich aber von vornherein auf die Intra-Organverhältnisse; sie dürfen — als rein formelles Recht — keine materielle Regelung im Außenverhältnis von Gemeinderat und — unter den hiesigen Aspekten gesehen — dritten Kompetenzträgern begründen, ändern oder aufheben. Dies würde jedoch geschehen, wenn ein Gemeinderat in seiner Geschäftsordnung der Werkleitung ein originäres Antragsrecht einräumte, das nach materiellem Gemeinde- und Eigenbetriebsrecht dieser nicht zusteht. Auch insoweit verbleibt es bei den Regelungen der GO und ihren Beschränkungen für das Antragsrecht[229].

[229] Vgl. BayVGH n. F. 13, 24 (26)

4. Ergebnis

Faßt man die voraufgehenden Ausführungen zusammen, so ergeben sie ein klares Bild über die Möglichkeiten der Vertretung der Werke durch die Werkleitung in den Sitzungen des Gemeinderates. Die Werkleitung bereitet nach Maßgabe der Betriebssatzung die Beschlüsse des Gemeinderates in den Angelegenheiten der Werke vor. Ihr kann durch Betriebssatzung ein Teilnahme- und Vortragsrecht in den Ratssitzungen eingeräumt werden. Ein eigenständiges Antragsrecht ist der Werkleitung jedoch verwehrt, da es sich insoweit um ein demokratisches Statusrecht im Sinne der Kommunalverfassung handelt.

III. Teilnahme-, Vortrags- und Antragsrecht der Werkleitung in den Sitzungen des Werkausschusses

1. Das Teilnahme- und Vortragsrecht der Werkleitung in den Sitzungen des Werkausschusses

Die für das Verhältnis von Werkleitung und Gemeinderat entwickelten Grundsätze über Teilnahmebefugnis, Vortrags- und Antragsrecht gelten nicht automatisch auch für die Vertretung der Werke durch die Werkleitung im Werkausschuß. Hier darf keine voreilige oder gar funktionsfremde Gleichstellung von Werkausschuß und Gemeinderat zugrundegelegt werden. Art. 55 Abs. 2 GO, auf den sich Art. 95 Abs. 1 S. 5 GO bezieht, ordnet (nur) die *„entsprechende"* Anwendung der Vorschriften des Art. 46 mit Art. 54 GO auf den Werkausschuß an. Dies bedeutet nichts anderes, als daß zwischen Werkausschuß und Gemeinderat entsprechend oder im rechtlich identischen Sinne verfahren werden soll, soweit entsprechende Identitäten oder doch Vergleichbarkeiten in Status und Kompetenz beider Organe gegeben sind. Diese Feststellung führt unmittelbar zum Unterschied zwischen Gemeinderat und Werkausschuß, soweit es um die *spezifisch-exekutivische Position* des Werkausschusses sowie um dessen *organinterdependente Zuordnung* zur Werkleitung geht. Die hiesigen verwaltungsmäßigen Sonderbeziehungen von Werkleitung und Werkausschuß heben letzteren eindeutig vom Gemeinderat ab und gebieten damit auch entsprechende Differenzierungen im hiesigen Zusammenhang[230].

Wie bereits gezeigt, fordert die organinterdependente Zuordnung von Werkausschuß und Werkleitung im eigenbetriebsrechtlichen Exekutivbereich nicht nur die Erkenntnis der spezifisch-gemeinsamen Sonderverwaltungszuständigkeit beider Kompetenzträger, sondern auch deren

[230] Vgl. oben bei C. I. 2. zu c) und C. II. 2. mit a).

verfahrensrechtliche Zuordnung im Sinne einer effizienten und kooperativen Verwaltungsverantwortung. Welche Rechte sich aus dieser Zielsetzung für den Werkausschuß ergeben, wurde bereits dargelegt[231]. Für die Werkleitung bedeutet dies, daß dieser unzweifelhaft ein *Teilnahme- und Vortragsrecht* im Werkausschuß zustehen muß. Denn ohne verfahrensmäßige Befugnisse dieser Art wäre die von der GO geforderte Kooperation beider eigenbetriebsrechtlichen Teilorgane unmöglich. Die unmittelbare Rechtsgrundlage hierfür bietet Art. 95 Abs. 1 GO, obwohl diese Bestimmung keine ausdrückliche Einzelregelung der genannten Art trifft. Nach den Grundsätzen der gegebenen Organinterdependenz und ihrer spezifisch verfahrensrechtlichen Konsequenzen hätte es dessen jedoch auch kaum bedurft. Der Werkleitung steht ein Teilnahme- und Vortragsrecht im Werkausschuß zu. Ergänzt wird diese, mit Art. 95 Abs. 1 GO unmittelbar vereinbarte Rechtslage durch die speziell das Verhältnis von Werkausschuß und Werkleitung regelnden Vorschriften im (novellierten) Zweiten Teil der EBV (vgl. §§ 7 mit 27 EBV n. F., betreffend Wirtschaftsführung und Rechnungswesen).

Für das Teilnahme- und Vortragsrecht der Werkleitung im Werkausschuß bedürfte es mithin nicht einmal einer generellen Satzungsregelung, wie sie für die Wahrnehmung dieser Rechte im Verhältnis von Werkleitung zum Gemeinderat erforderlich wird. Gleichwohl ist die Aufnahme einer entsprechenden Vorschrift zugunsten der Werkleitung in die Betriebssatzung zu empfehlen. Damit würde ein Rechtszustand hergestellt, wie er im übrigen für alle Bundesländer außer Schleswig-Holstein und Bayern zutrifft[232].

2. Das Antragsrecht der Werkleitung in den Sitzungen des Werkausschusses

Schwieriger zu beantworten ist die Frage, ob der Werkleitung ein eigenes Antragsrecht im Werkausschuß einzuräumen ist. Aus dem Wortlaut des Art. 95 Abs. 1 GO ergibt sich auch hierzu keine unmittelbare oder ausdrückliche Entscheidung. Insoweit gilt für ein Antragsrecht nichts anderes als für das Teilnahme- und Vortragsrecht. Erneut ist demgemäß auf die spezielle Kompetenzverteilung und die Organinterdependenz zwischen Werkleitung und Werkausschuß sowie auf die kommunalverfassungsrechtliche Position des letzteren Bezug zu nehmen. Erneut kann allein auf dem Hintergrund dieser allgemeinen Kompetenz- und Organisationszusammenhänge geklärt werden, ob der Werkleitung ein Antragsrecht zustehen kann. Erneut ist es nicht statt-

---

231 Vgl. oben C. I. 2. c).

232 Vgl. z. B. § 6 Abs. 3 des Eigebetriebsgesetzes Baden-Württemberg i. d. F. vom 9. 7. 1974 (Ges. Bl. S. 266).

haft, Werkausschuß und Gemeinderat automatisch gleichzustellen und damit auch die für das Verhältnis von Werkleitung und Rat negative Entscheidung hinsichtlich eines eventuellen Antragsrechts der Werkleitung auf das Verhältnis von Werkleitung und Werkausschuß zu übertragen. Ein solcher Schluß verkürzte den maßgebenden Blickwinkel der besonderen Kompetenzlage und interdependenten Organstellung von Werkleitung und Werkausschuß allzu sehr.

Zunächst ist allerdings auch hier — ebenso wie im Verhältnis von Gemeinderat und Werkleitung — von der mitgliedschaftsrechtlichen Verankerung und unmittelbar-demokratischen Legitimation des Antragsrechts als kommunalverfassungsrechtlichem Statusrecht auszugehen[233]. Auch für die beschließenden Ausschüsse der Gemeindevertretung gilt als Teile des Organs Gemeinde- bzw. Stadtrat nichts anderes als für dieses Organ selbst[234]. Auch für den Werkausschuß gilt mit anderen Worten das Prinzip, daß über die Angelegenheiten der Gemeinde nur die vom Volk gewählten Gemeinderäte und der erste Bürgermeister zu entscheiden haben (demokratische *Entscheidungs- und Kompetenzprärogative* des kommunalverfassungsrechtlichen Organs Gemeinderat wie des kommunalverfassungsrechtlichen Teilorgans beschließender Ausschuß). Dies bedeutet, daß der Werkleitung zumindest *kein Antragsrecht im Sinne des Kommunalverfassungsrechts* zustehen kann. Insofern ergeben sich keine Unterschiede zwischen dem Verhältnis von Werkleitung und Gemeinderat und dem Verhältnis von Werkleitung und Werkausschuß.

Die Verneinung eines solchen Antragsrechts schöpft die Rechtsstellung sowohl von Werkleitung als auch von Werkausschuß indessen noch nicht aus. Denn der Werkausschuß ist nicht nur demokratisches Teilorgan im Rahmen der Gemeindevertretung, sondern auch besonderes Exekutivorgan, in spezifisch kooperativer Kompetenzzuordnung zur Werkleitung. Der Werkausschuß verfügt hiernach über eine besondere *Mittlerrolle*. Diese gründet sich auf seine spezifisch exekutivische Leitungsaufgabe im Eigenbetriebsrecht sowie auf die zwischen ihm und der Werkleitung bestehende Organinterdependenz. Der Werkausschuß verfügt insoweit über eine besondere Mittelstellung zwischen einem Verwaltungs- und Aufsichtsorgan einerseits sowie einem normalen beschließenden bzw. beratenden Ausschuß der Gemeindevertretung andererseits. Er soll den Gemeinde- bzw. Stadtrat als gemeindliche *Vertretungskörperschaft* nicht nur von Entscheidungen in Angelegenheiten des Eigenbetriebes entlasten, sondern auch und zugleich *exekutivische Entscheidungs- und Kontrollfunktionen in unmittelbarer Leitungsverantwortung für den Eigenbetrieb* übernehmen.

---

233 Vgl. oben D. I. 2.

234 Vgl. hierzu bes. *Linck* (Fn. 216), 17.

Damit kommt es für den Werkausschuß zu einer Verzahnung von Vertretungsorgan und Bürokratie, von Laienelement und Fachkräften. Dies ist eine der dominanten Zielsetzungen der Regelung des Art. 95 Abs. 1 GO. Um ihrer willen begründet Art. 95 Abs. 1 GO das spezifisch organinterdependente Kooperationsverhältnis von Werkausschuß und Werkleitung. Auf diese spezifisch exekutivische Qualität des Werkausschusses, diese spezifische Zuordnung zur Werkleitung und diese besondere Pflicht zur kooperativen Verantwortung von Werkausschuß und Werkleitung kann sich auch ein Antragsrecht der Werkleitung im Werkausschuß gründen. Ein solches Antragsrecht steht allerdings zunächst unter dem Vorbehalt, daß es im Sinne einer funktionsgerecht gelösten Organinterdependenz erforderlich ist und daß es vom kommunalverfassungsrechtlichen Antragsrecht im Sinne des mitgliedschaftlichen Statussystems abgehoben wird.

In letzterer Hinsicht ergeben sich deshalb keine Probleme, weil ein Antragsrecht der Werkleitung im Werkausschuß, das sich von vornherein auf die allein *exekutivische Qualität* der Werkleitung und die allein *exekutivische Kompetenzverbindung* zwischen Werkleitung und Werkausschuß gründete, aus dem kommunalverfassungsrechtlichen Kontext demokratischer Statusrechte von vornherein herausfiele. Ein Antragsrecht im Verhältnis von Werkleitung und Werkausschuß besäße von vornherein einen qualitativ anderen oder minderen Rang. Es verstünde sich ausschließlich als *verwaltungsrechtliches Verfahrensinstrument zwecks Koordinierung von exekutivischer Werkleitungs- und exekutivischer Werkausschußfunktion.*

Für ein solches verwaltungsverfahrensmäßiges (exekutivisches) Antragsrecht der Werkleitung bestünde nur dann ein Erfordernis, wenn die der Werkleitung bereits zustehenden Befugnisse von Teilnahme- und Vortragsrecht nicht ausreichten bzw. wenn das organinterdependente Verhältnis von Werkausschuß und Werkleitung auch ein zusätzliches Antragsrecht der letzteren forderte. Ein entsprechendes Erfordernis wäre nicht gegeben, wenn zwischen Werkausschuß und Werkleitung ein Subordinationsverhältnis des Inhalts bestünde, daß beide Exekutivorgane im Verhältnis hierarchischer Über- und Unterordnung stünden und der Werkausschuß damit von vornherein die kompetentielle Vorhand gegenüber der Werkleitung besäße. An einem solchen Subordinationsverhältnis fehlt es indessen. Der Werkausschuß ist zwar (auch) Kontrollorgan; er ist zugleich aber koordiniertes und zur Kooperation mit der Werkleitung verpflichtetes Exekutivorgan. Dies bedeutet, daß die — gemesssen am Antragsrecht — minderen Befugnisse von Teilnahme- und Vortragsrecht der inner-eigenbetriebsrechtlichen Position der Werkleitung noch nicht entsprechen. Dies könnte des weiteren nur dann der Fall sein, wenn zwischen Werkleitung und Werkausschuß kompetenzrechtlich eine strikte Abschichtung mit der Folge vorausgesetzt werden könnte, daß zwischen beiden Teilorganen des Eigenbetriebes wechselseitige Informations- und Anhörungsbefugnisse zur Koordinierung genügten. Wie indessen schon dargelegt[235], lassen sich die Aufgabenkreise von Werkausschuß und Werkleitung nicht in allen Fällen definitiv trennen. In den hierdurch entstehenden „Nahtstellen" der gemeinsamen (Sonder-)Verwaltungszuständigkeit für den Eigenbetrieb sowie im Hinblick auf dessen effiziente Gesamtführung ist es vielmehr erforderlich, daß die Werkleitung nicht nur an den Sitzungen des Werkausschusses teilnimmt, sondern auch berechtigt ist, ihre Ansichten zu einzelnen Beratungsgegenständen vorzutragen und in Anträgen zu formulieren bzw. geltend zu machen, die das Gesagte bekräftigend zusammenfassen. Da die Kompetenzen von Werkausschuß und Werkleitung nicht definitiv (enumerativ) voneinander abgegrenzt worden sind, sind Kompetenzkonflikte oder kompetentielle Reibungsverluste von vornherein denkbar und vom Gesetzgeber offenkundig einkalkuliert worden. Wenn der Gesetzgeber unabhängig davon dennoch beide Organe in den grundsätzlichen Gleichrang einer gemeinsamen Verwaltungszuständigkeit versetzt bzw. in eine Form kooperativer Verwaltungsverantwortung beruft, muß der Gesetzgeber ein spezifisches *Verfahren zur kompetenz- und effizienzgerechten Schlichtung solcher Kompetenzkonflikte oder Reibungen* berücksichtigt bzw. inzident anerkannt haben. Das vielleicht nächstliegende Instrumentarium für solche Kompetenzschlichtungen läge in der Weisungsbefugnis oder in der Kompetenz-Kompetenz eines der beiden Organe, namentlich des Werkausschusses. Dies bedingte jedoch bzw. wiederum ein Verhältnis der Über- und Unterordnung von Werkausschuß und Werkleitung — mit der Maßgabe, daß das vorgesetzte Organ Werkausschuß der Werkleitung gegenüber über Weisungsrecht und kompetentielles Letztentscheidungsrecht verfügte. Solche Rechte hat der Gesetzgeber dem Werkausschuß indessen nicht eingeräumt. Der Gesetzgeber hat offenkundig und vielmehr darauf vertraut, daß zwischen Werkausschuß und Werkleitung *in anderer Form* ein ebenso kompetenz- wie kooperationsgerechtes Neben- und Miteinander gewährleistet werden kann. Da dieses *andere Instrumentarium* nicht ausdrücklich vom Gesetzgeber benannt worden ist, bleibt erneut nur der Rückgriff auf die allgemeinen Grundsätze der Organinterdependenz und der zu ihrer Lösung oder Bewältigung entwickelten Verfahrensgrundsätze. Hiernach spricht für ein Antragsrecht der Werkleitung zunächst die Notwendigkeit, durch geeignete Verfahrensinstrumente ein ebenso effizientes wie kooperatives Miteinander von Werkleitung und Werkausschuß zu gewährleisten. Nur wenn der Werkleitung auch ein Antragsrecht eröffnet ist, hat sie

[235] Vgl. oben zu C. II. 1.

die Gewähr dafür, daß im Werkausschuß über ihre Vorstellungen verbindlich befunden wird. Ein bloßes Teilnahme- und Vortragsrecht gewährleistet dies nicht. Im Gegenteil, im Werkausschuß wären bei bloßem Vortragsrecht durchaus kooperationswidrige Blockaden der Werkleitung möglich, soweit Felder gemeinsamer oder miteinander verbundener (nicht definitiv abgegrenzter) Kompetenzen betroffen sind. Gerade in diesen Bereichen kompetentieller „Nahtstellen" kann ein funktionswirksames und kompetenzgerechtes Kooperationsverhältnis von Werkleitung und Werkausschuß nur unter der Voraussetzung gewährleistet werden, daß der Werkleitung ein *institutionelles Antragsrecht* eingeräumt wird.

Dieses Antragsrecht unterscheidet sich, wie bereits erwähnt, vom Antragsrecht im Sinne kommunalverfassungsrechtlicher Mitgliedschafts- bzw. Statusrechte. Hier geht es allein um ein *eigenbetriebsrechtlich-exekutivisches Verfahrensinstrument,* das funktionell wie organschaftlich auf das kompetentielle Zusammenspiel bzw. eigenbetriebsrechtliche *Intra-Organ-Verhältnis* von Werkausschuß und Werkleitung bezogen ist bzw. allein in diesem seine rechtliche Legitimation findet.

Ein solches Antragsrecht der Werkleitung verstößt, seiner andersgearteten Qualität gemäß, weder gegen Art. 28 Abs. 1 S. 2, Abs. 2 GG noch gegen Art. 11 Abs. 2 und 4 BV[236]. Zwar bietet das hiesige Antragsrecht der Werkleitung auch die Möglichkeit, Probleme anzusprechen, die im Werkausschuß der Vorsitzende (Oberbürgermeister) und die Gemeinderäte möglicherweise nicht von sich aus auf die Tagesordnung gesetzt hätten. Die Werkleitung könnte so den Werkausschuß zu einer Abstimmung zwingen; entsprechende Anträge der Werkleitung würden also auf die Willensbildung des Werkausschusses Einfluß nehmen. Trotzdem liegt hierin kein Verfassungsverstoß. Denn dem Vorsitzenden des Werkausschusses und den ihm angehörenden Gemeinderäten verbleibt allein die Entscheidung über die gestellten Anträge (der Werkleitung) und die Bewertung der dort verfolgten Interessen. Damit bleibt aber die wesentliche Maßgabe der vorgenannten Verfassungsbestimmungen gewahrt. Die Entscheidung in den Eigenbetriebsangelegenheiten bleibt jedenfalls einem Gremium vorbehalten, das aus unmittelbaren Wahlen hervorgegangen ist; die *demokratische Entscheidungs- und Kompetenzprärogative der kommunalverfassungsrechtlichen Organe* bleibt gewahrt.

Dieses besondere Antragsrecht der Werkleitung im Werkausschuß sieht sich demgemäß weder nach geltendem Gemeinde- und Eigenbetriebsrecht noch nach geltendem Verfassungsrecht ausgeschlossen.

---

[236] Dazu vgl. die grundsätzlichen Bemerkungen oben zu B. I.

Obwohl es grundsätzlich nur verfahrensmäßiger Natur ist, sollte dieses Antragsrecht auch rechtlich festgelegt werden. Hierfür bietet sich die Betriebssatzung der Werke an. Eine Festlegung auf bloßer Geschäftsordnungsebene (Geschäftsordnung des Werkausschusses) genügt demgegenüber nicht.

3. Die Aufgreifkompetenz des Gemeinderates bei Leitungsdivergenzen zwischen Werkausschuß und Werkleitung

Die Anerkennung eines Antragsrechts der Werkleitung im Werkausschuß kann allerdings auch Konfrontationen zwischen Werkleitung und Werkausschuß verstärken — Konfrontationen, die dem aufgegebenen Ziel einer kooperativ funktionierenden Gesamtverantwortung von Werkausschuß und Werkleitung widerstreiten. Solche Konfrontationen können auch dort entstehen, wo Streitigkeiten inhaltlich fortbestehen, obwohl der Werkausschuß diese verfahrensmäßig durch Beschlußfassung in seinem Sinne beendet hat. Die sich hieran anschließende Frage ist, ob sich in solchen Fällen nicht der Gemeinderat kraft seiner immerhin auch gegebenen Verwaltungszuständigkeiten auf dem Gebiet des Eigenbetriebsrechts[237] der streitigen, nicht einvernehmlich gelösten Leitungsprobleme zwischen Werkausschuß und Werkleitung annehmen darf. Eine solche Zuständigkeit des Rates würde das kompetentielle Zusammenspiel von Werkausschuß und Werkleitung auch gegenüber Konfrontationsverhältnissen der genannten Art abschirmen und zu einem auch insgesamt funktionstüchtigen Konzert kooperativer Verwaltungszuständigkeiten im Eigenbetriebswesen führen.

Auszuscheiden hat hierbei allerdings eine Lösung, die darin bestünde, daß der Werkausschuß selbst streitige Fragen zur Letztbeantwortung an den Rat „weiterreichte". Denn dem Werkausschuß ist gerade die Entlastung des Gemeinderates von gewichtigen, also auch streitigen Eigenbetriebsangelegenheiten aufgegeben[238]. Dieser Verpflichtung kann der Werkausschuß nicht in der Weise ausweichen, daß er kontroverse Angelegenheiten kraft eigenen „Rechts" an den Rat zwecks dortiger Entscheidung weitergibt.

Verfügt der Werkausschuß also selbst über keine entsprechende „Weiterleitungskompetenz", so kann eine vergleichbare Kompetenz doch auf seiten des Gemeinderates selbst bestehen. Gewinnen Eigenbetriebsangelegenheiten nämlich ein solches Gewicht, daß die Gemeinde bzw. Stadt als solche und substantiell betroffen ist oder daß die streitigen Fragen die Problemlösungskapazität des Werkausschusses von vornherein übersteigen, so kann sie der Rat für diesen Einzel-

---

[237] Vgl. C. I. 4.

[238] Vgl. C. I. 2. und C. I. 4. mit c) und Fn. 140.

fall an sich ziehen (Art. 95 Abs. 1 S. 4 GO). Diese Möglichkeit ist dem Gemeinderat auch dann eröffnet, wenn sich im Werkauschuß in der Behandlung entsprechender Eigenbetriebsangelegenheiten *Divergenzen* zwischen ihm und der Werkleitung abzeichnen. Der Stadt- bzw. Gemeinderat übernimmt dann die Position einer *exekutivischen Letztentscheidungsinstanz*. Er kann sich zur endgültigen Beschlußfassung über die anstehenden bzw. streitigen Eigenbetriebsangelegenheiten die entsprechenden Antragsunterlagen und Vorschläge von Werkleitung, Vorsitzendem des Werkausschusses und vom Werkausschuß selbst als Organ vorlegen lassen, um auf dieser Grundlage die genannte Letztentscheidung zu treffen.

Diese Befugnis des Gemeinderates ist allerdings in den Zusammenhang der Kompetenzen aller Organe des Eigenbetriebes einzuordnen. Der Gemeinderat darf von daher nur am Schluß des die Kompetenzwahrnehmung steuernden Verfahrensganges und für bestimmte Fallgruppen entscheiden. Andernfalls droht die Auszehrung der gesetzlichen Kompetenzen des Werkausschusses und der Werkleitung sowie des Oberbürgermeisters[239].

Dies bedeutet, daß die *Divergenz- und Aufgreifkompetenz des Stadt- bzw. Gemeinderates* nur so im *Einzelfall* bzw. nur *subsidiär* für den Fall entsprechender Meinungsverschiedenheiten etc. zwischen Werkausschuß und Werkleitung zum Tragen kommen kann.

Rechtlich findet diese Divergenz- und Aufgreifzuständigkeit des Gemeinderates ihre Grundlage in §4 Abs. 1 S. 1 EBV. Aus dieser Vorschrift folgt zwar, wie gezeigt[240], kein eigenständiges Antragsrecht der Werkleitung in den Sitzungen des Rates. Doch führt die Anpassung dieser Bestimmung des Eigenbetriebsrechts aus dem Jahre 1938 an die kompetentiellen Grundstrukturen der Verwaltung, Leitung und Kontrolle des Eigenbetriebes im System des geltenden demokratischen Gemeinderechts zu einem besonderen System differenter Kompetenzverteilung und -abschichtung für die eigenbetriebsrechtliche Figur des „Bürgermeisters" im Sinne des § 4 Abs. 1 S. 1 EBV. Bedeutete der „Bürgermeister" im Sinne dieser Bestimmung und ihrer am sog. Führerprinzip orientierten Kompetenzordnung eine einheitliche bzw. konzentrierte Verwaltungszuständigkeit, so sind heute an die Stelle des „Bürgermeisters" im Sinne jener Bestimmung des alten Eigenbetriebsrechts sowohl Bürgermeister als auch Gemeinderat und Werkausschuß getreten. Diese drei Zuständigkeitsträger dürfen sich aus der Sicht des Eigenbetriebsrechts und jener jedenfalls materiell fortbestehenden Grundidentität eigenbetriebsrechtlicher Verwaltungszuständigkeiten

---

239 Hierin läge ein Verstoß gegen Art. 95 Abs. 1 GO.

240 Vgl. oben D. II. 3. zu d).

als eine Art *„Kondominium“* verstehen. Dieses „Kondominium“ sieht sich durch die GO zwar in aller Regel kompetenzrechtlich gegliedert; Bürgermeister, Gemeinderat und Werkausschuß verfügen über prinzipiell gesonderte und als solche auch gesetzlich ausgewiesene Zuständigkeiten. Dies ändert indessen nichts daran, daß aus der Sicht des Eigenbetriebsrechts auch ein Maß an materieller Grundidentität der — jetzt gegliederten oder verteilten — Eigenbetriebskompetenzen besteht. Dies bedeutet, daß in Fällen, in denen jene gemeinderechtliche Kompetenzzergliederung oder Kompetenzneuaufteilung lückenhaft ist, auf die vorangegangene Identitätsvorstellung des Eigenbetriebsrechts zumindest insoweit zurückgegriffen werden darf, wie dies zwecks Weiterentwicklung oder kompetenzrechtlicher Lückenschließung erforderlich ist. Art. 95 Abs. 1 S. 4 GO anerkennt dies zumindest mittelbar, wenn er über die durch ihn getroffene Regelung über die Verwaltungszuständigkeiten des Gemeinderates indirekt hierauf verweist; dies bedeutet, daß sich die Aufgreif- und Divergenzkompetenz des Rates im Falle von Meinungsverschiedenheiten zwischen Werkleitung und Werkausschuß ebenso aus eigenbetriebsrechtlicher als auch aus gemeinderechtlicher Sicht gerechtfertigt sieht.

Die funktionelle Kompetenzgliederung zwischen den Organen des Eigenbetriebes als rechtliche Leitungsmaßgabe der Werke verlangt allerdings, daß der Gemeinderat die Einzelfallbezogenheit und prinzipielle Subsidiarität seiner Aufgreif- und Divergenzkompetenz beachtet. Er ist nicht berechtigt, die eigenständigen Zuständigkeiten von Werkausschuß und Werkleitung zu durchbrechen bzw. an deren Stelle eine genuine Eigenkompetenz zu setzen. Um solchen Gefahren vorzubeugen, empfiehlt es sich, in der Betriebssatzung die Aufgreif- und Divergenzkompetenz des Rates nicht nur in ihrer Einzelfallbezogenheit und prinzipiellen Subsidiarität zu fixieren, sondern auch — in zumindest typologischer Betrachtungsweise — die wichtigsten Fallgruppen auszuweisen, in denen jene Kompetenz des Rates zum Zuge kommt. Eine Regelung in der Geschäftsordnung des Stadt- bzw. Gemeinderates genügt hierfür nicht. Denn es handelt sich bei dieser Kompetenz um eine materiell-rechtliche Konkretisierung eigenbetriebsrechtlicher Zuständigkeiten, für die es des materiellen Rechtssatzes bedarf. Andernfalls wären die anderen Organe des Eigenbetriebes, also Werkausschuß und Werkleitung, nicht entsprechend verpflichtet.

Für das Gesamtverhältnis von Werkleitung, Werkausschuß und Stadt- bzw. Gemeinderat ergibt sich hiernach ein insgesamt funktionsfähiges Konzert gegenseitiger, wechselseitiger und interdependenter Kompetenzstrukturen. Die Werkleitung hat ein Antragsrecht im Werkausschuß, nicht dagegen im Gemeinderat. Bei Meinungsverschiedenheiten ergibt sich jedoch über die Aufgreif- und Divergenzkompetenz des

Gemeinderates für diesen das Recht, sich auch mit den Vorstellungen der Werkleitung zu befassen. Über die — im einzelnen satzungsgemäß zu subsumierenden — Pflichten zur Vorlage von Unterlagen etc. erwächst der Werkleitung auf diesem Wege auch die Möglichkeit, den eigenen, vom Werkausschuß abweichenden Standpunkt vor dem Rat zu vertreten. Unterstützend werden insoweit die Rechte der Werkleitung, an Sitzungen des Gemeinderates teilzunehmen und dort vorzutragen, wirksam.

IV. Ergebnis und weiterführende Aspekte

Zusammengefaßt ergibt sich hiernach, daß die Werkleitung in den Sitzungen des Werkausschusses über ein Teilnahme- und Vortragsrecht sowie über ein spezifisch exekutivisch-eigenbetriebsrechtliches Antragsrecht verfügt. Vor dem Gemeinderat verfügt die Werkleitung über kein Antragsrecht; hier besteht allein die Möglichkeit eines Teilnahme- und Vortragsrechts. Divergenzen, die bei der Ausübung des Antragsrechts der Werkleitung vor dem Werkausschuß zwischen diesem und der Werkleitung entstehen, unterliegen der Bereinigung durch Beschlußfassung im Gemeinderat; diesem steht insoweit eine (einzelfallbezogene und subsidiäre) Aufgreif- und Divergenzkompetenz zu.

Diese Aufgreif- und Divergenzkompetenz des Rates betrifft allerdings nicht den Komplex derjenigen Eigenbetriebsangelegenheiten, für die der Rat selbst bzw. originär zuständig ist. Für diesen Bereich besteht zugunsten der Werkleitung jedoch das dargestellte Vortrags- und Teilnahmerecht. Über diese Befugnisse hinaus kann der Rat verpflichtet werden, jeweils vor Beratung eine Stellungnahme der Werkleitung — ggf. auch des Werkausschusses — einzuholen. Eine solche Verpflichtung des Gemeinderates könnte prinzipiell sowohl in dessen Geschäftsordnung als auch in der Betriebssatzung verankert werden. Zweckmäßigerweise sollte der Weg über die Betriebssatzung beschritten werden. Denn auf diese Weise sähe sich auch materiell gewährleistet, daß die Werkleitung auch ihrerseits zur (rechtzeitigen und umfassenden) Stellungnahme verpflichtet ist. Eine weitere Möglichkeit, den Kompetenzstrang zwischen Werkleitung und Rat möglichst geschlossen zu halten, ergibt sich in Angelegenheiten, in denen der Werkausschuß für den Gemeinderat vorbereitend tätig wird (z. B. bei der Auf- und Feststellung des Wirtschaftsplans). Hier hat der Vorsitzende des Werkausschusses die Beschlußvorlage im Gemeinderat einzubringen. Die Modalitäten dieser Einbringung lassen sich in der Betriebssatzung im einzelnen festlegen und eröffnen hierbei auch die Möglichkeit, sowohl das Antragsverfahren (ggf. Antragstellung durch den Vorsitzenden des Werkausschusses) als auch die verbindliche Beifügung von Stellungnahmen der Werkleitung etc. festzulegen.

Eine grundsätzlich veränderte Konstellation der Teilnahme-, Vortrags- und Antragsrechte der Werkleitung bedürfte der gesetzlichen Regelung. So könnte ebenso in der GO wie in der EBV z. B. ein uneingeschränktes Antragsrecht der Werkleitung gegenüber Werkausschuß wie Gemeinderat statuiert werden. Rechtspolitisch wäre hier vor allem zu empfehlen, durch eine entsprechende Änderung des § 4 Abs. 1 EBV den ggf. gewünschten, weiteren Ausbau der Befugnisse der Werkleitung zu bewerkstelligen. Denn § 4 Abs. 1 EBV bedarf kompetenzrechtlich ohnehin der interpretativen Umsetzung auf die heutigen Gegebenheiten des Kommunalverfassungsrechts und damit einer, wie gezeigt, differenzierenden Kompetenzgliederung. So würde es sich ohnehin empfehlen, in gleichsam bereinigender gesetzlicher Regelung diese differenten Kompetenzverhältnisse auch ausdrücklich im Eigenbetriebsrecht auszuweisen — und im gleichen Zusammenhang auch die (ggf. für erforderlich erachteten) Antragsrechte etc. für die Werkleitung (ggf. auch für den Werkausschuß) ausdrücklich zu regeln. Von seiten des Kommunalverfassungsrechts ergeben sich insoweit grundsätzlich keine Einschränkungen.

E. Verlagerung von Zuständigkeiten in Personalangelegenheiten des Eigenbetriebes auf Werkleitung und Werkausschuß

I. Ausgangsposition

1. Personalentscheidungen als prinzipielle Zuständigkeit des Gemeinde- bzw. Stadtrates

Die effiziente Wahrnehmung der Verantwortung für die wirtschaftliche Führung der Gemeinde- bzw. Stadtwerke verlangt nach einer weitgehenden Konzentration der Zuständigkeiten in Personalangelegenheiten auf Werkausschuß und Werkleitung. Beiden Organen stehen jedoch keine originären Kompetenzen in Personalsachen der Eigenbetriebe zu. Personalangelegenheiten rechnen nicht zu den spezifischen Angelegenheiten der Werke im Sinne des Art. 95 Abs. 1 GO[241].

Die Ausführungen zu den kompetentiellen Grundstrukturen des Eigenbetriebes haben bereits verdeutlicht, daß weder die Werkleitung noch der Werkausschuß aus *eigenem* Recht eine Zuständigkeit in Personalangelegenheiten in Anspruch nehmen dürfen. Auch für die Personalangelegenheiten des Eigenbetriebes ist demnach grundsätzlich der Gemeinde- bzw. Stadtrat zuständig. Sowohl Art. 37 Abs. 4 GO als auch Art. 43 Abs. 1 - 3 GO bilden gegenüber dem Art. 95 Abs. 1 GO die spezielleren Vorschriften. Kraft Gesetzes und zunächst sind daher — wenn auch mit den in Art. 32, 39 und 43 GO enthaltenen Delegationsmöglichkeiten — der Gemeinderat und der erste Bürgermeister (Oberbürgermeister), nicht aber der Werkausschuß oder die Werkleitung für Personalangelegenheiten zuständig. Die Personalpolitik soll der Gemeindevertretung vorbehalten sein[242].

2. Die gesetzlich vorgesehenen Delegationsmöglichkeiten

Andererseits kann der Gemeinderat diese Zuständigkeiten auf den *Werkausschuß* übertragen. Dies gilt auch für jene Angelegenheiten, zu deren Erledigung die Gemeinde der Genehmigung bedarf. Hierfür trifft Art. 43 Abs. 1 S. 2 GO eine spezielle Regelung. Außerdem kön-

241 Vgl. oben C. I. 4. zu e).

242 *Rollwagen*, BayBgm. 1955, 76.

nen in Gemeinden mit mehr als 10 000 Einwohnern jene Zuständigkeiten, die Art. 43 Abs. 2 GO aufzählt, auf den ersten Bürgermeister (Oberbürgermeister) übertragen werden. Der Oberbürgermeister ist demzufolge nicht schon aus Art. 37 Abs. 1 S. 1 GO zur Führung von Personalgeschäften befugt: Art. 43 Abs. 1 S. 1 GO ist vorrangige Sondernorm gegenüber Art. 37 Abs. 1 S. 1 GO[243].

Auf dem gleichen Wege können der *Werkleitung* Zuständigkeiten in Personalsachen zugewiesen werden. Der Oberbürgermeister kann seine diesbezüglichen Befugnisse im Rahmen des Art. 39 Abs. 2 GO auf die Werkleitung übertragen. Zu diesen Befugnissen gehören auch solche, die ihm selbst erst vom Gemeinderat nach Art. 43 Abs. 2 GO übertragen worden sind.

Die Übertragung dieser Befugnisse scheitert nicht etwa daran, daß nach Art. 39 Abs. 2 GO nur die „Angelegenheiten der laufenden Verwaltung" einem Gemeindebediensteten übertragen werden dürfen. Hierunter fallen nicht nur solche im Sinne des Art. 37 Abs. 1 S. 1 Nr. 1 GO, sondern auch laufende Angelegenheiten bei Aufgaben des ersten Bürgermeisters/Oberbürgermeisters, die sich aus anderen Vorschriften, wie z. B. aus Art. 43 Abs. 2 GO, ergeben[244]. Darüber hinaus kann mit der Übertragung das Recht zur *Weiterübertragung* auf andere Bedienstete verbunden sein. Auch hinsichtlich der Auswahl der Bediensteten sieht Art. 39 Abs. 2 GO keine Beschränkungen vor[245].

3. Aufteilung der Zuständigkeit in Personalangelegenheiten auf die Organe des Eigenbetriebes

Auf der Grundlage der vorausgehend skizzierten Zuständigkeiten in Personalangelegenheiten der Eigenbetriebe kommt es damit zu einer weitgehenden Aufteilung zwischen Gemeinderat, Werkausschuß, erstem Bürgermeister (Oberbürgermeister) und Werkleitung. Die wirtschaftliche Optimierung der Unternehmensführung kann dieses Zuständigkeitsgeflecht nicht materiell durchbrechen. Die ausschließlichen Zuständigkeiten des Gemeinde- bzw. Stadtrates sind unantastbar[246]. Möglichkeiten zur Verlagerung der Zuständigkeit in Personalangelegenheiten bieten sich aber im Hinblick auf Werkausschuß und Werkleitung.

---

[243] Vgl. BayVGH n. F. 8, 69 ff.

[244] Vgl. *Widtmann* (Fn. 42), Art. 39, Anm. 4; *Masson / Samper* (Fn. 82), Art. 39, Anm. 15.

[245] Vgl. *Widtmann* (Fn. 42), Art. 39, Anm. 4.

[246] Zu ihnen vgl. oben C. I. 4.

II. Die Übertragung von Zuständigkeiten in Personalangelegenheiten auf den Werkausschuß

1. Grundsatz

Wie schon zuvor ausgeführt, kann der Gemeinderat seine Befugnisse in Personalangelegenheiten gemäß Art. 43 Abs. 1 S. 2 GO auf einen beschließenden Ausschuß übertragen. Dies muß nicht unbedingt der Werkausschuß sein. Auch der Personalausschuß kann über die Personalangelegenheiten bei Eigenbetrieben beschließen. Zweckmäßiger dürfte allerdings die Übertragung auf den Werkausschuß sein.

Zu beachten ist allerdings, ob der Gemeinderat nicht bereits von der Übertragungsmöglichkeit nach Art. 43 Abs. 2 GO auf den Bürgermeister Gebrauch gemacht hat. Die Delegation von Befugnissen auf diesen kann nämlich nach Art. 43 Abs. 2 S. 2 GO während der laufenden Wahlperiode nur durch einen qualifizierten Beschluß rückgängig gemacht werden[247]. Die davon betroffenen personalrechtlichen Befugnisse können ggf. nicht (mehr) auf den Werkausschuß übertragen werden.

Zu beachten ist ferner die *Form der Übertragung*. Die Zuweisung allgemeiner, einen ganzen Geschäftszweig umfassender Entscheidungsbefugnisse an einen Ausschuß bedarf *satzungsmäßiger* Regelung. Die Aufnahme entsprechender Bestimmungen in die Geschäftsordnung des Gemeinderates genügt für sich allein nicht[248].

2. Umfang der Übertragung

Der Umfang der Übertragung von Zuständigkeiten in Personalangelegenheiten durch den Gemeinderat auf den Werkaussschuß umfaßt prinzipiell die Befugnis, die Beamten der Gemeinde zu ernennen, zu befördern, zu einem anderen Dienstherrn abzuordnen oder zu versetzen, in den Ruhestand zu versetzen und zu entlassen (Art. 43 Abs. 1 Nr. 1 GO). Ferner erstreckt sich die Übertragungsbefugnis auf die Zuständigkeit, Angestellte und Arbeiter der Gemeinde einzustellen, höherzugruppieren und zu entlassen (Art. 43 Abs. 1 Nr. 2 GO).

Zu beachten ist allerdings der für den Gemeinderat bestehende Ausschließlichkeitsvorbehalt in der Wahrnehmung von Personalzuständigkeiten: Die Wahl des Dezernenten für die Werke — gleich, ob weiterer Bürgermeister oder berufsmäßiger Gemeinderat — sowie die Wahl des oder der Werkleiter nach Art. 95 Abs. 1 GO steht allein dem Gemeinderat zu. Ferner obliegt ihm die Beschlußfassung über die allgemeine

247 Dazu näher *Masson / Samper* (Fn. 82), Art. 43, Anm. 20.

248 *Masson / Samper* (Fn. 82), Art. 43, Anm. 13.

Regelung der Bezüge der Gemeindebediensteten gemäß Art. 32 Abs. 2 S. 2 Buchst. c GO.

3. Der Werkausschuß als vorberatender Ausschuß in Personalangelegenheiten der Gemeinde- bzw. Stadtwerke

Bei den Beschlüssen in Personalangelegenheiten der Eigenbetriebe, die dem Gemeinderat von Gesetzes wegen oder durch Beschluß vorbehalten sind, kann der Werkausschuß *vorberatend* tätig werden. Es bedarf insoweit der Zuweisung einer entsprechenden Beratungskompetenz[249].

III. Die Übertragung von Zuständigkeiten in Personalangelegenheiten auf die Werkleitung

Die in Art. 43 Abs. 2 GO aufgezählten Zuständigkeiten können in Gemeinden mit mehr als 10 000 Einwohnern auf den Oberbürgermeister übertragen werden. Dieser ist zur Weiterübertragung auf die Werkleitung nach Art. 39 Abs. 2 GO befugt. Allerdings muß sich die Subdelegation im Rahmen der „laufenden Angelegenheiten" im Sinne des Art. 39 Abs. 2 GO halten. Hierin liegt die Grenze der Übertragung von personalrechtlichen Zuständigkeiten durch den Gemeinderat über den Oberbürgermeister auf die Werkleitung: Die Übertragungsmöglichkeit erstreckt sich nach Art. 43 Abs. 2 S. 1 GO nur auf *Beamte des einfachen Dienstes* (Art. 23 BayBG) sowie des *mittleren Dienstes* (Art. 24 BayBG). Für die beamteten Angehörigen des gehobenen (Art. 25 BayBG) und des höheren Dienstes (Art. 26 BayBG) bewendet es bei der Zuständigkeit des Gemeinderates bzw. des Werkausschusses.

Weitergehende Möglichkeiten der Kompetenzübertragung in Personalangelegenheiten der Werke bestehen nach der gegenwärtigen Rechtslage nicht. Die Werkleitung kann daher allenfalls zuständig sein für die Ernennung, Einstellung, Beförderung, Höherstufung, Versetzung, Ruhestandsversetzung und Entlassung der Beamten bis zur Besoldungsgruppe A 9 (mittlerer Dienst) sowie der Angestellten bis zur Vergütungsgruppe BAT V c. Ebenso besteht die Möglichkeit zur Kompetenzübertragung bei Aushilfsangestellten und Arbeitern. Es ist allerdings allein Sache des Bürgermeisters, ob und inwieweit er seine diesbezüglichen Befugnisse, die ihrerseits auf der Delegation nach Art. 43 Abs. 2 S. 1 GO beruhen, auf die Werkleitung übertragen will.

---

[249] Vgl. *Zeiss* (Fn. 76), § 4 EBV, Anm. III 1 c) (S. 5).

IV. Die Regelungen der Musterbetriebssatzung

Die Musterbetriebssatzung hat von den vorausgehend dargestellten Möglichkeiten umfassend Gebrauch gemacht. In ihren §§ 4 Abs. 2, 5 Abs. 3, 6 Abs. 1 und 7 werden die Zuständigkeiten in Personalangelegenheiten unter den Organen des Eigenbetriebes aufgeteilt. Nach § 6 Abs. 1 Nr. 3 Musterbetriebssatzung beschließt der *Gemeinderat* über die Bestellung und Abberufung der Werkleiter und ihrer Stellvertreter sowie über die Regelung ihrer Dienstverhältnisse. Er behält sich außerdem nach Nr. 9 a.a.O. die Ernennung, Einstellung, Beförderung, Höherstufung, Versetzung, Ruhestandsversetzung und Entlassung der Bediensteten sowie dienstrechtliche Maßnahmen vor, soweit nicht der *Werkausschuß* oder der *Oberbürgermeister* zuständig sind.

Ferner ist der Gemeinderat zuständig für Beamte ab der Besoldungsgruppe A 13 und für Angestellte der Gruppen BAT I und II. Diese Zuständigkeitszuweisung muß nicht als abschließend betrachtet werden. Auch die hier genannten Kompetenzen können noch dem Werkausschuß übertragen werden.

Dem *Werkausschuß* sind nach § 5 Abs. 3 Nr. 11 der Musterbetriebssatzung die Personalangelegenheiten für die Beamten der Besoldungsgruppe A 10 - A 12 und für die Angestellten der Vergütungsgruppen BAT III und IV zugewiesen.

Für die *Werkleitung* bleiben demnach die in § 4 Abs. 2 Nr. 5 der Musterbetriebssatzung ausgewiesenen Zuständigkeiten für die Ernennung, Einstellung, Beförderung, Höherstufung, Versetzung, Ruhestandsversetzung und Entlassung der Beamten bis zur Besoldungsgruppe A 9 (mittlerer Dienst) und der Angestellten bis zur Vergütungsgruppe BAT V c sowie bei Aushilfsangestellten und Arbeitern.

Des weiteren sieht die Musterbetriebssatzung in ihrem § 5 vor, daß der Werkausschuß bei Beschlüssen in Personalangelegenheiten, die dem Gemeinderat vorbehalten sind, vorberatend tätig werden soll. Ergänzend ist hinzuzufügen, daß die *Werkleitung* an dieser Möglichkeit des Werkausschusses zur aktiven Gestaltung der Personalpolitik Anteil hat: Weil und soweit die Werkleitung in den Angelegenheiten des Eigenbetriebes die Beschlüsse des Stadtrates und des Werkausschusses vorzubereiten hat, im Werkausschuß und im Stadtrat das Recht zum Vortrag besitzt und ferner über ein Antragsrecht im Werkausschuß verfügt, kann sie damit auch ihre Auffassung in Personalangelegenheiten wirksam zu Gehör bringen.

F. Verlagerung von Zuständigkeiten für Stellenplanangelegenheiten des Eigenbetriebes auf Werkausschuß und Werkleitung

I. Stellenplanangelegenheiten des Eigenbetriebes als Haushaltsangelegenheiten der Gemeinde

1. Die Regelung der Stellenbewirtschaftung im Eigenbetriebsrecht

Nach § 12 Abs. 1 EBV hat der Eigenbetrieb vor Beginn eines jedes Wirtschaftsjahres einen *Wirtschaftsplan* aufzustellen. Dieser besteht aus dem Erfolgsplan und dem Vermögensplan. Er wird ergänzt durch die Finanzplanung (§ 16). Dagegen enthält der Wirtschaftsplan nicht mehr, wie nach § 12 Abs. 1 S. 1 EBV a. F., eine eigene *Stellenübersicht*. Vielmehr trifft § 15 EBV n. F. die Regelung, daß dem Wirtschaftsplan ein Auszug aus dem Stellenplan und aus der Stellenübersicht nach § 6 Kommunalhaushaltsverordnung (KommHV) *beizufügen* ist.

Der Eigenbetrieb führt sonach keinen selbständigen Stellennachweis für Beamte, Angestellte und Arbeiter, sondern alle Bediensteten erscheinen im Stellenplan bzw. in der Stellenübersicht der Gemeinde. Allerdings sind die Stellen der Beamten, Angestellten und Arbeiter des Eigenbetriebes gesondert aufzuführen (§ 6 Abs. 1 S. 2, Abs. 6 S. 2, 3 KommHV). Insoweit ist eine gesonderte Darstellung der Stellenplansituation für den Eigenbetrieb nach wie vor gegeben.

2. Die Verknüpfung der Stellenplanangelegenheiten des Eigenbetriebes mit dem Haushaltsplan der Gemeinde

Trotz dieser Sachlage bereitet die Frage Schwierigkeiten, ob Stellenplanangelegenheiten für die Gemeinde Ratsangelegenheiten oder Angelegenheiten des Eigenbetriebes bilden.

In der Systematik des Eigenbetriebsrechts vertritt der *Wirtschaftsplan* den Haushaltsplan der Gemeinde. Anstelle des Art. 64 GO gelten prinzipiell die §§ 12 - 15 EBV. Insofern verzichtet auch Art. 95 Abs. 2 GO darauf, außerhalb der Vorschriften der Art. 61, 62, 67 und 69 GO weitere Vorschriften der Gemeindeordnung für „entsprechend" anwendbar zu erklären. Dies beruht darauf, daß die Vorschriften des

Haushaltsrechts wegen ihrer starren Bindung an die einzelnen Planansätze nicht zu den Anforderungen an die Wirtschaft des Eigenbetriebes passen. Er verlangt nach einer größeren Beweglichkeit in der Planung. Deshalb besteht auch ein Bedürfnis für einen selbständigen Wirtschaftsplan des Eigenbetriebes[250]. Gleichwohl unterwirft die Gemeindeordnung auch die interne Unternehmensplanung des Eigenbetriebes der Überwachung durch den Gemeinderat[251]. Dies gilt auch für die Stellenplanangelegenheiten des Eigenbetriebes. Wenn Art. 95 Abs. 2 GO insoweit nur die Anwendung einzelner Vorschriften der GO auf den Eigenbetrieb statuiert, so ist dies eng zu interpretieren. Die Anordnung der „entsprechenden" Geltung für den Eigenbetrieb bezieht sich auf dessen Form als *Sondervermögen*. Sie schließt nicht aus, daß weitere Vorschriften der GO als Sonderregelungen heranzuziehen sind[252].

Eine solche Sondervorschrift gegenüber Art. 95 Abs. 2 GO bildet Art. 64 Abs. 2 S. 2 GO, wonach der Stellenplan für die Beamten und Angestellten der Gemeinde Teil des Haushaltsplans ist. Die Bediensteten des Eigenbetriebes nehmen insofern keine Sonderstellung ein. Dies zeigt sich auch an der Folgevorschrift des Art. 64 Abs. 2 S. 3 GO, die erlaubt, daß die bei der *Sparkasse* beschäftigten Beamten und Angestellten in diesem Stellenplan nicht ausgewiesen werden müssen, wenn und soweit nach Sparkassenrecht ein verbindlicher Stellenplan aufzustellen ist.

Für den Eigenbetrieb gilt jedoch gerade, daß der Stellenplan der Gemeinde auch die Beamten und Angestellten des Eigenbetriebes auszuweisen hat. Dies ordnet § 15 EBV durch seine Bezugnahme auf § 6 KommHV an.

Hieraus folgt, daß die Stellenplanangelegenheiten der Gemeinde- bzw. Stadtwerke Haushaltsangelegenheiten der Gemeinde darstellen. Sie sind daher Gemeindeangelegenheiten und keine Werkangelegenheiten im Sinne des Art. 95 Abs. 1 GO. Somit besteht keine originäre Zuständigkeit des Werkausschusses und der Werkleitung.

---

250 Vgl. *Zeiss* (Fn. 76), § 13 EBG/Bad.-Württ., Anm. 3 (S. 2 f.).

251 Vgl. hierzu oben C. II. 2. mit d).

252 Vgl. z. B. für Art. 63 Abs. 2 S. 2 GO: *Masson / Samper* (Fn. 82), Art. 95, Anm. 10.

II. Die Zuständigkeiten zur Beschlußfassung in Stellenangelegenheiten des Eigenbetriebes

1. Die Zuständigkeiten des Gemeinderates

Stellenplanangelegenheiten werden als Gemeindeangelegenheiten durch den Gemeinderat wahrgenommen, soweit nicht der erste Bürgermeister selbständig entscheidet (Art. 29 GO).

Die Entscheidung über Stellenplanangelegenheiten ist freilich weitgehend der Vollversammlung des Gemeinderates vorbehalten. Da der Stellenplan Bestandteil der Haushaltssatzung bzw. der Nachtragshaushaltssatzungen ist (Art. 64 Abs. 2, 68 GO), fällt die Beschlußfassung hierüber gemäß Art. 32 Abs. 2 S. 2 Buchst. d GO ausschließlich in die Zuständigkeit des Gemeinderates selbst. Entsprechende Entscheidungen können auch nicht auf einen beschließenden Ausschuß übertragen werden. Dies gilt auch für die Beschlußfassung über die allgemeine Regelung der Bezüge der Gemeindebediensteten gemäß Art. 32 Abs. 2 S. 2 Buchst. c GO.

Dieselbe Rechtslage ergibt sich für die Änderung des Stellenplans und der Stellenübersicht. Nach Art. 44 GO ist der Stellenplan einzuhalten, d. h. Stellen, die dort nicht vorhanden sind, dürfen nicht besetzt werden. Neueinstellungen, Beförderungen und Höherstufungen müssen sich immer im Rahmen des Stellenplans bewegen. Wenn Beamte oder Angestellte eingestellt, befördert oder in eine höhere Vergütungsgruppe eingestuft werden sollen und der Stellenplan die entsprechenden Stellen nicht enthält, muß nach Art. 68 Abs. 2 GO unverzüglich eine *Nachtragshaushaltssatzung* für die Gemeinde erlassen werden. Dies gilt auch für den Eigenbetrieb[253]. Für die Beschlußfassung über diese Nachtragshaushaltssatzung ist gemäß Art. 32 Abs. 2 S. 2 Buchst. d GO wiederum und ausschließlich die Vollversammlung des Gemeinderates zuständig.

2. Die Verlagerung der Zuständigkeiten in Stellenplanangelegenheiten auf andere Organe der Gemeinde

Der Stellenplan für die Beamten und Angestellten der Gemeinde hat als Teil des Haushaltsplans *Satzungsqualität*. Er ist die Grundlage für die beamtenrechtliche Einweisung in Planstellen sowie für die Bewirtschaftung von Stellen der Angestellten. Auf dieser grundlegenden Bedeutung der Personalwirtschaft für den gesamten Gemeindehaushalt beruht die ausschließliche Entscheidungsbefugnis des Gemeinderates als Plenum.

---

[253] Ebenso *Zeiss* (Fn. 76), § 15 EBV, Anm. III (S. 3).

Die in Art. 44 S. 1 GO verankerte Verpflichtung, den Stellenplan einzuhalten, bezieht sich jedoch nur auf den Stellenplan in seiner jeweiligen Gestalt. Demgegenüber gibt Art. 68 Abs. 3 Nr. 2 GO die Möglichkeit, vom Stellenplan ohne Erlaß einer Nachtragshaushaltssatzung abzuweichen. Voraussetzung ist, daß aufgrund von Änderungen des Beamten- oder Tarifrechts vom Stellenplan abzuweichen ist oder höhere Personalausgaben geleistet werden müssen. Gleiches gilt für die Erfüllung neuer Aufgaben, also für solche, die im Zeitpunkt des Erlasses der Haushaltssatzung oder einer Nachtragshaushaltssatzung noch nicht bestanden haben[254].

Die Vorschrift des Art. 68 Abs. 3 Nr. 2 GO ermöglicht damit die Anpassung des Stellenplans an die aktuellen Erfordernisse der Personalwirtschaft, ohne auf das umständliche Verfahren des Erlasses einer Nachtragshaushaltssatzung (vgl. Art. 68 Abs. 1 S. 2 GO) zurückgreifen zu müssen. Allerdings besteht diese Möglichkeit nur im Rahmen des Art. 68 Abs. 3 Nr. 2 GO. Art. 44 S. 2 GO schließt andere Möglichkeiten der Abweichung vom Stellenplan aus.

Innerhalb des damit durch Art. 68 Abs. 3 Nr. 2 GO gezogenen Rahmens ist ein schmaler Raum für nichtbeschlußpflichtige Stellenplanangelegenheiten eröffnet. Die Beschlußfassung hierüber könnte deshalb auf einen beschließenden Ausschuß übertragen werden.

3. Die Zuständigkeit des Werkausschusses

Die ausschließliche Zuständigkeit des Gemeinderates zur Beschlußfassung über Stellenplanangelegenheiten hindert nicht, sie in einem Ausschuß *vorberaten* zu lassen (Art. 32 Abs. 1 GO). Die Vorberatung liegt in der Regel bei dem *Personalausschuß*, könnte jedoch auch auf den *Werkausschuß* bzw. auf jeden anderen Ausschuß übertragen werden. Art. 32 Abs. 2 S. 2 Buchst. c und d GO sehen keine Vorberatung durch einen besonderen Ausschuß vor. Es läge deshalb nahe, diejenigen Stellenplanangelegenheiten im Werkausschuß vorberaten zu lassen, die sich auf den Eigenbetrieb beziehen. Darüber hinaus könnte der Werkausschuß als *beschließender Ausschuß* in jenen Stellenplanangelegenheiten des Eigenbetriebes fungieren, in denen es um die Ausnahmebefugnisse nach Art. 68 Abs. 3 Nr. 2 GO geht.

4. Die Zuständigkeit der Werkleitung

Nach Art. 46 Abs. 2 S. 1 GO bereitet der Oberbürgermeister bzw. sein Vertreter die Beratungsgegenstände vor und hält den Vortrag in der Sitzung[255].

---

254 Zu alledem *Masson / Samper* (Fn. 82), Art. 44, Anm. 2.

255 Vgl. oben C. I. 3.

Zur Vorbereitung der Beratungsgegenstände und damit der technischen Abwicklung der Stellenplanangelegenheiten im Werkausschuß kann sich der Oberbürgermeister der Sachverständigenhilfe eines Gemeindebediensteten versichern[256]. Er kann also die Sachbearbeitung und Aufbereitung der Beratungsgegenstände jedenfalls insoweit der *Werkleitung* übertragen, als sie das Personal der Stadtwerke betreffen. Gleiches gilt für die Beschlußvorbereitung für die Vollversammlung.

Hierin liegt keine Sonderbehandlung für die Mitarbeiter der Kommunalwerke im Verhältnis zu den übrigen Mitarbeitern der städtischen Verwaltung. Der Grundsatz der Einheitlichkeit der Verwaltung[257] wird nicht dadurch beeinträchtigt, daß *zwei* Dienststellen (Personalreferat und Werkleitung) für die Sachbearbeitung und Aufbereitung der Beratungsangelegenheiten zuständig sind. Auch die insofern gleichfalls gespaltene Entscheidungsvorbereitung für die Vollversammlung des Gemeinderates bei dessen Beschlußfassung über den Stellenplan verstößt nicht gegen Einheitlichkeitsanforderungen: Es handelt sich nicht um verschiedenstufige Verwaltungseinheiten, die tätig werden; vielmehr gehört der Eigenbetrieb zur Verwaltung der Gemeinde. Die Weisungs- und Entscheidungsbefugnisse des Oberbürgermeisters erstrecken sich auch auf den Eigenbetrieb als eines Bestandteils der Gemeindeverwaltung[258].

Zusammenfassend kann daher bei Beschlüssen der Vollversammlung über den Stellenplan die Vorberatung im Werkausschuß und die Entscheidungsvorbereitung durch die Gemeinde- bzw. Stadtwerke insoweit erfolgen, als Stellen der Werke betroffen sind. Die Vorbereitung muß von Rechts wegen nicht beim Personalausschuß verbleiben. Ebenso wenig gehören die Sachbearbeitung und Entscheidungsvorbereitung rechtlich zwingend in das Personalreferat. In die Bearbeitung der Stellenplanangelegenheiten kann die Werkleitung bzw. ein Mitglied der Werkleitung einbezogen werden.

5. *Ergebnis*

Eine veränderte Aufgaben- und Zuständigkeitsabgrenzung in Stellenplanangelegenheiten gegenüber den Gemeinde- bzw. Stadtwerken hat davon auszugehen, daß die Beschlußfassung über die allgemeine Regelung der Bezüge der Gemeindebediensteten und die Beschlußfas-

---

[256] *Widtmann* (Fn. 42), Art. 47, Anm. 3; *Hölzl / Hien* (Fn. 102), Art. 36, Anm. 3.

[257] Zum Grundsatz der Einheitlichkeit der Verwaltung und dessen sachlichen Auswirkungen vgl. *Wolff / Bachof*, Verwaltungsrecht II, 4. Aufl. 1976, § 77 I a) (S. 98 f.).

[258] Hierzu siehe schon oben C. I. 3.

sung über den Stellenplan als Teil des Haushaltsplans der Vollversammlung der Gemeinde vorbehalten bleiben muß. Gleichwohl kann der Gemeinderat vorberatende Ausschüsse in diesen Angelegenheiten bilden. Die Vorbereitung der Beratungsgegenstände hierfür und der Vortrag in den Sitzungen sowie die Entscheidungsvorbereitung für die Vollversammlung können in Stellenplanangelegenheiten für den Eigenbetrieb dem Werkausschuß bzw. der Werkleitung übertragen werden. Ob und inwieweit dadurch bei Wahrung der notwendigen Einheitlichkeit den Werken mehr Selbständigkeit und Flexibilität in der Personalführung zukommt, ist keine Rechtsfrage. Die Antwort hierauf kann allein Zweckmäßigkeitserwägungen folgen.

III. Die Sicherung des Vollzugs gespaltener Zuständigkeiten für Stellenplanangelegenheiten

Eine Aufgaben- und Zuständigkeitsabgrenzung, die in Stellenplanangelegenheiten für den Eigenbetrieb die Werkleitung und den Werkausschuß als Träger beschließender bzw. vornehmlich beratender Kompetenzen und als Träger der Sach- und Entscheidungsvorbereitung ansieht, wirft das Problem neuer Formen der künftigen Zusammenarbeit mit dem Personalreferat auf. In Frage steht die Sicherung des einheitlichen Vollzugs von Stellenplanangelegenheiten im Rahmen der Haushaltssatzung. Darüber hinaus stellt sich bezüglich der verbleibenden grundsätzlichen personalwirtschaftlichen Aufgaben die Frage nach der Zusammenarbeit von Werken und Personalausschuß bzw. Personalreferat der Kommune.

Das Personalreferat ist insofern bei der Bearbeitung von Stellenplanangelegenheiten an das *Benehmen* mit dem Werkreferat und der Werkleitung gebunden. Es hat zudem die besonderen betrieblichen Bedürfnisse der Werke zu berücksichtigen. Aus Gründen der verwaltungsmäßigen Effizienz ist diese Regelung zweckmäßig. Eine Neuverteilung der Zuständigkeiten in der Bearbeitung von Stellenplanangelegenheiten wäre hieran jedoch *rechtlich* nicht gebunden. Ebensowenig ist die Begründung eines gegenseitigen *Einvernehmens* bei der Bearbeitung derartiger Angelegenheiten rechtlich zwingend erforderlich. Notwendig erweisen sich insoweit lediglich allgemeine Vorgaben des Gemeinderates, die für die beschlußpflichtigen Stellenangelegenheiten bestimmte Verfahren und einen Informationsaustausch anordnen. Im einzelnen können diese Anordnungen in die Geschäftsordnung oder in die künftige Betriebssatzung aufgenommen werden.

G. Die Zuständigkeit für Organisationsangelegenheiten des Eigenbetriebes

I. Die innere Organisation der Gemeinde- bzw. Stadtwerke

Zur selbständigen, verantwortlichen Leitung der Gemeinde- bzw. Stadtwerke im Sinne des Art. 95 Abs. 1 GO gehört die Bestimmung der inneren Organisation des Betriebes. Die *Werkleitung* kann demgemäß kraft ihrer Befugnis zur Führung der „laufenden Geschäfte" Organisationspläne aufstellen und nach Bedarf Dienstordnungen für die im Eigenbetrieb beschäftigten Dienstkräfte erlassen[259].

Größere Organisationsvorhaben, die nicht alle im täglichen Betrieb ständig wiederkehrenden Maßnahmen betreffen, sondern auf eine Umgestaltung der Eigenbetriebsführung abzielen, bedürfen dagegen der Mitwirkung des Werkausschusses. Hierzu gehören auch Vorhaben, die den Ablauf der internen Unternehmensplanung umgestalten wollen. Durch sie werden die Kontroll- und Entscheidungsbefugnisse des Oberbürgermeisters und des Werkausschusses betroffen[260].

Gleichwohl ist aus rechtlicher Sicht keine zwingende Mitzuständigkeit des Personalreferates bei der Bearbeitung solcher oder ähnlicher grundsätzlicher Organisationsfragen gegeben. Der Oberbürgermeister kann sich auch vermöge seiner direkten Zuordnung zur Werkleitung[261] auf die alleinige Einschaltung der Werkleitung bzw. des Werkausschusses stützen. Die Bearbeitung von Organisationsangelegenheiten, auch sofern sie übergreifender Natur sind, muß daher nicht beim Personalreferat verbleiben.

II. Die übergreifenden Organisationsaufgaben der Gemeinde- bzw. Stadtwerke

Etwas anderes gilt freilich für die Organisation jener Aufgaben des Eigenbetriebes, die nicht bloß auf versorgungspolitischen Zielsetzungen beruhen, sondern auch Ziele der Stadtentwicklung, -erneuerung, -modernisierung und des Umweltschutzes verfolgen sowie dem Interesse

---

259 *Zeiss* (Fn. 76), § 2 EBV, Anm. VIII 3 b).

260 Vgl. C. I. 3. sowie II. 2.

261 Dazu näher oben bei C. I. 3. sowie II. 1.

der Gebäudeeigentümer und der Mieter dienen[262]. Hier handelt es sich bereits um Angelegenheiten von — zumindest partiell — überbetrieblicher und damit (auch) allgemein-kommunaler Bedeutung. Praktische Relevanz erlangen solche integrierten Ziele daseinsvorsorgerischer Betätigung der Werke z. B. im Zusammenhang des „örtlichen Versorgungskonzepts" leitungsgebundener Energieversorgung[263].

Die Konzeption und Weiterentwicklung eines im örtlichen Versorgungskonzept angelegten Systems der integrierten leitungsgebundenen Energieversorgung mit darauf abgestimmten Vorstellungen für Energiebeschaffung und -verteilung erfordern die laufende *Koordinierung* des Versorgungssystems mit der gemeindlichen Entwicklungsplanung, der Bauplanung sowie den übrigen Planungen von Stadt und Region. Daneben verlangen Aufgaben, wie die des örtlichen Versorgungskonzepts, nach dem Aufbau entsprechender Informations- und Organisationsstrukturen der kommunalen Verwaltung und nach einer allgemeineren Fortschreibung der sachbezogenen Gesamtplanung. Dies sind sämtlich Aufgaben, die den Kreis der Angelegenheiten des Eigenbetriebes im Sinne des Art. 95 Abs. 1 GO überschreiten. Es handelt sich um allgemeine Organisationsangelegenheiten der Gemeindeverwaltung, für die eine gemeindlich-zentrale Bearbeitung nicht nur zweckmäßig, sondern auch geboten erscheint.

---

262 Vgl. *Stumpf* (Fn. 68), 295.
263 Hierzu ausführlich *Stumpf* (Fn. 68), 294 ff., sowie schon oben B. II.

H. Strategien der Personalgewinnung und Sicherung des Personalbestandes für den Eigenbetrieb, insbesondere durch Anhebung von Besoldung und Vergütung

I. Die unternehmerische Führung des Eigenbetriebes als personalwirtschaftliches Problem

Die unternehmerische Organisation des Eigenbetriebes nach den Grundsätzen einer modernen Wirtschaftsführung unter Annäherung an kaufmännisch-wirtschaftliche Formen hängt in ihrem Gelingen maßgeblich davon ab, ob hinreichend qualifiziertes Personal für die Werkleitung selbst und auf den Ebenen unter ihr gewonnen werden kann. Dies ist weitgehend ein *Problem der leistungsgerechten Besoldung bzw. Vergütung*. Zu klären ist deshalb, welcher Spielraum hierbei dem Eigenbetrieb bzw. der Kommune von Rechts wegen eingeräumt wird.

Zwei grundsätzliche Fragenkreise überschneiden sich insoweit. Zum einen geht es um die Frage, in welchem Ausmaß die Werke bei der Gewinnung qualifizierten Personals an rechtliche Vorgaben der Gemeinde gebunden sind und welchen Bindungen diese ihrerseits gegenüber dem Staat unterliegt. Auf der anderen Seite ist zu klären, ob die Besetzung der Führungspositionen des Eigenbetriebes nur durch *Beamte* zulässig ist, oder ob Werkleiter auch als *Angestellte* berufen werden dürfen.

II. Die personalwirtschaftliche Bindung des Eigenbetriebes an die Gemeinde

1. Das Erfordernis eines einheitlichen Bewertungsniveaus der Planstellen im Verhältnis Eigenbetrieb - Gemeindeverwaltung

Die allgemeine Zuständigkeit für die Personalwirtschaft des Eigenbetriebes liegt in der Hand der Gemeinde. Wie bereits an früherer Stelle ausführlich hervorgehoben, gehören die Werke unbeschadet ihrer wirtschaftlichen Sonderstellung zur allgemeinen Verwaltung im Sinne der Art. 29 ff. GO[264]. Dies hat Auswirkungen auf die Personal-

---

[264] Vgl. oben B. III. 2.

wirtschaft. Die Gemeinde ist in demselben Maße unmittelbar Dienstherr bzw. Arbeitgeber der Beschäftigten in der allgemeinen Stadtverwaltung wie der Beschäftigten im Eigenbetrieb. Demgemäß ist den Werken eine eigene Dienstherrnfähigkeit versagt[265].

Für die Bewertung von Dienstposten bzw. Stellen innerhalb der Gemeinde- bzw. Stadtwerke sind hiernach dieselben kommunalrechtlichen Vorschriften wie für die Bewertung in der allgemeinen Stadtverwaltung anwendbar. Das Bewertungsniveau im Verhältnis Eigenbetrieb - Stadtverwaltung ist mithin einheitlicher Natur. Für den Eigenbetrieb bildet die allgemeine Stadtverwaltung und nicht eine vergleichbare Eigengesellschaft den Ausgangsmaßstab für die Stellenbewertung. Demgemäß kommt eine Differenzierung im Bewertungsniveau allein aufgrund der Zuordnung zu den Werken nicht in Betracht. Vielmehr unterliegen diese personalwirtschaftlich denselben Maßgaben wie die Kommunal- bzw. Stadtverwaltung insgesamt.

Derartige Maßgaben ergeben sich auf gemeinderechtlicher Ebene vor allem aus den Bestimmungen der Gemeindeordnung über die Wirtschaftlichkeit der gemeindlichen Haushaltsführung (Art. 61 Abs. 2 GO) sowie über die „Angemessenheit“ der Vergütungen (Gehälter und Löhne) der Angestellten und Arbeiter der Gemeinde bzw. Stadt (Art. 43 Abs. 4 S. 1 GO).

2. Die Grundsätze der Sparsamkeit und Wirtschaftlichkeit gemeindlicher Haushaltswirtschaft als personalpolitische Bindung des Eigenbetriebes

Nach Art. 61 Abs. 2 GO ist die Haushaltswirtschaft der Gemeinde sparsam und wirtschaftlich zu planen und zu führen. Diese Bestimmung findet über Art. 95 Abs. 2 GO Anwendung auf die Gemeinde- bzw. Stadtwerke.

a) Das *Gebot der Sparsamkeit und Wirtschaftlichkeit des gemeindlichen Handelns,* dessen einzelne Bestandteile keiner Rangfolge unterliegen[266], ist allen anderen haushaltsrechtlichen Vorschriften vorangestellt. Es wendet sich in besonderem Maße an die Adresse der Legislative und Exekutive und hat für die gesamte Haushaltswirtschaft der Gemeinde zentrale Bedeutung. Seine *materielle* Aussage ist gleichwohl

---

265 Vgl. oben E. I. 1.; siehe ferner *Bischoff,* AöR 81 (1956), 54 ff., 78; *v. Vitzthum,* AöR 104 (1979), 580 ff., 609.

266 Vgl. *Widtmann* (Fn. 42), Art. 61, Anm. 4; *Schreml,* Kommunales Haushalts- und Wirtschaftsrecht in Bayern, Stand: 18. Ergänzungslieferung 1980, Art. 61, Anm. 7; grundlegend in der Literatur *Salmen,* Das Wirtschaftlichkeitsprinzip in der kommunalen Finanz- und Haushaltsplanung, 1980, bes. S. 95 ff., 148 ff.; vgl. ferner *B. Fischer,* JZ 1982, 6 ff.; *Reinermann,* Die Verwaltung 1981, 483 ff.

wenig präzis: Die Gemeinde verfährt *sparsam*, wenn sie überflüssige Ausgaben vermeidet. Sie verhält sich *wirtschaftlich*, wenn Aufwendung und Effekt in einem optimalen Verhältnis stehen[267]. Dabei geht der Ausdruck „wirtschaftlich" etwas weiter als der Begriff „sparsam". So wäre es *unwirtschaftlich*, eine Ausgabe zu unterlassen, wenn dadurch eine andere notwendige Aufgabe unmöglich gemacht oder erschwert bzw. verteuert werden würde[268].

In diesem begrifflichen Verständnis der h. L. bleibt, wie ersichtlich, der Grundsatz der Sparsamkeit und Wirtschaftlichkeit verhältnismäßig aussagearm. Substantielle Aussagekraft gewinnt dagegen dieser Grundsatz dann, wenn er als rechtliche Steuerungsnorm nicht nur der bloßen Verwirklichung ökonomischer Grundsätze dienen soll, sondern als dazu bestimmt angesehen wird, einen *äußeren Begrenzungsrahmen* für den *gemeindlichen Entfaltungs- und Gestaltungsspielraum* dahingehend zu bilden, solche Maßnahmen zu verhindern, die mit den Grundsätzen vernünftigen Wirtschaftens schlechthin unvereinbar sind[269]. In dieser Sichtweise stellt der Grundsatz der Sparsamkeit und Wirtschaftlichkeit ein *Abwägungsgebot im Einzelfall* dar, das sowohl dem finanzwirksamen Handeln von Gemeinde und Eigenbetrieb äußerste Grenzen setzt als auch die „Gemeinde" als solche zum Bezugspunkt haushaltswirksamer Ausgaben macht.

b) Vor diesem Hintergrund gewinnt der Grundsatz der Sparsamkeit und Wirtschaftlichkeit als Abwägungsgebot auch für personalwirtschaftliche Fragen des Eigenbetriebes Gewicht. Dies gilt zumal deshalb, weil das Gebot der Sparsamkeit und Wirtschaftlichkeit in allen Bereichen der Haushaltswirtschaft gilt und daher auch für den Stellenplan und die Personalbewirtschaftung im Bereich der Gemeinde Anwendung findet[270]. Hierauf bezogen wird das mit der Struktur des Tatbestandes der Verletzung von Sparsamkeit und Wirtschaftlichkeit einhergehende Abwägungsgebot im Einzelfall zu einem *personalwirtschaftlichen Vergleichbarkeitsgebot* im Verhältnis von Eigenbetrieb und allgemeiner Stadtverwaltung. Soweit es sich auf die *Gemeinde* insgesamt bezieht, darf die Bewertung einer Stelle allein aus dem *formalen* Grund, daß sie den Werken zugeordnet ist, nicht gegenüber einer vergleichbaren Tätigkeit mit denselben Anforderungen in der allgemeinen Stadtverwaltung verbessert werden. Lediglich *materielle Funktionskriterien* rechtfertigen die Höherbewertung einzelner Dienstposten bzw. Stellen im Bereich des Eigenbetriebes.

---

[267] Vgl. *Masson / Samper* (Fn. 82), Art. 61, Anm. 5.

[268] *Hölzl / Hien* (Fn. 102), Art. 61, Anm. 2.

[269] OVG Rheinland-Pfalz, DVBl. 1980, 767 f.

[270] *Masson / Samper* (Fn. 82), Art. 61, Anm. 5.

Das *kommunalrechtlich-personalwirtschaftliche Vergleichbarkeitsgebot*, das sich aus dem Grundsatz der Sparsamkeit und Wirtschaftlichkeit ergibt, begrenzt darüber hinaus die materiellen Vergleichsmöglichkeiten in der Stellenbewertung. Bei der Beurteilung der Wirtschaftlichkeit personalpolitischer Maßnahmen dürfen die Verhältnisse bei den in privatwirtschaftlicher Form als Kapitalgesellschaft geführten Versorgungs- und Verkehrsbetrieben, die hinsichtlich der Personalgewinnung in Konkurrenz zu den Gemeinde- bzw. Stadtwerken stehen, prinzipiell nicht berücksichtigt werden. Für den Eigenbetrieb bildet zunächst die Gemeinde- bzw. Stadtverwaltung und nicht eine vergleichbare Eigengesellschaft den entscheidenden Maßstab für die Stellenbewertung. Der Grundsatz der Sparsamkeit und Wirtschaftlichkeit bezieht sich auf den *gemeindlichen* Entfaltungs- und Gestaltungsspielraum; auf diesen ausgerichtet entwickelt er seine Begrenzungsmaßgaben.

c) Das kommunalrechtlich-personalwirtschaftliche Vergleichbarkeitsgebot ist allerdings *limitiert*. Der Grundsatz der Sparsamkeit und Wirtschaftlichkeit vermag nur äußerste Begrenzungslinien für die Personalwirtschaft der Gemeinde und damit auch der Gemeinde- bzw. Stadtwerke bereitzustellen. Insofern ist zu bedenken, daß Art. 95 Abs. 2 S. 2 GO die Anwendung des Art. 61 Abs. 2 GO nur „entsprechend" anordnet. Zu beachten ist demgemäß der öffentliche Zweck des Eigenbetriebes, dessen notwendige Erfüllung das Urteil über „Sparsamkeit" und „Wirtschaftlichkeit" der Personalwirtschaft der Werke beeinflußt. Die Vergleichbarkeit in der Stellenbewertung im Verhältnis Eigenbetrieb-Stadtverwaltung ist deshalb dahingehend eingeschränkt, daß es nicht zu *strukturellen* Bewertungsunterschieden zwischen beiden Bereichen kommen darf.

3. Die „Angemessenheit" des Entgelts gemeindlicher Angestellter und Arbeiter

Nach Art. 43 Abs. 4 S. 1 GO müssen die Vergütungen (Gehälter und Löhne) der Angestellten und Arbeiter der Gemeinde „angemessen" sein. Die Anwendung dieser Vorschrift auf die nichtbeamteten Beschäftigten des Eigenbetriebes wird zwar in Art. 95 Abs. 2 GO nicht ausdrücklich vorgesehen. Jedoch ist mit Blick auf die personalwirtschaftliche Zugehörigkeit des Eigenbetriebes zur allgemeinen städtischen Verwaltung von einer Geltung des Art. 43 Abs. 4 GO auch für die Gemeinde- bzw. Stadtwerke auszugehen.

a) Der *Begriff* „angemessen" wird durch Art. 43 Abs. 4 S. 2 näher erläutert. Hiernach sind die Vergütungen angemessen, wenn sie für die Angestellten dem Bundesangestelltentarifvertrag (BAT)[271] und für die

Arbeiter dem Bundesmanteltarifvertrag für Arbeiter gemeindlicher Verwaltungen und Betriebe (BMT-G)[272] sowie den ergänzenden Tarifverträgen in der für die kommunalen Arbeitgeber in Bayern geltenden Fassung bzw. Tarifverträgen wesentlich gleichen Inhalts entsprechen. Ungeachtet aber dieser tarifvertraglichen Angemessenheitsbindung gilt der Angemessenheitsbegriff des Art. 43 Abs. 4 S. 1 GO auch dann, wenn der BAT und der BMT-G für eine Gemeinde nicht verbindlich sein sollten[273]. Auch dann müssen die Gehälter und Löhne der Angestellten und Arbeiter „angemessen" sein.

b) Von entscheidender Bedeutung für das Stellenbewertungsniveau im Verhältnis Eigenbetrieb-Stadtverwaltung ist die Frage, ob „angemessen" nur in dem Sinne zu verstehen ist, daß nicht unangemessen *niedrige* Bezüge bezahlt werden dürfen, oder auch in dem Sinne, daß die Bezüge nicht zu hoch sein dürfen. Einigkeit besteht jedenfalls darüber, daß Art. 43 Abs. 4 S. 1 GO eine zu niedrige Bemessung der Vergütungen ausschließt[274]. Umstritten ist dagegen, ob die Angemessenheitsvorschrift auch eine *Obergrenze für die Vereinbarung unangemessen hoher Vergütungen* darstellt[275].

Aufgrund der Entstehungsgeschichte des Art. 43 Abs. 4 GO wird man jedoch davon ausgehen müssen, daß diese Vorschrift den gemeindlichen Arbeitgeber nicht daran hindern will, über das angemessene Maß *hinausgehende* Vergütungen zu bezahlen. Art. 43 Abs. 4 GO steht insofern in der Tradition des Art. 89 der Gemeindeordnung von 1927, für die überwiegend die Meinung vertreten wurde, daß es sich nur um eine *Schutzvorschrift* für die Beamten gegen eine zu geringe Besoldung handle[276]. An diesem Schutzgedanken knüpft auch die Vorschrift des Art. 43 Abs. 4 GO an. Andernfalls hätte der Kommunalgesetzgeber zum Ausdruck gebracht, daß Art. 43 Abs. 4 GO auch Vereinbarungen *zugunsten* der gemeindlichen Arbeitnehmer, die sich gleichwohl als unangemessen erweisen, in seinen Geltungsbereich einbeziehen wollte. Art. 43 Abs. 4 GO enthält deshalb, soweit es sich um gemeindliche Arbeitnehmer handelt, *kein Vergütungsangleichungsgebot*; er steht der Vereinbarung einer unangemessen hohen Vergütung nicht entgegen.

c) Jenseits der Frage der Vergütungsangleichungspflicht bei gemeindlichen Arbeitnehmern bildet der Angemessenheitsbegriff des Art. 43

---

271 Vom 23. 2. 1961 (FMBl. S. 145), zuletzt geändert durch den 46. Änderungstarifvertrag vom 18. 4. 1980.

272 Vom 31. 1. 1962.

273 *Masson / Samper* (Fn. 82), Art. 43, Anm. 23.

274 *Widtmann* (Fn. 42), Art. 44, Exkurs II 3 b); *Masson / Samper* (Fn. 82), Art. 43, Anm. 23.

275 Verneinend *Widtmann* (Fn. 42), Art. 44, Exkurs II 3 b); bejahend Entschl. StMinI vom 4. 6. 1965 (MABl. S. 55) zu Art. 43 Abs. 2 S. 2 GO a. F.

276 Vgl. die Nachw. hierzu in: Die Fundstelle 1952, Nr. 813.

Abs. 4 GO auch deshalb ein Problem, weil reichlich unklar bleibt, welche Vergütungen im Ergebnis „angemessen“ sind. Es handelt sich insoweit um einen *„offenen“ Rechtsbegriff*, der in dem Moment feste Konturen verliert, in dem weder der BAT noch der BMT-G Bezugspunkt des Angemessenheitsurteils sind. Jenseits dieser Bezugspunkte kann daher auch eine hohe, außertarifliche Vergütung angemessen sein, wenn die besonderen Anforderungen einer Stelle einen besonders qualifizierten Angestellten verlangen.

4. *Zwischenergebnis*

Im Verhältnis des Eigenbetriebes zur Stadtverwaltung besteht nach alledem auf der Grundlage *kommunalrechtlicher* Vorschriften ein einheitliches Bewertungsniveau für Planstellen. Für den Eigenbetrieb bleibt Maßstab für die Stellenbewertung die allgemeine Stadtverwaltung und prinzipiell nicht eine vergleichbare Eigen- bzw. Kapitalgesellschaft. Dies bedeutet, daß eine Differenzierung im Bewertungsniveau allein aufgrund der formellen Zuordnung zu den Gemeinde- bzw. Stadtwerken ausscheiden muß; lediglich materielle Kriterien sind geeignet, eine Höherbewertung einzelner Dienstposten bzw. Planstellen im Eigenbetrieb zu rechtfertigen.

Umgekehrt besteht aber auch keine Bindung, die bestehende materielle Besonderheiten auf seiten der Werke einebnet. Das Erfordernis eines einheitlichen Bewertungsniveaus für Planstellen im Verhältnis Eigenbetrieb-Stadtverwaltung ist lediglich struktureller Natur. Darüber hinaus statuiert Art. 43 Abs. 4 GO keine spezifische Vergütungsangleichungspflicht. Er zieht den Bemühungen um die Gewinnung qualifizierten Personals für den Eigenbetrieb keine Obergrenze in bezug auf die Zahlung von Gehältern und Löhnen für Angestellte bzw. Arbeiter im Einzelfall.

Zu beachten bleibt allerdings, daß die Personalgewinnung durch angemessene Besoldung bzw. Vergütung rechtlichen Bindungen jenseits der Gemeindeebene unterliegt. Während hierbei für die Frage der Bewertungsmöglichkeiten von Beamtenplanstellen das Bundes- und Landesbesoldungsrecht zu beachten ist, gelten im Bereich der Beschäftigung von Angestellten die Bestimmungen des BAT.

III. Gemeindeübergreifende besoldungs- und vergütungsrechtliche Bindungen für die Personalwirtschaft des Eigenbetriebes

1. *Die begrenzte Personalhoheit der Gemeinde*

a) Nach den Maßgaben der Art. 61 Abs. 2, 43 Abs. 4 GO wäre die Gemeinde im Rahmen der ihr obliegenden allgemeinen Zuständigkeit für die Personalwirtschaft des Eigenbetriebes frei, besoldungs- und vergütungsrechtliche Sonderregelungen zur Gewinnung qualifizierten Personals anhand materieller Kriterien zu treffen. Die Berechtigung hierzu gründet letztlich auf der sog. Personalhoheit der Gemeinde, d. h. auf der durch Art. 28 Abs. 2 GG und Art. 11 BV vermittelten Befugnis zu eigenverantwortlicher Ausgestaltung des kommunalen Personalwesens. Dazu gehört neben der Fähigkeit zu eigener Dienstherrneigenschaft[277] vor allem das Recht, die Gemeindebeamten auszuwählen, anzustellen, zu befördern und zu entlassen[278] sowie ferner Zahl und Vergütung der Bediensteten zu bestimmen und die Handhabung der Disziplinargewalt[279]. Die gemeindliche Personalhoheit umfaßt also das „Ob“ und das „Wie“ des Einsatzes von personellen Kräften.

b) Die in der verfassungsrechtlich garantierten Eigenverantwortlichkeit verwurzelten kommunalen Hoheitsbefugnisse sind allerdings durch staatliche Gesetze erheblich beschränkt[280]. Auch die Personalhoheit besteht nur *im Rahmen der Gesetze,* die allerdings die gemeindliche Selbstverwaltung auch auf diesem Gebiet nicht aushöhlen dürfen, sie jedoch sehr weit einengen können. Dies ist besonders auf dem Gebiet der Personalhoheit der Fall. Hier sind der Gesetzgeber des Bundes und des Landes Bayern mit besonders stark einschränkenden Regelungen aktiv geworden. Besonders einschneidend sind insofern die auf das Besoldungsrecht bezogenen Beschränkungen der Gemeinden. Die verfassungsrechtlich garantierte Personalhoheit der Gemeinden darf allerdings nicht in ihrem Wesensgehalt eingeschränkt werden[281]. Die Personalhoheit gehört — ebenso wie die Finanz- und Organisationshoheit — zu den „institutionellen Fundamenten“ der gemeindlichen Selbstverwaltung[282]; es handelt sich insoweit also um Annex-Kompetenzen, die der Eigenverantwortlichkeit und Effektivität der gemeindlichen

---

277 Dazu näher *Wolff / Bachof* (Fn. 257), § 109 II a.

278 BVerfG, NJW 1964, 492 m. w. Nachw.; BVerwGE 2, 329 (333); 6, 19 (24 f.); *Stern* (Fn. 31), Rdnr. 97.

279 *Gönnenwein* (Fn. 31), S. 122 ff.; *Ipsen,* DÖV 1955, 225 ff.

280 *Stern* (Fn. 31), Rdnr. 144 ff.; *R. Scholz,* Gemeindewirtschaftsrecht (Fn. 30), 443 ff.

281 Vgl. näher die Nachw. Fn. 31.

282 Vgl. näher und m. w. Nachw. *R. Scholz,* Öffentliche Einrichtungen (Fn. 30), S. 91 ff.; siehe weiterhin die Nachw. oben Fn. 31.

Selbstverwaltung dienen und als solche auch von Staats wegen geachtet werden müssen. Staatliche Gesetzgebungen finden hier ihre Grenze am Wesensgehalt der Art. 28 Abs. 2 GG, 11 BV. Eine besondere Rolle spielt hierbei auch der bereits oben[283] dargestellte Grundsatz des „gemeindefreundlichen Verhaltens". Er verpflichtet namentlich die staatlichen Verwaltungen, auch im Rahmen ihrer Rechtsanwendungen sowie ihrer Aufsichtsfunktionen (Kommunalaufsicht) den Rahmen der staatlichen Gesetzgebungen in verfassungskonformer Weise zu handhaben, d. h. diejenigen Spielräume zugunsten der gemeindlichen Personalhoheit zu nutzen, die das gegebene Gesetzesrecht eröffnet und die die genannten Verfassungsbestimmungen voraussetzen. Der Hinweis hierauf ist im vorliegenden Zusammenhang deshalb von evidenter Bedeutung, weil es — zumindest auf der Werkleiterebene — um Besoldungs- bzw. Vergütungsprobleme gehen kann, die über den Rahmen der üblichen Besoldungs- und Vergütungsfragen im Bereich kommunaler Verwaltungen hinausreichen. So ist z. B. die Stadt München wegen der besonderen Größe und der versorgungswirtschaftlich weit überdurchschnittlichen Bedeutung ihrer Stadtwerke von vornherein in einer solchen Position — mit entsprechenden Konsequenzen auch auf personalrechtlichem Gebiet. Die Stadtwerke München ragen aus den vergleichbaren Eigenbetrieben anderer bayerischer Städte absolut heraus. In ökonomischer Hinsicht sind die Stadtwerke der Stadt München allein mit den bekannten Großunternehmen der deutschen Privatwirtschaft zu vergleichen — eingeschlossen öffentliche Unternehmen von vergleichbarer Größe. Dieser Größenbezug fordert notwendig Konsequenzen im Bereich der Personalbildung bzw. Sicherung eines geeigneten Personalbestandes. Er legitimiert zwar nicht dazu, geltendes Besoldungs- oder Vergütungsrecht zu durchbrechen; soweit dies jedoch — im Einklang mit den vorgenannten Verfassungsgrundsätzen — *Gestaltungsspielräume* eröffnet, *müssen* diese zugunsten einer *effizienten* und *unternehmensorganisatorisch intakten Gemeindeverwaltung* bzw. *Stadtwerkeorganisation* genutzt werden.

c) Nach § 1 Abs. 1 Nr. 1 des am 1. 7. 1975 in Kraft getretenen Bundesbesoldungsgesetzes (BBesG)[284] unterliegt die Besoldung der Gemeindebeamten den rechtlichen Maßgaben dieses Gesetzes. Als *Schlüsselvorschrift* erweist sich insoweit der § 18 BBesG, der für die Bewertung von Beamtenplanstellen den *Grundsatz der funktionsgerechten Besoldung* statuiert. Hiernach sind die Funktionen der Beamten im Hinblick auf die mit ihnen verbundenen Anforderungen sachgerecht zu bewerten und Ämtern zuzuordnen. Die Ämter sind nach ihrer Wertigkeit unter

---

283 Vgl. unter A. III. 1.

284 i. d. F. vom 9. 10. 1979 (BGBl. I S. 1673).

Berücksichtigung der *gemeinsamen Belange aller Dienstherren* den Besoldungsgruppen zuzuweisen.

Ergänzt wird diese bundesbesoldungsrechtliche Maßgabe durch die Vorschriften des Bayerischen Besoldungsgesetzes (BayBesG)[285], das nach Art. 1 u. a. die Besoldung der Beamten der Gemeinden regelt, soweit nicht bundesrechtliche Regelungen gelten.

Zu beachten ist ferner die Kommunal-Stellenobergrenzenverordnung (KommStOV) vom 26. 4. 1978[286]. Durch sie wird die Befugnis der Gemeinde zur Schaffung von Beförderungs- und Spitzenämtern nach eigenem Ermessen eingeschränkt.

Von maßgeblicher Bedeutung ist schließlich das aufgrund der Ermächtigung in § 22 BBesG erlassene Bundesverordnungsrecht zur Regelung der Besoldung von Werkleitern in kommunalen Versorgungs- und Verkehrsbetrieben. Mit der insofern ergangenen Verordnung über die Bewertung der Ämter der Leiter kommunaler Versorgungs- und Verkehrsbetriebe (Werkleiterbesoldungsverordnung des Bundes — BWeBesV)[287] versucht der Bundesgesetzgeber, durch die Koppelung der Werkleiterbesoldung an die Leistungszahlen der Betriebe eine möglichst objektive und bundeseinheitliche Einstufung zu erreichen. Dadurch soll der Grundsatz der funktionsgerechten Besoldung in diesem Bereich nahtlos verwirklicht werden[288].

In ihrer Gesamtheit schränken diese Regelungen die Gemeinde in ihrer Alleinzuständigkeit für die Festsetzung der Besoldung von Gemeindebamten und damit zugleich die Freiheit ein, dem Eigenbetrieb zur Gewinnung qualifizierten Personals einen besoldungsrechtlichen Handlungsspielraum zu verschaffen. Gleichwohl bleibt näher zu prüfen, ob nicht doch in der Anwendung der voraufgehend skizzierten besoldungsrechtlichen Vorschriften den wirtschaftlichen Grundsätzen und Grundbedürfnissen des Eigenbetriebes hinreichend Rechnung getragen werden kann: Wie sich zeigen wird, haben die Besoldungsgesetzgeber die Sondersituation des Eigenbetriebes prinzipiell in Rechnung gestellt.

d) Was die Vergütungen (Gehälter und Löhne) der Angestellten und Arbeiter der Gemeinde anbelangt, so existieren zwar keine allgemeinen bundes- bzw. landesrechtlichen Einzelregelungen. Jedoch gilt für angestellte Arbeitnehmer der Gemeinden in Bayern der Bundesangestelltentarifvertrag (BAT)[289], soweit die Gemeinden Mitglieder des kom-

---

[285] i. d. F. vom 23. 12. 1976 (GVBl. S. 570), zuletzt geändert durch Gesetz vom 26. 11. 1979 (GVBl. S. 372).

[286] GVBl. S. 182; dazu vgl. grds. *v. Mutius / Schock*, DVBl. 1981, 1077 ff.

[287] Vom 16. 6. 1976 (BGBl. I S. 1585).

[288] Vgl. *Schinkel*, Besoldungsrecht des Bundes und der Länder, in: *Fürst*, Gesamtkommentar öffentliches Dienstrecht, Bd. III, 1975, K § 22, Rz. 5.

[289] Vgl. oben Fn. 271.

munalen Arbeitgeberverbandes Bayern e. V. (KAV Bayern) sind. Dies bedeutet, daß nach § 2 Buchst. t und u BAT für Angestellte in Versorgungsbetrieben (Gas-, Wasser-, Elektrizitäts- und Fernheizwerke) sowie in Nahverkehrsbetrieben die Sonderregelungen SR t bzw. SR u einschlägig sind.

Für *Arbeiter* gemeindlicher Verwaltungen und Betriebe, die in einem Arbeitsverhältnis zu Mitgliedern der Arbeitgeberverbände stehen, die der Vereinigung der kommunalen Arbeitgeberverbände (VkA) angehören (in Bayern dem KAV Bayern), gilt neben einzelnen Sondervereinbarungen vor allem der Bundesmanteltarifvertrag für Arbeiter gemeindlicher Verwaltungen und Betriebe (BMT-G II)[290]. Ebenso wie der BAT sieht der BMT-G II die Entlohnung der Arbeiter auf der Grundlage einer Einstufung in bestimmte Lohngruppen vor.

Auf der Grundlage dieser tarifrechtlichen Regelungen ist der Personalwirtschaft sowohl in der allgemeinen Stadtverwaltung als auch im Eigenbetrieb ein festes Vergütungsgefüge vorgegeben. Die hiernach vorzunehmende Eingruppierung der städtischen Beschäftigten läßt ein strukturell einheitliches Bewertungsniveau im Verhältnis Eigenbetrieb - Stadtverwaltung aus rechtlichen Gründen zwingend erforderlich werden. Zu prüfen bleiben allerdings die Möglichkeiten differenzierter Eingruppierung auf der Basis unterschiedlicher Arbeitsplatzanforderungen einerseits und im Rahmen außertariflicher Vergütung andererseits. Freilich eröffnen diese Möglichkeiten keine grenzenlosen Handlungsspielräume im Bereich der Vergütungsbemessung für das Personal der Werke: Zu beachten ist für alle gemeindlichen Angestellten die *Vergütungsangleichungspflicht* nach der (ersten) Besoldungsangleichungsverordnung vom 9. 9. 1931[291], die durch Art. 49 Abs. 2 BayBesG nicht aufgehoben wurde[292].

2. Die besoldungsrechtlichen Maßgaben des Bundes- und Landesrechts

a) Im Vordergrund der bundesbesoldungsrechtlichen Maßgaben für die Gehälter der Gemeindebeamten steht der *Grundsatz der funktionsgerechten Besoldung* des § 18 BBesG. Als Schlüsselvorschrift für die Bewertung von Beamtenplanstellen im Gemeindebereich *einschließlich* der *Eigenbetriebe* entfaltet dieser Grundsatz eine ausnahmslose Bindungswirkung auf Bundes-, Landes- und Gemeindeebene, um die besoldungsmäßige Ämterbewertung durchschaubarer zu gestalten und

---

290 Vgl. oben Fn. 272.

291 Abgedruckt in BayBS I S. 546.

292 Vgl. BayVGH, BayVBl. 1960, 194 (195); BVerwGE 18, 135 (136); ebenso der Sache nach BVerwGE 45, 77 (78 ff.). Siehe ferner die Nachw. in: Die Fundstelle 1964, Nr. 305.

dem Dienstherrn- und Ressortegoismus vorzubeugen[293]. Demgemäß verlangt § 18 BBesG, mit dem Gebot der Berücksichtigung der gemeinsamen Belange aller Dienstherren, die Einheit und Gerechtigkeit der Besoldung in den Fällen, in denen die Funktionsbewertung allein nicht zu einem befriedigenden Ergebnis führt, durch einen „Quervergleich" unter den Dienstherrn sicherzustellen. In Betracht kommt dieser Vergleich vor allem für Ämter, mit denen Spezialfunktionen verbunden sind, die eine Einzelbewertung nur beschränkt möglich machen. Hier bildet der „Quervergleich" ein sachgerechtes Korrektiv zum Ergebnis der Einzelbewertung[294].

Wenn aber für die Zuordnung der Ämter zu den Besoldungsgruppen sogar ein Quervergleich zu entsprechenden Ämtern *anderer Dienstherren* anzustellen ist, setzt § 18 BBesG erst recht eine Vergleichsbewertung mit entsprechenden dienstlichen Funktionen in anderen Verwaltungszweigen *desselben Dienstherrn* voraus. Demzufolge kann die Zuordnung sach- und anforderungsgerecht bewerteter Funktionen im Bereich des Eigenbetriebes zu einem Amt nicht losgelöst von entsprechenden Funktionen in der allgemeinen Stadtverwaltung betrachtet werden. § 18 BBesG macht deshalb im Verhältnis von Eigenbetrieb-Stadtverwaltung ein einheitliches Bewertungsniveau für die Einrichtung von Planstellen aus rechtlichen Gründen zwingend erforderlich. Dasselbe gilt für Beförderungsämter gemäß § 25 BBesG.

Besonders einschneidend ist die mit den Maßgaben des Besoldungsrechts verbundene Beschränkung der Gemeinden bei der *Schaffung von Planstellen*[295]. Zwar kann jede Gemeinde nach ihrem Bedarf Eingangsstellen schaffen, nicht mehr aber nach eigenem Ermessen Beförderungs- und Spitzenstellen. Hier muß die Gemeinde den für sie zutreffenden Stellenschlüssel beachten (vgl. § 26 Abs. 1 und 6 BBesG). Entscheidende Begrenzungen der Personalhoheit finden sich insoweit vor allem in der Kommunal-Stellenobergrenzenverordnung[296]. Allerdings unterstreicht deren Anwendung auf die kommunalen Eigenbetriebe deutlich das Bemühen von Bundes- und Landesgesetzgeber, den Sonderheiten funktionsgerechter Besoldung in den Versorgungs- und Verkehrsbetrieben gerecht zu werrden.

b) Dieses Bemühen führt zu einer *teilweisen Herausnahme der Eigenbetriebe aus den besoldungsrechtlichen Maßgaben des Bundes- und Landesrechts.*

---

[293] *Schinkel* (Fn. 288), K § 18, Rz. 7.

[294] *Schinkel* (Fn. 288), K § 18, Rz. 9; vgl. ferner die Vollzugsbekanntmachung des StMinI vom 15. 10. 1978 zur KommStOV (MABl. S. 798), Nr. 18.

[295] Vgl. *Widtmann* (Fn. 42), Art. 43, Anm. 4.

[296] Vgl. oben Fn. 286.

§ 26 Abs. 4 Nr. 4 BBesG ermächtigt die Bundesregierung, durch Rechtsverordnung besondere Funktionen zu bestimmen, die u. a. in Gemeinden bei der Anwendung der Obergrenzen für die Einrichtung von Beförderungsämtern unberücksichtigt bleiben können. Nach § 26 Abs. 5 BBesG werden zusätzlich die Landesregierungen ermächtigt, nach Maßgabe der besagten Rechtsverordnung der Bundesregierung zu bestimmen, welche besonderen Funktionen unberücksichtigt bleiben. In Ausfüllung dieser Ermächtigung hat zunächst die Bundesregierung in ihrer Verordnung zu § 26 Abs. 4 Nr. 4 BBesG[297] in § 1 festgelegt, daß in den Rechtsverordnungen der Landesregierungen nach § 26 Abs. 5 Nr. 3 BBesG bestimmt werden kann, daß bei der Anwendung der Obergrenzen für die Einrichtung von Beförderungsämtern in den Gemeinden die Ämter für Beamte in Versorgungs- und Verkehrsbetrieben sowie in Entsorgungsbetrieben unberücksichtigt bleiben. Demgemäß hat das Land Bayern in der Kommunal-Stellenobergrenzenverordnung[298] zunächst die Ämter der Werkleiter aus dem Kreis der Beförderungsämter im Sinne des § 26 BBesG herausgenommen und von den Vorschriften über die Stellenobergrenzen befreit[299]. Darüber hinaus hat das Land in § 3 Abs. 1 Nr. 3 der genannten Verordnung Beamte in Versorgungs-, Entsorgungs- und Verkehrsbetrieben aus dem Anwendungsbereich der Vorschrift des § 26 Abs. 1 BBesG herausgenommen. Die Planstellen für Beamte in Versorgungs-, Entsorgungs- und Verkehrsbetrieben unterliegen also nicht den Maßgaben des „Stellenkegels" der Kommunal-Stellenobergrenzenverordnung. Allerdings entbindet diese Anwendungsgrenze der Verordnung die Betriebe nicht von der Verpflichtung zur Einhaltung der Anforderungen, die in den §§ 18, 25 BBesG mit dem Grundsatz der funktionsgerechten Besoldung aufgestellt werden. Dies stellt § 3 Abs. 2 der Verordnung ausdrücklich klar. Für die gemäß § 3 Abs. 1 der Verordnung von den Stellenobergrenzen ausgenommenen Beamten dürfen deshalb Stellen für Beförderungsämter nur nach Maßgabe *sachgerechter Bewertung* eingerichtet werden. In der Art und Weise der Bewertung darf kein Unterschied gegenüber der Bewertung der in der Schlüsselung verbleibenden Planstellen gemacht werden. In der Regel werden daher auch insofern diejenigen Grenzen zu beachten sein, die in § 5 der Verordnung zum Ausdruck kommen[300]. Die Ausnahmeregelungen der Kommunal-Stellenobergrenzenverordnung für die Beamten in den städtischen bzw. gemeindlichen Eigenbetrieben können mithin im Ergebnis als ein weiterer Beleg dafür angesehen werden, daß im übrigen — d. h. außerhalb der Höchstgrenzen nach § 26 Abs. 1

[297] Vom 8. 6. 1976 (BGBl. I S. 1468).

[298] Vgl. oben Fn. 286.

[299] Vgl. die Vollzugsbekanntmachung zur KommStOV (Fn. 294), Nr. 11.

[300] Vgl. die Vollzugsbekanntmachung zur KommStOV (Fn. 294), Nr. 11.

BBesG — im Verhältns von Eigenbetrieb - Stadtverwaltung ein einheitliches Bewertungsniveau zwingend vorgeschrieben ist.

Eine weitere Möglichkeit der besoldungsrechtlichen Herausnahme von Eigenbetrieben aus den allgemeinen rechtlichen Maßgaben besteht für sog. *sonstige Zuwendungen* an Beamte der Gemeinden. Zwar sieht Art. 8 BayBesG prinzipiell vor, daß neben den besoldungsrechtlichen Bezügen und neben Aufwandsentschädigungen die Gemeinden sonstige Zuwendungen an ihre Beamten grundsätzlich nur nach den für Staatsbeamte geltenden Bestimmungen zu gewähren haben. Jedoch trifft Art. 8 Abs. 3 a.a.O. eine Ausnahme von dieser Regelung für die „im Wettbewerb stehenden Eigenbetriebe". Zu prüfen bleibt deshalb im Hinblick hierauf, ob den dort tätigen Beamten nach besoldungsrechtlichen Vorschriften außerhalb ihrer Dienstbezüge Zusatzleistungen zu gewähren sind. Neben den bereits genannten sonstigen Zuwendungen kommen ferner Zulagen, Aufwandsentschädigungen und Fürsorgeleistungen in Frage.

c) Die Möglichkeiten der Gemeinde, den Beamten der Gemeinde- bzw. Stadtwerke *besoldungsrechtliche Zusatzleistungen* zu erbringen, sind freilich begrenzt. Sie sind bundes- und landesrechtlich beschnitten worden, um das über die Vereinheitlichung der Besoldung erreichte Ziel der Besoldungsangleichung unter den öffentlichen Dienstherren nicht dadurch zu gefährden, daß außerhalb des Bereiches der eigentlichen Dienstbezüge vielfältige und voneinander abweichende Zusatzleistungen gewährt werden.

Zulagen (§ 1 Abs. 2 Nr. 4 BBesG) dürfen nur dann gezahlt werden, wenn und soweit dies in den §§ 42 ff. BBesG oder anderweitig bundesrechtlich (vgl. § 51 BBesG) bestimmt ist. Innerhalb dieses Rahmens sind bundesrechtlich und in Übereinstimmung damit auch landesrechtlich für den *Bereich der Eigenbetriebe* folgende Zulagen möglich:

— Ausgleichszulage nach § 13 BBesG bei Statusverschlechterungen.

— Erschwerniszulagen nach § 47 BBesG in Verbindung mit den dazu ergangenen Verordnungen über die Regelung der Erschwerniszulagen[301].

— Amtszulagen in den technischen Diensten (Fußnoten zu den BBesGr A 2 bis A 4).

[301] Siehe die Verordnung zur vorläufigen Regelung der Erschwerniszulagen vom 19. 12. 1973 (BGBl. I S. 1947, geändert durch § 27 der Verordnung vom 26. 4. 1976, BGBl. I S. 1101) und Verordnung zur vorläufigen Regelung von Erschwerniszulagen in besonderen Fällen vom 22. 3. 1974 (BGBl. I S. 774) sowie Verordnung über die Gewährung von Erschwerniszulagen vom 26. 4. 1976 (BGBl. I S. 1101, zuletzt geändert durch Art. 8 des Gesetzes vom 20. 8. 1980, BGBl. I S. 1509).

— Mehrarbeitsvergütung gemäß § 48 BBesG.
— Stellenzulagen für Beamte des mittleren und gehobenen technischen Dienstes gemäß Anlage 1 Nr. 23 BBesG.
— Allgemeine Stellenzulage in den sonstigen Diensten gemäß Anlage 1 BBesG Nr. 27.

Die für den Kommunalbereich geltende Zulagenverordnung vom 19. 1. 1971[302] ist in ihren Regelungen über Amtszulagen, Stellenzulagen und Erschwerniszulagen insoweit materiell außer Kraft getreten[303].

Die Zahlung von *Aufwandsentschädigungen* ist u. a. für Gemeindebeamte einheitlich und textgleich in den §§ 17 Abs. 1 BBesG und 7 Abs. 1 BayBesG geregelt. Sie kommt nur in Betracht, wenn aus dienstlicher Veranlassung Aufwendungen entstehen, deren Übernahme dem Beamten nicht zugemutet werden kann, und der Haushaltsplan Mittel dafür zur Verfügung stellt. Art. 7 Abs. 2 BayBesG ermächtigt allerdings die zuständigen Staatsministerien, durch Rechtsverordnung Grundsätze für die Gewährung von Aufwandsentschädigungen zu erlassen und dabei Höchstgrenzen festzulegen. Bislang ist allerdings eine derartige Rechtsverordnung nicht erlassen worden. Deshalb bleiben gemäß § 4 Abs. 5 BayAnPG - 2. BesVNG[304] die bisherigen Vorschriften in kraft. Einschlägig ist insoweit die bereits genannte Zulagenverordnung vom 19. 1. 1971[305]. In Frage kommen hiernach sog. *kommunalspezifische Zuwendungen*. Sie können gemäß § 3 Abs. 2 der Zulagenverordnung gewährt werden, wenn besondere, durch den Dienst verursachte Mehraufwendungen oder Erschwernisse auszugleichen sind, vergleichbare Verhältnisse im staatlichen Bereich nicht vorliegen und gemeinsame Interessen aller öffentlichen Dienstherren nicht gefährdet werden.

Inwiefern diese Voraussetzungen bei den Beamten der Eigenbetriebe gegeben sind, muß im Einzelfall abschließend beurteilt werden. Zu beachten ist allerdings die in § 4 Abs. 2 der Zulagenverordnung ausgewiesene Höchstgrenze für kommunalspezifische Zuwendungen. Diese dürfen einen Betrag von DM 200,— monatlich nicht übersteigen. Abweichungen hiervon sind jedoch gemäß dem ebenfalls fortgeltenden § 7 der Zulagenverordnung mit Zustimmung der Rechtsaufsichtsbehörden möglich.

---

302 GVBl. S. 62.

303 Vgl. die Bekanntmachung des StMinFin vom 1. 8. 1977 (StAnz. 1977, Nr. 32), Nr. 1.7.

304 Bayerisches Anpassungsgesetz zum 2. Gesetz zur Vereinheitlichung und Neuregelung des Besoldungsrechts in Bund und Ländern (BayAnpG - 2. BesVNG) vom 23. 12. 1976 (GVBl. S. 570), zuletzt geändert durch § 2 Erstes Gesetz zur Änderung des Bayerischen Besoldungsgesetzes vom 23. 11. 1979 (GVBl. S. 366).

305 Vgl. Fn. 302.

Eine weitere Möglichkeit zur Berücksichtigung der besonderen Verhältnisse in den kommunalen Versorgungs-, Entsorgungs- und Verkehrsbetrieben ist die Gewährung sog. sonstiger Zuwendungen gemäß Art. 8 Abs. 1 BayBesG. Sonstige Zuwendungen sind nach dem Verständnis des Gesetzgebers Geld- und geldwerte Leistungen, die den Beamten unmittelbar oder mittelbar von ihrem Dienstherrn gewährt werden. Bezüge, die zur Besoldung im Sinne des § 1 BBesG gehören, und Aufwandsentschädigungen sind daher ebensowenig sonstige Zuwendungen wie die Stellenzulagen bzw. die Mehrarbeitsvergütung. Dem Wesen nach kann es sich daher bei sonstigen Zuwendungen nur um Leistungen handeln, die nicht schon durch die Besoldungsgesetze ausdrücklich geregelt sind[306]. Als *Beispiele* für sonstige Zuwendungen nennt die amtliche Gesetzesbegründung u. a. Fürsorgeleistungen, Beihilfen, Essenszuschüsse, Zuschüsse zur Förderung der Betriebsgemeinschaft, Beiträge des Dienstherrn an eine Urlaubskasse, Krankenversicherungszuschüsse, Kostenerstattungen wie Reise- und Umzugskosten sowie nicht auf die Besoldung angerechnete Sachzuwendungen[307]. Sonstige Zuwendungen in diesem Sinne dürfen gemäß Art. 8 Abs. 1 BayBesG von den Gemeinden grundsätzlich nur nach den für die Staatsbeamten geltenden Bestimmungen gewährt werden. Ausnahmen hiervon bedürfen der Zustimmung des Staatsministeriums der Finanzen (Art. 8 Abs. 2 a.a.O.).

Fraglich ist allerdings, ob Art. 8 Abs. 1 und 2 BayBesG auf die Gemeinde- bzw. Stadtwerke Anwendung finden. Art. 8 Abs. 3 a.a.O. sieht nämlich einen Ausschluß dieser Vorschriften auf die im *Wettbewerb* stehenden Eigenbetriebe vor. Im Wettbewerb steht aber ein öffentlich-rechtliches Unternehmen nur, wenn es mit seinen Produkten oder Dienstleistungen mit Unternehmen der Privatwirtschaft *konkurriert*[308]. Dies dürfte jedoch bei Gemeinden bzw. Stadtwerken nicht der Fall sein. Zwar stehen diese generell in der Personalgewinnung und Sicherung des Personalbestandes in einem Wettbewerb mit entsprechenden Versorgungsmaßnahmen der Privatwirtschaft. Hierbei handelt es sich jedoch nicht um eine konkret wettbewerbliche Konkurrenz hinsichtlich bestimmter Produkte oder Dienstleistungen. Demgemäß bleiben die Vorschriften des Art. 8 Abs. 1 und 2 BayBesG auf die kommunalen Werke anwendbar.

Die Herausnahme aus der Bindung durch Art. 8 Abs. 1 und 2 a.a.O. würde im übrigen nicht bedeuten, daß Eigenbetriebe im Hinblick auf

---

[306] Vgl. hierzu Die Fundstelle 1977, Nr. 89.

[307] Vgl. die Wiedergabe in der Bekanntmachung des StMinFin (Fn. 303), Nr. 1.7.

[308] So zutreffend Die Fundstelle 1977, Nr. 89 (S. 89); vgl. ebenso die Bekanntmachung des StMinFin (Fn. 303), Nr. 1.7 zu Abs. 6.

die sonstigen Zuwendungen völlig freie Hand hätten. Soweit nämlich in anderen Rechtsvorschriften (z. B. in den Beihilfevorschriften oder in den reisekostenrechtlichen Bestimmungen) Regelungen über sonstige Zuwendungen getroffen sind, die auch für die Beamten der im Wettbewerb stehenden Eigenbetriebe gelten, gehen diese Bestimmungen in jedem Fall vor; Art. 8 Abs. 3 BayBesG läßt sie unberührt[309].

Die sonstigen Zuwendungen für bayerische Staatsbeamte (vgl. Art. 8 Abs. 1 BayBesG) sind in der Anlage zur Bekanntmachung des bayerischen Staatsministeriums der Finanzen vom 1. 8. 1977[310] aufgeführt. Als einschlägig erscheinen vor allem der *Fahrtkostenzuschuß* (nur für untere Einkommensgruppen) und die *Reisekostenvergütung* (zur Erstattung der durch eine dienstliche Maßnahme, wie z. B. Dienstgänge, entstehenden notwendigen Mehraufwendungen). Im Rahmen der Reisekostenvergütung kommen auch sonstige Zuwendungen für die dienstliche Benutzung eines Kraftfahrzeuges in Betracht. Gemäß Art. 6 Abs. 2 des bayerischen Reisekostengesetzes[311] in Verbindung mit der Verordnung über anerkannte Kraftfahrzeuge[312] ist für Kraftfahrzeuge, die im dienstlichen Interesse gehalten werden, eine Wegstreckenentschädigung zu zahlen.

Unter den Möglichkeiten besoldungsrechtlicher Zusatzleistungen sind schließlich der Vollständigkeit halber die *Fürsorgeleistungen* zu erwähnen. Die Zulagenverordnung vom 19. 1. 1971[313] sah insofern in ihrem § 6 die Zahlung von Fürsorgeleistungen an Kommunalbeamte entsprechend den für Staatsbeamte geltenden Regelungen vor. Diese Bestimmungen sind inzwischen ebenfalls durch das Zweite Gesetz zur Vereinheitlichung und Neuregelung des Besoldungsrechts in Bund und Ländern[314] materiell außer Kraft getreten und durch Art. 8 Abs. 1 BayBesG weitgehend abgelöst. Nur § 6 S. 2 der Zulagenverordnung ist noch in den Fällen des Art. 8 Abs. 3 BayBesG zu beachten[315].

3. *Die Besoldung der Werkleiter*

Für die Besetzung der Führungspositionen im Eigenbetrieb durch Beamte gelten besondere bundesbesoldungsrechtliche Vorschriften[316]. Nach § 22 Abs. 1 BBesG ist die Bundesregierung ermächtigt, durch

---

309 Die Fundstelle 1977, Nr. 89 (S. 88 f.).

310 Vgl. Fn. 303.

311 i. d. F. der Bekanntmachung vom 28. 2. 1974 (GVBl. S. 77).

312 Vom 5. 3. 1974 (GVBl. S. 87), geändert durch Verordnung vom 1. 9. 1979 (GVBl. S. 168).

313 Vgl. Fn. 302.

314 Vgl. Fn. 303.

315 So die Bekanntmachung des StMinFin (Fn. 303), Nr. 1.7 in Abs. 4.

316 Vgl. die Nachw. im Text zu III. 1. c).

Rechtsverordnung die Ämter der Leiter der kommunalen Versorgungs- und Verkehrsbetriebe (Werkleiter) den Besoldungsgruppen der Bundesbesoldungsordnungen A und B zuzuordnen. Grundlage für die Einstufung der Werkleiter ist nach § 22 Abs. 2 a.a.O. bei Versorgungsbetrieben die nutzbare Abgabe, bei Verkehrsbetrieben die Zahl der beförderten Personen in einem bestimmten Wirtschaftsjahr.

Die in § 22 BBesG erteilte Ermächtigung ist durch die Bundesregierung mit der Werkleiterbesoldungsverordnung des Bundes ausgeschöpft worden. In ihr wird die Besoldung der Werkleiter einheitlich für das Bundesgebiet geregelt. Daneben gelten die allgemeinen beamtenrechtlichen Vorschriften sowie die Laufbahnverordnung und das bayerische Beamtengesetz[317].

a) Für den *als Lebenszeitbeamten* berufenen Werkleiter richtet sich die Eingruppierung bei Versorgungsbetrieben nach der Abgabe von Strom, Gas, Fernwärme und Wasser, bei Verkehrsbetrieben nach der Zahl der beförderten Personen. § 2 Werkleiterbesoldungsverordnung legt entsprechende Bewertungszahlen fest, aus denen sich die Einstufung in die jeweils einschlägigen Besoldungsgruppen errechnen läßt (vgl. § 1 BWeBesV). Dabei trägt die Verordnung durch Ausweisung von Doppelbesoldungsgruppen örtlichen Besonderheiten in gewissem Maße Rechnung[318].

So sind z. B. die aufgrund des Geschäftsberichts für das Jahr 1978[319] für die Stadt München in Frage kommenden Besoldungsgruppen nach B 5/B 6 ausgewiesen. Die Einstufung in eine der beiden genannten Besoldungsgruppen erfolgt gemäß § 1 Werkleiterbesoldungsverordnung durch Beschluß des Stadtrates.

§ 4 Werkleiterbesoldungsverordnung sieht Sonderregelungen für den Fall vor, daß mehrere Werkleiter bestellt sind. Ist ein Erster Werkleiter bestellt, so werden die Ämter der anderen Werkleiter folgerichtig eine Besoldungsgruppe unter seiner Besoldungsgruppe eingestuft. Sind dagegen an Stelle des Ersten Werkleiters zwei gleichberechtigte eingesetzt, so werden ihre Ämter wie das Amt des Ersten Werkleiters ausgewiesen.

Die Höhe der Dienstbezüge aufgrund der Einstufung in die Besoldungsgruppen B 5/B 6 ergibt sich aus der Anlage IV BBesG. Nur be-

---

[317] Bayerisches Beamtengesetz (BayBG) i. d. F. der Bekanntmachung vom 17. 11. 1978 (GVBl. S. 831, ber. S. 958); Verordnung über die Laufbahnen der bayerischen Beamten (Laufbahnverordnung — LbV) vom 17. 7. 1980 (GVBl. S. 461, ber. S. 518).

[318] *Schinkel* (Fn. 288), K § 22, Rz. 22; siehe ferner die Bekanntmachung des StMinI vom 11. 11. 1976 (MABl. S. 924), Nr. 3.

[319] Geschäftsbericht der Stadtwerke München, 1978, S. 5.

grenzte Möglichkeiten zur Aufbesserung der Dienstbezüge bestehen hinsichtlich etwaiger Aufwandsentschädigungen, Zulagen oder sonstiger Zuwendungen. Zurückzugreifen ist insoweit auf die voraufgehend unter Ziff. 2. erörterten allgemeinen besoldungsrechtlichen Maßgaben des Bundes- und Landesrechts.

b) Nach § 1 Abs. 4 Werkleiterbesoldungsverordnung ist für den Fall, daß ein Werkleiter *kommunaler Wahlbeamter* ist, die Besoldung aus diesem Amt vorgesehen. Maßgeblich ist insoweit die Verordnung über die Zuordnung der Ämter der hauptamtlichen Wahlbeamten auf Zeit der Gemeinden, Landgemeinden, Verbandsgemeinden, Ämter und Kreise (Kommunalbesoldungsverordnung des Bundes - BKomBesV)[320] in Verbindung mit der Verordnung zur Besoldung der kommunalen Wahlbeamten auf Zeit in Bayern (Bayerische Kommunalbesoldungsverordnung - BayKomBesV)[321]. § 1 Abs. 1 Nr. 2 der letztgenannten Verordnung sieht eine Zuordnung der berufsmäßigen Werkreferenten zu den Besoldungsgruppen B 6 oder B 7 vor.

Im übrigen gelten die besoldungsrechtlichen Regelungen des BayBesG ebenso wie die des BBesG auch für die Beamten auf Zeit im Sinne des Gesetzes über kommunale Wahlbeamte (KWBG)[322]. Dies bedeutet, daß die allgemeinen besoldungsrechtlichen Regelungen über Zusatzleistungen prinzipiell auch für kommunale Wahlbeamte gelten, soweit nicht das KWBG selbst Änderungsregelungen enthält.

Eine solche Regelung enthält das Gesetz aber für die *Dienstaufwandsentschädigung* der kommunalen Wahlbeamten nach Art. 72 KWBG. Die dort getroffenen Bestimmungen bleiben weiterhin bis zu einer Neuregelung nach Art. 7 Abs. 2 BayBesG in kraft[323]. Dies gilt auch für die Bestimmung des Art. 72 Abs. 4 KWBG, wonach die Dienstaufwandsentschädigung auch dann weiterzuzahlen ist, wenn der Wahlbeamte verhindert sein sollte, seine Dienstgeschäfte wahrzunehmen. Die Höhe der Dienstaufwandsentschädigung bemißt sich im Einzelfall nach den in Anlage II des KWBG ausgewiesenen Beträgen.

4. Allgemeine vergütungsrechtliche Maßgaben für Angestellte

Wie bereits oben ausgeführt[324], sieht § 2 BAT die Anwendbarkeit der *tariflichen Vorschriften* auch auf Angestellte in Versorgungs- und

---

[320] Vom 7. 4. 1978 (BGBl. I S. 468).

[321] Vom 25. 8. 1978 (GVBl. S. 641).

[322] i. d. F. der Bekanntmachung vom 19. 11. 1970 (GVBl. S. 616, ber. 1971, S. 93).

[323] Vgl. § 4 Abs. 5 BayAnpG - 2. BesVNG (Fn. 304). Vgl. ferner die Bekanntmachung des StMinFin (Fn. 303), Nr. 1.6.

[324] Vgl. oben zu III. 1. d).

Nahverkehrsbetrieben vor (vgl. § 2 Buchst. t und u). Einzelbestimmungen über die tarifrechtliche Ausgestaltung finden sich in den Sonderregelungen SR t bzw. SR u der Anlage 2 zum BAT. Gemäß § 2 BAT sind diese Sonderregelungen Bestandteile des Tarifvertrages.

a) Die Sonderregelungen für Angestellte in *Versorgungsbetrieben* (SR 2 t BAT) sehen besondere Bestimmungen über die regelmäßige Arbeitszeit, über die Leistung von Überstunden sowie über Zulagen vor. Ähnlich treffen die Sonderregelungen für Angestellte in *Nahverkehrsbetrieben* (SR 2 u BAT) nähere Bestimmungen zur regelmäßigen Arbeitszeit, über die Leistung von Überstunden, über Zulagen und Kündbarkeit sowie im Bereich der allgemeinen Vergütungsordnung über Zulagen für Verkehrsmeister und Fahrmeister. Durch die Sonderregelungen für Angestellte in Versorgungs- und Nahverkehrsbetrieben wird jedoch keine generelle Bessergütung für die Beschäftigten der Kommunalwerke herbeigeführt. Es handelt sich lediglich um ergänzende tarifliche Bestimmungen zu den allgemeinen tarifvertraglichen Eingruppierungsvorschriften. Diese bleiben sowohl für die Bediensteten der allgemeinen Stadtverwaltung als auch für die Angestellten der Werke verbindlich. Möglichkeiten der Eigenbetriebe zur Angleichung der Vergütung an das Vergütungsniveau der Privatwirtschaft können deshalb auch nur im Rahmen der differenzierten materiellen Arbeitsplatzanforderungen auf der Grundlage der einzelnen Vergütungsgruppen nach dem BAT bestehen. Die bloße Zuordnung von Angestelltenstellen zu den Eigenbetrieben rechtfertigt dagegen keine Abweichung von den tarifvertraglichen Maßgaben.

b) Zu erwägen ist jedoch, ob nicht den Beschäftigten in Eigenbetrieben eine *allgemeine übertarifliche Eingruppierung* angeboten werden könnte. Eine tarifvertragliche Sperrwirkung ist insoweit nicht zu verzeichnen: Die Vereinbarung einer höheren Vergütungsgruppe als derjenigen, die der von dem Angestellten auszuübenden Tätigkeit entspricht, hat den Sinn der Zusage einer übertariflichen Vergütung[325]. Freilich sprengt sie das gegenüber der allgemeinen Stadtverwaltung bestehende einheitliche Vergütungsniveau. Gleichwohl können sich die insofern betroffenen Beschäftigten der allgemeinen Stadtverwaltung, die eine vergleichbare Tätigkeit ausüben, nicht auf die generelle übertarifliche Eingruppierung der Angestellten des Eigenbetriebes berufen und eine gleichwertige Eingruppierung verlangen. Der insofern heranzuziehende arbeitsrechtliche Gleichbehandlungsgrundsatz zwingt nicht dazu, die tarifgerecht eingruppierten Angestellten auf die Stufe der übertariflich eingruppierten Beschäftigten anzuheben. Die Tatsache einer vergleichsweise höheren Vergütung anderer Angestellter mit

---

[325] *Crisolli / Tiedtke*, Das Tarifrecht der Angestellten im öffentlichen Dienst, Kommentar, Stand: 123. Ergänzungslieferung 1981, § 22, Erl.-Nr. 8.

vergleichbaren Aufgaben besagt nämlich nichts über die tarifliche Mindestvergütung. Nur diese muß jedoch eingehalten werden[326]. Eine lediglich tarifgerechte Eingruppierung vergleichbarer Angestellter der allgemeinen Stadtverwaltung bedeutet dementsprechend keine Zurücksetzung etwa aus sachfremden Motiven bzw. eine willkürliche Ungleichbehandlung[327].

Arbeitsrechtliche und insbesondere tarifrechtliche Vorschriften stehen somit einer strukturell differenzierten Bewertung im Verhältnis von Eigenbetrieb - Stadtverwaltung nicht entgegen.

c) Gleichwohl stößt ein derartiger Versuch unterschiedlicher Eingruppierung von Angestellten der Eigenbetriebe im Verhältnis zu Bediensteten der allgemeinen Stadtverwaltung auf eindeutige kommunalrechtliche und landesbesoldungsrechtliche Grenzen. Sie werden einerseits von dem bereits behandelten kommunalrechtlich-personalwirtschaftlichen Angleichungsgebot[328], andererseits von dem landesbesoldungsrechtlichen Verbot einer zu hohen Vergütungszahlung gezogen.

Was das kommunalrechtlich-personalwirtschaftliche Angleichungsgebot anbelangt, so entfaltet es auf der Grundlage des Art. 61 Abs. 2 GO innerhalb der Gemeinde- bzw. Stadtverwaltung die Maßgabe einer strukturellen Gleichbewertung aller gemeindlichen Beschäftigungspositionen für Angestellte. Die übertarifliche Eingruppierung von Bediensteten, die einem bestimmten Zweig der städtischen bzw. gemeindlichen Verwaltung angehören, nur aufgrund dieser Zugehörigkeit scheidet hiernach aus.

Eine vergleichbare Wirkung entfaltet die Verordnung über die Regelung der Dienstbezüge, Wartegelder und Versorgungsansprüche der Beamten und Angestellten der Gemeinden und sonstigen Körperschaften des öffentlichen Rechts vom 9. 9. 1931 (Besoldungsangleichungsverordnung)[329]. Diese Verordnung ist durch Art. 49 Abs. 2 BayBesG bislang nicht aufgehoben worden und daher in Bayern geltendes Landesrecht[330]. Auch § 4 Abs. 3 des Tarifvertragsgesetzes (TVG)[331] hat mit dem von ihm statuierten Günstigkeitsprinzip die Vorschriften der Besoldungsangleichungsverordnung nicht außer kraft gesetzt: Entgegen der Auffassung des Bundesarbeitsgerichts[332] ist das Bundesverwaltungs-

---

[326] *Crisolli / Tiedtke* (Fn. 325), § 22, Erl.-Nr. 17; vgl. ferner BAG, Urt. vom 15. 2. 1971, AP Nr. 38 zu §§ 22, 23 BAT.

[327] *Crisolli / Tiedtke* (Fn. 325), § 22, Erl.-Nr. 17.

[328] Vgl. oben II. 2. b).

[329] Vgl. Fn. 291.

[330] Vgl. Fn. 292.

[331] i. d. F. der Neubekanntmachung vom 25. 8. 1969 (BGBl. I S. 1323), geändert durch Gesetz vom 29. 10. 1974 (BGBl. I S. 2879).

[332] BAG, Urt. vom 15. 12. 1960, AP Nr. 2 zu § 4 TVG.

gericht in zwei Entscheidungen[333] zu der Auffassung gelangt, die für privatrechtliche Dienstverhältnisse geltenden Grundsätze des TVG könnten nicht auf den öffentlichen Dienst angewendet werden. Die Tarifverträge hätten insoweit nur die Aufgabe, als Mindestbedingung den als einzelnen schwachen Arbeitnehmer zu schützen. Ganz anders aber lägen die Dinge bei der öffentlichen Verwaltung. Die Gemeinden stünden nicht miteinander im Wettbewerb. Mit den Grundsätzen einer ordnungsgemäßen Verwaltung des Staates in allen seinen Gliederungen sei es deshalb nicht vereinbar, daß die finanzstarken von finanzschwächeren Gemeinden dringend benötigte Angestellte durch bessere Bezahlung „abwerben" könnten[334]. Auf der Grundlage dieser Ansicht geht das BVerwG davon aus, daß den Staat und die Gemeinde *gleichermaßen* die Verantwortung für die sparsame Bewirtschaftung der öffentlichen Mittel träfe. Deshalb verstoße es nicht gegen die Schutzbestimmungen in § 4 Abs. 1 und 3 TVG, wenn im öffentlichen Dienst den Gemeinden durch Gesetz die Überschreitung von tariflichen Lohnsätzen verboten werde. Solche Vorschriften verstießen auch weder gegen Art. 3 Abs. 1 GG, noch verletzten sie das Selbstverwaltungsrecht der Gemeinden[335].

Die Besoldungsangleichungsverordnung von 1931 erweist sich deshalb als eine *Obergrenze* für die Vergütung der Angestellten in der kommunalen Verwaltung. Da sie als bayerisches Landesrecht im Verhältnis der Gemeinden zum Staat fortgilt, dürfen die Dienstbezüge der gemeindlichen bzw. städtischen Angestellten — und d. h. auch der Angestellten der Eigenbetriebe — nicht günstiger geregelt sein als die Bezüge gleichzubewertender Angestellter des bayerischen Staates. § 1 Abs. 1 Besoldungsangleichungsverordnung schreibt insoweit vor, in den Vergleich alle Geldbezüge und sonstigen Bezüge einzubeziehen, welche die Angestellten mit Rücksicht auf ihre hauptamtliche und nebenamtliche Dienstleistung erhalten. Das Problem ist allerdings, die „Vergleichbarkeit" festzustellen. Aber auch für insofern problematische Fälle hat der Verordnungsgeber in § 1 Abs. 2 Besoldungsangleichungsverordnung Vorsorge getroffen. Sollte der Aufgabenkreis eines Angestellten einer Gemeinde mit dem eines Angestellten des bayerischen Staates nicht unmittelbar vergleichbar sein, so formuliert der Verordnungsgeber, so ist bei der Bemessung der Bezüge auf die Eigenart des betreffenden Berufes im allgemeinen und der zu beurteilenden Stelle im besonderen Rücksicht zu nehmen. *Die Bezüge müssen jedoch in einem angemessenen Verhältnis zu den Bezügen der Angestellten des bayerischen Staates stehen.*

---

[333] Vgl. Fn. 292.

[334] So BVerwGE 18, 135 (140 f.).

[335] BVerwGE 18, 135 (141, 142).

Entscheidend ist also wiederum[336] ein „Angemessenheitsurteil", diesmal aber über das Verhältnis der Bezüge von Beschäftigten bei den Eigenbetrieben zu den Bezügen der Angestellten des bayerischen Staates. Nicht zu verkennen ist allerdings, daß dieses Urteil für den Fall, daß im staatlichen Bereich direkt vergleichbare Beschäftigungspositionen nicht bestehen, der Personalwirtschaft in ihren besoldungsrechtlichen Überlegungen einen gewissen *Spielraum* beläßt. Dieser Spielraum wird jedoch durch die Ausführungsbestimmungen und Richtlinien zur Besoldungsangleichungsverordnung[337] verengt: Hiernach soll die Frage, was als gleichzubewertende Stelle anzusehen ist, unter Berücksichtigung der Art, der Schwierigkeit und der Verantwortlichkeit des Amtes und unter Beachtung der geforderten Vorbildung, Ausbildung und beruflichen Fortbildung des Angestellten entschieden werden. Ist aufgrund dieser Umstände die Vergleichbarkeit der Stellen zu bejahen, so untersagt § 1 Abs. 1 Besoldungsangleichungsverordnung eine günstigere Regelung für die Angestellten der Gemeinden, d. h. die Eingliederung in eine höhere Vergütungsgruppe[338].

Gleichwohl läßt auch diese Einengung der Gemeinde noch Raum für vergütungsrechtliche Sonderregelungen. Gänzlich ausgeschlossen werden Sondervergütungen aber durch die Auffassung, die das Staatsministerium des Innern in seiner Entschließung vom 4. 2. 1965 vertritt[339]. Hiernach rechtfertigt der alle öffentlichen Dienstherren berührende *Personalmangel* keine Einräumung von Sondervergünstigungen aufgrund örtlicher Wünsche. Insbesondere müsse davon ausgegangen werden, daß im tarifgebundenen Bereich keine *übertariflichen* Leistungen zu gewähren seien.

Im Ergebnis sind unter Beachtung dieser Rechtsauffassung keine Möglichkeiten gegeben, durch übertarifliche Vergütungen für das Personal der Gemeinde- bzw. Stadtwerke eine Angleichung an das Vergütungsniveau der privaten Versorgungswirtschaft zu erreichen. Fraglich ist allerdings, ob diese strikte Begrenzung der gemeindlichen Personalhoheit auch im Bereich *außertariflicher* Vergütungen aufrecht zu erhalten ist. Hierauf wird bei der gesonderten Behandlung der Beschäftigung von Werkleitern im Angestelltenverhältnis zurückzukommen sein. Zu klären ist darüber hinaus, welche Möglichkeiten im Bereich der Gewährung von Zusatzleistungen zur tarifvertraglichen Ver-

---

[336] Vgl. schon oben II. 3. a).

[337] Vgl. die Bekanntmachung der Ausführungsbestimmungen und Richtlinien zur Besoldungsangleichungsverordnung vom 9. 9. 1931 durch die Entschließung des StMinI vom 22. 3. 1957 (MABl. S. 162), Nr. 2.

[338] Entschließung des StMinI (Fn. 337), Nr. 3 b).

[339] Entschließung des StMinI vom 4. 12. 1965 zur Besoldungsangleichung für Angestellte (MABl. S. 54).

gütung bestehen, um das Vergütungsniveau dem der Privatwirtschaft mehr angleichen zu können.

d) Neben der Vergütung nach § 26 BAT (Grundvergütung und Ortszuschlag) erhalten die Angestellten regelmäßig sog. *Stellenzulagen.* Grundlage dieser Zulagen sind die einschlägigen Tarifverträge und beamtenrechtlichen Vorschriften. Letztere gelten insoweit, als die vorgenannten Tarifverträge über die Höhe der Stellenzulagen unmittelbar nichts aussagen. Die Beträge sind vielmehr aus den von den tarifvertraglichen Bestimmungen in Bezug genommenen einschlägigen beamtenrechtlichen Regelungen ersichtlich[340].

Was daneben die Gewährung *sonstiger Zuwendungen* und von *Sachbezügen* anbelangt, so bestimmen § 17 Abs. 1 und 2 des BayAnpG - 2. BesVNG, daß Art. 8 Abs. 1 sowie Art. 9 BayBesG für Arbeitnehmer u. a. der Gemeinden entsprechend anzuwenden sind, soweit nicht günstigere tarifvertragliche Regelungen[341] bestehen. Die Gemeinden können damit ihren Arbeitnehmern *neben* den tarifvertraglichen Leistungen und Zulagen sonstige Zuwendungen und Sachbezüge erbringen; sonstige Zuwendungen allerdings nur bis zu der Höhe, in der sie die Arbeitnehmer des Staates nach den für sie geltenden Regelungen erhalten. Diese *Höchstbegrenzungsklausel* gilt für einzelvertragliche Abmachungen, für Gesamtvereinbarungen unterhalb der Ebene des Tarifvertrages sowie für freiwillige sog. soziale Leistungen. Dagegen gilt die Höchstbegrenzungsklausel nicht für Tarifverträge[342].

Das Ergebnis der Anwendung besoldungsrechtlicher Vorschriften über sonstige Zuwendungen und über Sachbezüge auf die Arbeitnehmer der Gemeinde ist, daß weitere übertarifliche Zuwendungen generell nicht möglich sind. Eine Ausnahmeregelung für die Arbeitnehmer der Gemeinde und insbesondere der Eigenbetriebe könnte freilich über Art. 8 Abs. 2 BayBesG in Verbindung mit § 17 Abs. 1 BayAnpG - 2. BesVNG erwirkt werden[343].

Für die Gewährung von *Beihilfen* an Arbeitnehmer gelten gemäß § 17 Abs. 3 BayAnpG - 2. BesVNG neben den Beihilfevorschriften des Bundes zusätzlich die für die Arbeitnehmer des Bundes anzuwendenden ergänzenden Beihilferegelungen (Beihilfetarifverträge).

---

[340] Vgl. § 1 des TV über Zulagen an technische Angestellte vom 8. 7. 1970 mit 1. Änderungs-TV vom 15. 6. 1972 und 3. Änderungs-TV vom 17. 5. 1976.

[341] Vgl. SR 2 t und u BAT (Nachw. in Fn. 271). Die Sonderregelungen enthalten allerdings keine tarifvertraglichen Vergünstigungen im Sinne des Textes. Solche liegen bislang auch nicht vor.

[342] Vgl. Anlage zur Bekanntmachung des StMinFin (Fn. 303), Nr. 10.

[343] Art. 8 Abs. 3 BayBesG findet keine Anwendung, vgl. oben Fn. 308 (kein „Wettbewerb" der Stadtwerke).

Darüber hinaus erhalten Angestellte nach § 33 Abs. 1 Buchst. a BAT für die mit ihrer Tätigkeit verbundenen Mehraufwendungen, die nicht durch die Reisekostenvergütung oder durch die Vergütung abgegolten sind, eine Zulage, soweit den entsprechenden Beamten ihres Arbeitgebers unter den gleichen Voraussetzungen und Umständen eine Zulage zu gewähren ist. Somit sind die schon oben[344] dargestellten Vorschriften des Besoldungsrechts über Aufwandsentschädigungen für Beamte auf die Angestellten der Gemeinde entsprechend anwendbar.

IV. Ergebnis

Die Sicherung des Personalbestandes und die Personalgewinnung für den Eigenbetrieb durch eine am Vergütungsniveau der privaten Energiewirschaft orientierten Erhöhung der Besoldung bzw. Vergütung stößt auf eine Reihe rechtlicher Hindernisse. Grundsätzlich ist für die Beschäftigung von gemeindlichen Beamten und Arbeitnehmern ein einheitliches Bewertungsniveau der ausgewiesenen Planstellen im Verhältnis von Eigenbetrieb - Stadtverwaltung zwingend erforderlich. Die Personalwirtschaft für den Eigenbetrieb ist insoweit an strukturell-rechtliche Schranken des Kommunalrechts, des Bundes- und Landesbesoldungsrechts sowie des Tarifrechts gebunden. Dies bedeutet, daß eine Differenzierung von Besoldung bzw. Vergütung im Verhältnis von Gemeinde- bzw. Stadtwerken zu allgemeiner Stadtverwaltung *allein aufgrund der Zuordnung zu den ersteren* nicht in Betracht kommt. Lediglich unterschiedliche materielle bzw. funktionelle Gesichtspunkte erscheinen geeignet, eine Höherbewertung *einzelner* Dienstposten oder Planstellen zu rechtfertigen (zu den Werkleitern namentlich als Angestellte vgl. gesondert anschließend sub j.).

1. Besoldungsrechtliche Bindungen

Ein sehr enger Spielraum besteht insoweit hinsichtlich der in den Gemeinde- bzw. Stadtwerken beschäftigten *Beamten.* Als Schlüsselvorschrift erweist sich zunächst das kommunalrechtlich-personalwirtschaftliche Angleichungsgebot des Art. 61 Abs. 2 GO sowie der Angemessenheitsgrundsatz des Art. 43 GO. Sie bedingen einen strukturell-einheitlichen Besoldungsplafond innerhalb der gemeindlichen bzw. städtischen Verwaltung einschließlich der Eigenbetriebe.

Von maßgeblicher Bedeutung ist darüber hinaus § 18 BBesG, der den Grundsatz der funktionsgerechten Besoldung festschreibt. Ihm zufolge sind für die Zuordnung der Ämter zu den Besoldungsgruppen auch

344 Vgl. oben zu III. 2. c).

Querschnittvergleiche innerhalb der einzelnen Verwaltungszweige des betreffenden Dienstherrn anzustellen. Auf der Grundlage dieser Vergleiche dürften sich Bewertungsunterschiede nur höchst selten, jedenfalls nicht generell, sondern allenfalls punktuell ergeben. Eine allgemeine Verbesserung des Stellenkegels in den Eigenbetrieben aufgrund der Freistellung von der Vorschrift des § 18 Abs. 1 BBesG dürfte hiernach im Ergebnis ausscheiden[345].

Ähnlich liegen die Dinge im Hinblick auf die Besetzung der Führungspositionen in den Werken. Abgesehen von der dargestellten strikten Besoldungsmaßgabe der Werkleiterbesoldungsverordnung ist deren § 1 Abs. 3 zu beachten: Würde eine Einstufung die Besoldungsgruppe, der das Amt des ersten hauptamtlichen Wahlbeamten auf Zeit der jeweiligen Gemeinde mindestens zugeordnet ist, erreichen oder übersteigen, so wird das Amt des Werkleiters *eine Besoldungsgruppe unter dieser eingestuft*. Ausnahmeregelungen bestehen insoweit nicht. Demgemäß ist für die Einstellung von Werkleitern kein finanzieller Spielraum zur Angleichung der Einkünfte an die von Führungskräften vergleichbarer Privatunternehmen gegeben.

Den Besonderheiten der Beschäftigung in den gemeindlichen Eigenbetrieben bzw. Stadtwerken kann allenfalls nach Maßgabe der dargestellten Vorschriften über die Gewährung von besoldungsrechtlichen Zusatzleistungen entsprochen werden. Diese begrenzten Möglichkeiten zur Besoldungsaufbesserung versprechen aber keine wesentlichen Angleichungen an das Vergütungsniveau der Privatwirtschaft.

2. *Vergütungsrechtliche Maßgaben*

Nur wenig anders liegen die Dinge im *Vergütungsbereich auf den Ebenen unterhalb der Werkleitung*. Der Beschäftigung der Arbeitnehmer in den Eigenbetrieben ist ein festes tarifliches Gefüge vorgegeben. Dessen tarifvertragliche Einzelbestimmungen und Vergütungsregelungen verhindern eine beliebige Ablösung der Vergütung für eigenbetriebliche Arbeitnehmer von dem umfassenden Tarifrecht für Angestellte. Im Gegenteil schafft der einheitlich geltende BAT ein übergreifendes Bewertungsniveau, in das sowohl die Bediensteten der allgemeinen Stadtverwaltung als auch die Angehörigen der Eigenbetriebe jeweils funktionsspezifisch eingebunden sind. Die Sicherung dieses einheitlichen Bewertungsniveaus durch entsprechende organisatorisch-personalwirtschaftliche Maßnahmen erscheint daher sowohl im Vergütungsbereich als auch im Besoldungssektor erforderlich.

---

[345] Vgl. auch § 5 KommStOV (Fn. 286) sowie dazu Nr. 18 der Vollzugsbekanntmachung (Fn. 294).

Gegenüber den besoldungsrechtlichen Vorschriften bietet allerdings die Möglichkeit übertariflicher Eingruppierung im Einzelfall einen etwas größeren Spielraum zur Angleichung der Einkünfte an das Vergütungsniveau der Privatwirtschaft. Zu beachten ist jedoch, daß es sich insoweit nicht um eine strukturelle Vergütungsanhebung handeln darf. Dem setzt einerseits das kommunalrechtlich-personalwirtschaftliche Angleichungsgebot des Art. 61 Abs. 2 GO Grenzen. Hiernach darf ein Teil der Arbeitnehmer in der Stadtverwaltung als Gruppe im Verhältnis zu den übrigen städtischen Beschäftigten nicht übertariflich bezahlt werden. Auf der anderen Seite und im Verhältnis zu Angestellten des bayerischen Staates verhindert die landesrechtliche Besoldungsangleichungsverordnung eine strukturelle Besserstellung gemeindlicher Angestellter und damit von Angehörigen der Eigenbetriebe. Die Frage ist allerdings, ob diese strukturell-rechtlichen Maßgaben auch unbesehen für die Besetzung der Führungspositionen des Eigenbetriebes durch Werkleiter im Angestelltenverhältnis gelten. Insoweit handelt es sich um punktuelle Bewertungsprobleme, die mit den gruppenspezifischen besoldungs- und vergütungsrechtlichen Maßgaben kaum zu lösen sind.

I. Die Besetzung der eigenbetrieblichen Führungspositionen durch Werkleiter im Angestelltenverhältnis

Die Existenz verbeamteter Werkleiter trägt den wirtschaftlichen Grundsätzen und Grundbedürfnissen der Führung des Eigenbetriebes nur wenig Rechnung. Einerseits bietet die im Vergleich zur Privatwirtschaft erheblich geringere Besoldung der Beamten in eigenbetrieblichen Führungspositionen kaum Aussicht, qualifizierte Persönlichkeiten für ein wirtschaftliches Management zu gewinnen. Verantwortlich hierfür zeichnet vor allem die mangelnde Leistungsorientierung des Besoldungswesens. Auf der anderen Seite kann die Einstellung beamteter Werkleiter dazu führen, daß ungeeignete Personen nur mit Schwierigkeiten aus dem Amt entfernt werden können. Die *wirtschaftliche Funktion* der Werkleiter spricht damit für eine *Anstellung im Angestelltenverhältnis*[346].

Es gibt allerdings auch eine Reihe von Argumenten, die dafür sprechen können, Werkleiter als Beamte zu berufen. So kann die Erfüllung von Aufgaben der Daseinsvorsorge durch Eigenbetriebe auch als Rechtfertigung einer beamtenrechtlichen Anstellung angesehen werden. Der Werkleiter kann hierdurch stärker an seine daseinsvorsorgerischen Aufgaben gebunden werden. Es ist zugleich der strengeren beamtenrechtlichen Verantwortung für die Werkführung unterstellt[347].

In der Praxis besteht deshalb die Tendenz, den Werkleiter zum Beamten zu machen. Die besonderen Anforderungen, die an die Führungskräfte großer Eigenbetriebe zu stellen sind, haben jedoch auch dazu geführt, außertarifliche Verträge zu vereinbaren. Gleichwohl wird auch dann das vereinbarte Entgelt häufig in Anlehnung an die für die Eingruppierung von Werkleitern im Beamtenverhältnis geltenden Bestimmungen ermittelt[348]. Dies alles hat jedoch keine rechtlich verbindliche Präzedenzwirkung. Daher ist die maßgebende Frage die, nach welchen *rechtlichen Maßgaben* sich die Einstellung der Werkleiter als Beamte *oder* Angestellte zu richten hat.

---

[346] Ebenso *v. Vitzthum* (Fn. 265), 609 mit Fn. 97.

[347] Vgl. *Zeiss* (Fn. 76), EigenbetriebsG Bad.-Württ., § 3, Anm. III a).

[348] So *Zeiss* (Fn. 76), EigenbetriebsG Bad.-Württ., § 3, Anm. III c).

I. Die Dienststellung der Werkleiter

1. *Kommunalrechtliche Maßgaben*

Für das Land Bayern treffen weder die Gemeindeordnung noch die EBV eine nähere Regelung über die Dienststellung der Werkleiter. Sowohl Art. 95 GO als auch die EBV lassen offen, ob ein Werkleiter als Beamter auf Lebenszeit, als Beamter auf Zeit (kommunaler Wahlbeamter) oder als Angestellter zu berufen ist. Damit steht dem Stadtrat zur Wahl, ob ein Werkleiter als Beamter oder als Angestellter beschäftigt wird; eine Befugnis, die mit in der kommunalrechtlichen Organisations- und Personalhoheit wurzelt.

2. *Bundesrechtliche Maßgaben*

Treffen weder das Kommunalrecht noch das Eigenbetriebsrecht des Landes irgendwelche Regelungen über die Dienststellung der Werkleiter, so ist nach etwaigen Maßgaben des Bundesrechts zu fragen. In Betracht kommen hierbei auf der einen Seite der Funktionsvorbehalt des Grundgesetzes in Art. 33 Abs. 4 GG, auf der anderen Seite die Bestimmung des § 22 BBesG in Verbindung mit der Werkleiterbesoldungsverordnung des Bundes.

a) Nach Art. 33 Abs. 4 GG ist die Ausübung *hoheitsrechtlicher Befugnisse* als ständige Aufgabe in der Regel Angehörigen des öffentlichen Dienstes zu übertragen, die in einem öffentlich-rechtlichen Dienst- und Treueverhältnis stehen[349]. Entscheidende Bedeutung erlangt mithin die Frage, ob die Tätigkeit der Werkleiter, nämlich die Führung eines Unternehmens der kommunalen Daseinsvorsorge, die Ausübung hoheitsrechtlicher Befugnisse darstellt.

Der Begriff der hoheitlichen Befugnisse ist im einzelnen umstritten. Ihre Ausübung wird gemeinhin dort angenommen, wo der Staat oder eine andere öffentlich-rechtliche Körperschaft *als Obrigkeit* handeln. Gedacht ist dabei an die *Eingriffsverwaltung* überkommener Art, bei der die staatlichen Organe mit Befehl und Zwang tätig werden[350]. Fraglich ist jedoch, ob eine derartig enge Auslegung dem Sinn des Art. 33 Abs. 4 GG gerecht werden kann. Denn die Eingriffsverwaltung im engeren Sinne wird im Gesamtzusammenhang der staatlichen und gemeindlichen Tätigkeit zunehmend von den Bereichen der schlicht-

---

[349] Ebenso Art. 94 BV, der dies voraussetzt (vgl. *Meder*, Die Verfassung des Freistaates Bayern, Handkommentar, 2. Aufl. 1978, Vorbem. vor Art. 94, Rdnr. 1).

[350] Vgl. *Maunz*, in: *Maunz / Dürig / Herzog / Scholz*, Grundgesetz, Kommentar, 5. Aufl. 1978, Art. 33, Rdnr. 33 m. w. Nachw.

hoheitlichen bzw. leistungsstaatlichen Verwaltung verdrängt. Eine Beschränkung des Funktionsvorbehalts auf die Eingriffsverwaltung müßte insofern zu einer erheblichen und ständig zunehmenden Einengung seines Anwendungsbereichs führen[351].

Um dies zu vermeiden, ist der Begriff der „hoheitsrechtlichen Befugnisse" unter Beachtung der Ausdehnung staatlicher Leistungsverwaltung weit zu interpretieren[352]. Demgemäß unterfällt auch die nichtobrigkeitliche, aber schlicht-hoheitliche Verwaltungstätigkeit dem Funktionsvorbehalt des Art. 33 Abs. 4 GG[353]. Dies bedingt jedoch sämtlich zumindest die öffentlich-rechtliche Handlungsform. Soweit die öffentliche Verwaltung dagegen in privatrechtlichen Formen handelt (sog. Verwaltungsprivatrecht), tritt die Stringenz auch eines leistungsverwaltungsrechtlich qualifizierten Funktionsvorbehalts zurück. Privatrechtliche Handlungsformen der öffentlichen Verwaltung orientieren sich an privatrechtlichen Organisations- und damit auch an privatrechtlichen Dienstverhältnissen. Demgemäß erweist es sich in aller Regel als zweckmäßiger bzw. als im Rahmen der staatlichen oder gemeindlichen Organisationsvorbehalte sachgerechter, sich im Rahmen des Verwaltungsprivatrechts auch der Möglichkeiten des privaten Arbeitsrechts zu bedienen. Dieser Rückschluß von der Organisationsform des jeweiligen Verwaltungsträgers auf die Struktur des Beschäftigtenverhältnisses entspricht zum einen den Vorgaben einer insgesamt möglichst effizienten öffentlichen Verwaltung und sieht sich zum anderen auch aus der Sicht des Art. 33 Abs. 4 GG gerechtfertigt; denn der dortige Funktionsvorbehalt gilt allein als Regeltatbestand, duldet also Ausnahmen. Wann solche Ausnahmen anzuerkennen sind, läßt das GG selbst offen. Implizit sieht sich damit der Verweis auf die allgemeine verwaltungsrechtliche Organisationsgewalt und damit die allgemeine Personalhoheit von Staat und Gemeinden angesprochen wie gerechtfertigt. Bedeutung erlangt Letzteres vor allem in den Bereichen, in denen der Staat oder die Gemeinden wirtschaftlich tätig werden und sich folgerichtig auch wirtschaftlicher Handlungs- oder Organisationsformen bedienen. Im Einklang hiermit wird der Funktionsvorbehalt des Art. 33 Abs. 4 GG in der Regel von wirtschaftlichen Funktionsbereichen von Staat und Gemeinden abgehoben, die in typisch wirtschaftlicher Form erfolgen und hier namentlich Zwecken der sog. „Daseinsvorsorge" dienen[354]. Daseinsvorsorgerische Verwaltung ist zwar Leistungsverwaltung, gleichgültig ob sie in öffentlich-rechtlicher oder

---

351 *Maunz* (Fn. 350), Rdnr. 33.

352 *Maunz* (Fn. 350), Rdnr. 33 mit Fn. 5.

353 *Wolff / Bachof* (Fn. 257), § 111 III b).

354 Dies war auch bereits vorherrschende Ansicht im Parlamentarischen Rat, vgl. *v. Doemming / Füsslein / Matz*, JöR n. F. Bd. 1, 1951, S. 315 f.

privatrechtlicher Organisationsform wahrgenommen wird. In jedem Falle handelt es sich aber um Tätigkeiten, deren Grundfunktion wirtschaftlicher Art ist und die damit, auch wenn öffentlich-rechtliche Organisationsformen eingesetzt werden, anderen Funktionsverhältnissen im wirtschaftlichen Bereich verwandt sind. An dieser Stelle offenbart sich auch die deutliche Verwandtschaft von Eigenbetrieb und Eigengesellschaft. Wo die gemeindliche Eigengesellschaft daseinsvorsorgerische Aufgaben in privatrechtlicher Form (Kapitalgesellschaft) wahrnimmt, dort leistet der Eigenbetrieb das gleiche in öffentlich-rechtlicher sowie rechtlich-unselbständiger Form. Dies enthebt den Eigenbetrieb bzw. die den Eigenbetrieb unterhaltende Gemeinde jedoch nicht des Rechts, die Nutzungsverhältnisse, die der Eigenbetrieb mit den Bürgern der Gemeinde eingeht, privatrechtlich zu gestalten (privatrechtliche Beförderungs-, Lieferungsverträge etc.). Im Gegenteil, gerade derartige Verbindungen von öffentlich-rechtlicher Grundorganisation (Eigenbetrieb) und privatrechtlicher Nutzungsform gehören zum typischen Instrumentarium praktischer Eigenbetriebsverwaltung. Im Verhältnis zum nutzenden Bürger kennzeichnen den Eigenbetrieb damit in aller Regel identische Handlungsformen wie die Eigengesellschaft.

Aus der Sicht des Art. 33 Abs. 4 GG bedeutet dies, daß der dortige Funktionsvorbehalt zugunsten des Beamtentums auch für den Eigenbetrieb nicht zwingend vorausgesetzt werden kann. Im Gegenteil, für (gemeindliche) Verkehrs- und Versorgungsbetriebe ist allgemein davon auszugehen, daß diese nicht auf eine Personalstruktur im beamtenrechtlichen Sinne festgelegt sind[355].

Da die gemeindlichen Eigenbetriebe bzw. daseinsvorsorgerische Gemeindeunternehmen allgemein zum verfassungsrechtlich absolut geschützten Funktionskern der gemeindlichen Selbstverwaltung gehören, erschließt sich von hier aus eine definitive Gemeindekompetenz, selbst darüber zu entscheiden, welcher Personalstruktur ein zu errichtender oder zu unterhaltender Eigenbetrieb zugeordnet werden soll. Im Rahmen ihrer Personalhoheit entscheidet die Gemeinde selbst darüber, ob sie ihre Eigenbetriebe personalmäßig nach Beamten- oder nach Arbeitsrecht ordnet. Angesichts des wirtschaftlichen Funktionssubstrats sprechen erhebliche Zweckmäßigkeitsgründe dafür, vor allem das Leitungspersonal des Eigenbetriebes in das Angestelltenverhältnis zu berufen. Jedenfalls kann die Gemeinde zu solcher Zweckmäßigkeitserkenntnis und -entscheidung gelangen, ohne daß dies aus kommunal- oder gar verfassungsrechtlicher Sicht beanstandet werden dürfte.

---

[355] *Maunz*, Deutsches Staatsrecht, 23. Aufl. 1980, S. 334.

Andererseits schließt dies besondere beamtenrechtliche Maßgaben auf Bundes- (und auf Landes-)ebene nicht aus. So sehen § 4 Nr. 2 BBG, Art. 5 Abs. 1 BayBG die Berufung in das Beamtenverhältnis auch dann vor, wenn es um die Wahrnehmung solcher Aufgaben geht, die aus Gründen der *Sicherung des Staates oder des öffentlichen Lebens* nicht ausschließlich Personen übertragen werden dürften, die in einem privatrechtlichen Arbeitsverhältnis stehen. Dem damit angesprochenen Sicherheitsinteresse werden gemeinhin auch die Aufgaben auf dem Gebiet der Versorgung der Bevölkerung zugerechnet[356]. Ganz entsprechend trifft deshalb § 22 BBesG besoldungsrechtliche Regelungen für Werkleiter *im Beamtenverhältnis.*

Der durch das Bundes- und Landesbeamtenrecht solchermaßen eingeführte Modalitätsvorbehalt bedeutet jedoch nicht, daß die Wahrnehmung der Versorgungs- bzw. Verkehrsaufgaben nur Beamten übertragen werden dürfte. Zulässig bleibt vielmehr, die Wahrnehmung entsprechender Tätigkeiten auch Personen zu übertragen, die *in einem privatrechtlichen Arbeitsverhältnis* stehen. Dem steht der Funktionsvorbehalt des Art. 33 Abs. 4 GG, wie gezeigt, nicht entgegen[357].

b) Die Frage der Zulässigkeit einer Beschäftigung von Werkleitern im Angestelltenverhältnis wird auch durch § 22 BBesG in Verbindung mit der Werkleiterbesoldungsverordnung des Bundes nicht geregelt. Es handelt sich insoweit um besoldungsrechtliche Vorschriften, die sich lediglich mit der Einstufung von beamteten Werkleitern befassen. Sie treffen keine Aussage darüber, ob eine Einstellung von Werkleitern im Angestelltenverhältnis ausgeschlossen ist. § 22 BBesG steht deshalb ebenso wenig der Einstellung von Werkleitern als Angestellte entgegen wie die Werkleiterbesoldungsverordnung des Bundes.

Zutreffend geht deshalb das Bayerische Staatsministerium des Innern in seiner Bekanntmachung vom 11. November 1976[358] davon aus, daß für Leiter kommunaler Versorgungs- und Verkehrsbetriebe im Angestelltenverhältnis die Werkleiterbesoldungsverordnung des Bundes nicht gilt und auch künftig Werkleiter als Angestellte berufen werden dürfen. Die Bekanntmachung formuliert allerdings richtigerweise und mit Blick auf § 4 BBG und Art. 5 Abs. 1 BayBG diese Befugnis in einschränkender Form („... soweit künftig noch Angestellte ... bestellt werden"). Im Sinne der genannten beamtenrechtlichen Bestim-

---

[356] *Plog / Wiedow,* Kommentar zum Bundesbeamtengesetz, 2. Aufl. 1965, § 4, Rz. 7.

[357] *Plog / Wiedow* (Fn. 356), § 4 Rz. 9.

[358] Bekanntmachung des StMinI zum Vollzug der Werkleiterbesoldungsverordnung des Bundes vom 11. 11. 1976 (MABl. S. 924), Nr. 5.

mungen hat die Beschäftigung von Werkleitern im Angestelltenverhältnis prinzipielle Ausnahme zu bleiben[359].

3. *Ergebnis*

Dem Gemeinde- bzw. Stadtrat steht deshalb prinzipiell zur Wahl, ob ein Werkleiter als Beamter oder als Angestellter beschäftigt wird. Eine Beschäftigung von Werkleitern im Angestelltenverhältnis ist bei Eigenbetrieben von beträchtlicher Größen- und Funktionsqualität in jedem Falle zulässig. Da eine derartige Anstellung in der Regel vorgenommen wird, um hinreichend qualifiziertes Personal für die Werkleitung zu gewinnen, ist schließlich zu klären, ob und in welchem Ausmaß die Möglichkeit außertariflicher Vereinbarungen über die Vergütungshöhe besteht.

II. Die Vergütung der Werkleiter im Angestelltenverhältnis

1. *Die Geltung des Bundesangestelltentarifvertrages*

Die Vergütung der Werkleiter im Angestelltenverhältnis richtet sich zunächst und grundsätzlich nach dem Bundesangestelltentarifvertrag (BAT). Hierbei wird die maßgebliche Vergütungsgruppe in Anlehnung an die für die Eingruppierung von Werkleitern im Beamtenverhältnis geltenden Bestimmungen zu ermitteln sein[360]. § 3 Buchst. h und i BAT schließen allerdings die Anwendung des Tarifvertrages für Werkleiter aus, wenn und soweit ihre Arbeitsbedingungen einzelvertraglich besonders vereinbart worden sind.

2. *Die Möglichkeit außertariflicher Vergütung*

Die genannten Bestimmungen des BAT lassen erkennen, daß besondere Anforderungen an die Führungkräfte außergewöhnlich großer Eigenbetriebe es rechtfertigen, *außertarifliche Vergütungen* zu vereinbaren.

Auch das Staatsministerium des Innern geht in seiner Vollzugsbekanntmachung vom 11. November 1976[361] von dieser Möglichkeit aus. Es will jedoch die insoweit einzelvertraglich festzusetzenden Vergütungen „aus grundsätzlichen personalpolitischen Erwägungen" an den durch die Werkleiterbesoldungsverordnung des Bundes für Beamte gezogenen Grenzen orientieren. Es stellt sich daher die Frage, ob die

---

[359] Vgl. oben im Text zu Fn. 357.

[360] Vgl. *Zeiss* (Fn. 76), EigenbetriebsG Bad.-Württ., § 3, Anm. III.

[361] Vgl. Fn. 358.

außertarifliche Vereinbarung einer Höchstvergütung für angestellte Werkleiter auf rechtliche Beschränkungen trifft.

3. *Rechtliche Grenzen der Vereinbarung außertariflicher Vergütungen für Werkleiter im Angestelltenverhältnis*

a) Die Vereinbarung außertariflicher Vergütungen könnte in dem Maße ausgeschlossen sein, als sie eine *Umgehung der einschlägigen besoldungsrechtlichen Vorschriften* in § 22 BBesG in Verbindung mit der Werkleiterbesoldungsverordnung des Bundes darstellen würde. Eine solche Deutung ist jedoch auszuschließen. Zwar soll die bundeseinheitliche Einstufung der unter § 22 fallenden Ämter deren bis dahin voneinander stark abweichende Einstufung in den einzelnen Ländern beenden. § 22 BBesG schließt damit ergänzende prinzipielle Einstufungsregelungen der Länder und Kommunen von Rechts wegen aus. Deshalb ist auch eine Regelungsermächtigung der Länder in § 22 BBesG unterblieben[362].

Die bundeseinheitliche Einstufung in § 22 BBesG will darüber hinaus *Richtwerte* für die Bemessung der Vergütung der im Angestelltenverhältnis stehenden Werkleiter setzen, für deren Einstufung es mangels spezieller, auf ihre Tätigkeit zugeschnittener tariflicher Tätigkeitsmerkmale an einer tarifrechtlichen Grundlage fehlt[363].

Gleichwohl dürfen derartige „Richtwerte" nicht als besoldungsrechtlich verbindliche Maßgaben für die Höhe der zu vereinbarenden außertariflichen Vergütung mißverstanden werden. Dies ergibt sich aus der Reichweite der Regelungen des BAT für Werkleiter, die unmittelbar davon ausgehen, daß eine außertarifliche Vergütung möglich bleiben soll. Diese im BAT ausdrücklich enthaltende Regelung nimmt dem Besoldungsgesetzgeber die Möglichkeit, seine *außerhalb* des Tarifrechts stehenden Anordnungen mit rechtlich bindender Wirkung auch auf die Vergütung der im Angestelltenverhältnis stehenden Werkleiter auszudehnen. Mag hierfür auch der Gedanke sprechen, das Ausbrechen einzelner Verwaltungsträger aus der haushaltswirtschaftlichen Gesamtverantwortung zu verhindern, so darf er doch nicht mit seinen einzelnen Regelungen in den durch Art. 9 Abs. 3 GG verfassungsrechtlich geschützten Bereich der unmittelbaren Gestaltung von Vergütungsbedingungen durch die Tarifpartner übergreifen (Verfassungsgarantie der Tarifautonomie)[364].

---

[362] *Schinkel* (Fn. 288), K § 22, Rz. 2, 4.

[363] Vgl. *Schinkel* (Fn. 288), K § 22, Rz. 2.

[364] Zu dieser Gewährleistung des Art. 9 Abs. 3 vgl. u. a. *R. Scholz,* in: *Maunz / Dürig / Herzog / Scholz* (Fn. 350), Art. 9, Rdnr. 299.

Noch aus einem anderen Grunde setzt § 22 BBesG in Verbindung mit der Werkleiterbesoldungsverordnung des Bundes keine rechtlich verbindlichen Maßstäbe für die Bemessung der Vergütung der im Angestelltenverhältnis stehenden Werkleiter. Die Regelung des § 22 BBesG knüpft nämlich an den in § 4 BBG verankerten Modalitätsvorbehalt für die Berufung von Aufgabenträgern in das Beamtenverhältnis an. Wenn insoweit durch § 22 BBesG Werkleiter aufgrund der Eigenart ihres Amtes eine besondere besoldungsrechtliche Einstufung erfahren[365], so geht dies davon aus, daß eben dieser Personenkreis in das Beamtenverhältnis zu berufen ist. Dessen ungeachtet bleibt es aber nach den Vorschriften der § 4 BBG, Art. 5 Abs. 1 BayBG zulässig, die Wahrnehmung der Werkleiterfunktionen auch Personen zu übertragen, die in einem privatrechtlichen Arbeitsverhältnis stehen. Ist dem aber so, dann entfällt für diesen Personenkreis die Anwendung des § 22 BBesG in Verbindung mit der Werkleiterverordnung des Bundes an den vorgängigen Vorbehalt der Verbeamtung. Soweit deshalb sachliche Gründe für eine angestelltenrechtliche Beschäftigung des Werkleiters sprechen, können sie auch eine außertariflich zu vereinbarende und in der Höhe durch die Werkleiterbesoldungsverordnung des Bundes nicht beschränkte Bemessung der Vergütung erforderlich machen. Von einer Umgehung der einschlägigen besoldungsrechtlichen Vorschriften des Bundes kann in diesem Fall nicht die Rede sein.

Diese Auffassung wird im übrigen durch die Bekanntmachung des Staatsministeriums des Innern vom 11. November 1976[366] gestützt. Dort wird die Einhaltung des durch die Werkleiterbesoldungsverordnung des Bundes gesteckten Rahmens lediglich aus „grundsätzlichen personalpolitischen Erwägungen“ empfohlen. Eine strikte rechtliche Bindung wird indes nicht formuliert. Eine solche Bindung könnte auch — aus verfassungsrechtlichen Gründen — nicht von staatlicher Seite statuiert werden. Die dargestellte Garantie der gemeindlichen Personalhoheit fordert gerade von staatlicher bzw. aufsichtsrechtlicher Seite das nötige Maß an Rücksichtnahme auf spezifisch-kommunale Organisations-, Effizienz- und Zweckmäßigkeitsbelange. Dem trägt der bloße Empfehlungscharakter der genannten Bekanntmachung in vollem Umfange Rechnung. Das Bayerische Staatsministerium des Innern geht davon aus, daß die Einhaltung des durch die Werkleiterbesoldungsverordnung abgesteckten Rahmens in der Mehrzahl der Fälle zu einer sachgerechten Lösung führen wird. Soweit diese Erwartung jedoch nicht trägt bzw. im unmittelbar betroffenen kommunalen Bereich andere Gegebenheiten nachweisbar und damit andere rechtliche Regelungen

---

[365] *Schinkel* (Fn. 288), K § 22, Rz. 2.

[366] Vgl. oben Fn. 358.

geboten sind, ist nach deren Maßgabe gesondert und dies ggf. auch in Abweichung von der genannten Regelbestimmung zu verfahren.

b) Eine Obergrenze außertariflicher Vergütungen für Werkleiter im Angestelltenverhältnis könnte sich allerdings aus der *Verpflichtung des Eigenbetriebes zur sparsamen und wirtschaftlichen Haushaltsführung* gemäß Art. 61 Abs. 2 GO ergeben. Wie oben ausgeführt[367], enthält das kommunalrechtlich-personalwirtschaftliche Angleichungsgebot die Anordnung an die Gemeinde bzw. Stadt, im Verhältnis von Eigenbetrieb-allgemeiner Stadtverwaltung der Ausweisung von Dienstposten und Planstellen strukturell ein einheitliches Bewertungsniveau zugrundezulegen. Diese generelle kommunalrechtliche Maßgabe schließt allerdings abweichende Einstufungen im Einzelfall nicht aus, zumal die Besetzung von Führungspositionen durch besonders qualifizierte Werkleiter aus der *Perspektive einer modernen Wirtschaftsführung des Eigenbetriebes* unter Annäherung an kaufmännisch-wirtschaftliche Formen und mit Blick auf die möglichst effektive Erreichung des Betriebszieles „sparsamer" und „wirtschaftlicher" sein kann als die Anstellung weniger qualifizierter Führungskräfte. Aus Art. 61 Abs. 2 GO ist demgemäß keine Obergrenze außertariflicher Vergütungen für Werkleiter im Angestelltenverhältnis zu entnehmen.

c) Für die Frage, ob die Vereinbarung außertariflicher Vergütungen bei der Beschäftigung von Werkleitern im Angestelltenverhältnis Höchstgrenzen nicht überschreiten darf, ist ferner die Angemessenheitsmaßgabe des Art. 43 Abs. 4 S. 1 GO zu beachten. Hiernach müssen die Vergütungen *aller* Angestellten der Gemeinde „angemessen" sein. Abgesehen aber von der umstrittenen Frage, ob hieraus eine *Obergrenze* von Vergütungen abzuleiten ist[368], könnte gleichwohl bei Existenz einer derartigen Höchstbegrenzung die hohe außertarifliche Vergütung für einen besonders qualifizierten Werkleiter auch „angemessen" sein[369].

d) Ebenso wie auf den Ebenen unterhalb der Werkleitung stellt schließlich auch für die Werkleiter im Angestelltenverhältnis die Besoldungsangleichungsverordnung vom 9. 9. 1931 ein Verbot der zu hohen Vergütungszahlung dar[370]. Wie insofern bereits ausgeführt, dürfen nach dieser Verordnung, die als bayerisches Landesrecht im Verhältnis der Gemeinden zum Staat fortgilt, die Dienstbezüge der gemeindlichen bzw. städtischen Angestellten nicht günstiger geregelt sein, als die Vergütung vergleichbarer Angestellter des bayerischen Staates. Dabei schadet nicht, daß der Wirkungskreis eines Werkleiters mit dem

367 Vgl. oben zu H. II. 2.

368 Vgl. oben zu H. II. 3.

369 Siehe dazu ferner die Ausführungen oben zu H. II. 3. c).

370 Vgl. oben zu H. III. 4. c).

eines staatlichen Angestellten kaum unmittelbar verglichen werden kann; entscheidend ist vielmehr die Sinngebung der Besoldungsangleichungsverordnung, wonach der Gemeindeangestellte nicht besser gestellt werden soll als der Landesangestellte, der nach Qualifikationen und Tätigkeitsmerkmalen die gleichen Vergütungsvoraussetzungen aufweist[371]. Dementsprechend sieht § 1 Abs. 2 der genannten Besoldungsangleichungsverordnung vor, daß, wenn der Aufgabenkreis eines gemeindlichen Angestellten mit dem eines Angestellten des bayerischen Staates „nicht unmittelbar vergleichbar ist", bei der Bemessung der Bezüge des Angestellten der Gemeinde auf die Eigenart des betreffenden Berufes „im allgemeinen" und der zu beurteilenden Stelle „im besonderen" Rücksicht zu nehmen ist. Die hiernach ermittelten Bezüge müssen „jedoch in einem angemessenen Verhältnis zu den Bezügen des Angestellten des Bayerischen Staates stehen".

Ausnahmen von diesem „Gleichbewertungsgebot" im Verhältnis von Landes- und kommunalen Angestellten läßt die Besoldungsangleichungsverordnung nur für leitende Angestellte von Unternehmungen zu, „die in geschäftlichem Wettbewerb mit privaten Unternehmungen stehen". Auf die Gemeinde- bzw. Stadtwerke ist diese Ausnahmevorschrift jedoch nicht anwendbar, da sie nicht in direktem Wettbewerb mit privaten Versorgungs- bzw. Verkehrsunternehmen stehen[372]. Diese Regelung des Besoldungsangleichungsrechts ist allerdings nicht unproblematisch. Denn sie orientiert sich für den staatlichen Bereich an bestimmten Vergleichbarkeiten zwischen Staatsunternehmen und privatwirtschaftlichen Unternehmen bzw. deren Wettbewerbsverhältnis und eröffnet auf dieser Grundlage besoldungsmäßige Flexibilität. Für die Gemeinden fehlt es dagegen in aller Regel an derartigen Wettbewerbsbeziehungen bzw. an aus ihnen ableitbaren Vergleichbarkeiten. Dies erklärt sich jedoch gerade aus dem verfassungsrechtlichen Wirtschaftsmandat der Gemeinden, das vor allem auf dem Gebiet der Verkehrs- und Versorgungsbetriebe besteht und den Gemeinden hier in aller Regel eine — lokal bemessene — Monopolposition einräumt. Diese Monopolposition impliziert notwendig das Fehlen einer wettbewerblichen und damit Vergleichbarkeiten eröffnenden Relation zu privatwirtschaftlichen Unternehmungen im Sinne des Besoldungsangleichungsrechts. Gerade im Lichte der verfassungsrechtlichen Funktionsgarantie der gemeindlichen Selbstverwaltung auf diesem Gebiet kann dieser Umstand jedoch nicht dazu führen, daß die Gemeinden in ihren organisations- und personalpolitischen Entscheidungen bzw. Erfordernissen übermäßig beschränkt oder gar inhibiert werden. Im Gegenteil, gerade aus der Sicht des Art. 28 Abs. 2 GG bedarf es auch hier der Ein-

371 Vgl. die entsprechenden Hinweise in BVerwGE 45, 77 (83).

372 Vgl. oben Fn. 308, 343.

räumung entsprechender (besoldungspolitischer) Flexibilitäten. Dies hat auch das BVerwG in seiner Entscheidung vom 8. 3. 1974 ausdrücklich anerkannt, wenn es nicht nur das Erfordernis solcher „Bewegungsfreiheit“ allgemein betont hat, sondern darüber hinaus — gerade im Lichte einer verfassungskonformen Lesart der besoldungsrechtlichen Angleichungsvorschriften — festgestellt hat, daß „für eine solche Bewegungsfreiheit ... gesorgt“ ist, „wenn Ausnahmen von der (starren) Bindung vorgesehen sind“[373]. Inhaltlich kann dies nur bedeuten, daß auf seiten der zuständigen staatlichen Ausnahmeerlaubnispraxis den Gemeinden die im Einzelfall erforderliche Flexibilität eingeräumt oder belassen wird. Den hierfür erforderlichen Beurteilungsspielraum eröffnet die Besoldungsangleichungsverordnung über die unbestimmten Rechtsbegriffe der „Eigenart des betreffenden ... Berufes im allgemeinen“ und der hier zu übenden „besonderen Rücksicht“. Der zuständigen Staatsbehörde wird hiermit nicht nur die Möglichkeit gegeben, den jeweiligen Besonderheiten der Werkleiterposition beurteilungshalber Raum zu geben; sie erfährt überdies die Befugnis, auch den spezifisch wirtschaftlich-unternehmensmäßigen Kontext solcher Funktionen mit vergleichbaren anderen Aufgabenbereichen zu berücksichtigen; und dies unabhängig davon, daß die Gemeinde- bzw. Stadtwerke in keinem direkten Wettbewerb mit vergleichbaren Privatunternehmen stehen. In letzterer Hinsicht ist die Besoldungsangleichungsverordnung strikt; der vermittelte Bezug zu wirtschaftlichen Funktionen allgemeinerer Art sieht sich allein über den Eigenbetrieb selbst bzw. dessen (gemeindemonopolistische) Struktur erschlossen. Andererseits genügt dies jedoch ohne weiteres; denn wenn auf die spezifisch-wirtschaftlichen Funktions- und Größenmerkmale eines Eigenbetriebes abgestellt wird, erschließen sich nicht nur die lokalen Sonderbedingungen eines Eigenbetriebes je nach Größe und Funktionsqualität, sondern auch deren (mangelnde) Vergleichbarkeit mit anderen Eigenbetriebsformationen in Bayern. Nur auf dieser Grundlage und in dieser Ausrichtung läßt sich die Besoldungsangleichungsverordnung verfassungskonform praktizieren. Zugleich sieht sich hiermit aber auch eine sachgerechte Rechtsanwendung gewährleistet.

In diesem Sinne bleibt nach § 1 Abs. 2 S. 1 Besoldungsangleichungsverordnung im hiesigen Zusammenhang allein zu klären, welche Auswirkungen die eigene Art der Werkleitertätigkeit im allgemeinen und hinsichtlich der zu beurteilenden Führungpositionen im besonderen auf die Bemessung der Bezüge haben können. Verweist insofern die Besoldungsangleichungsverordnung mit der Anknüpfung an die Eigenart der Werkleitertätigkeit „im allgemeinen“ auf die in der Werkleiterbesoldungsverordnung des Bundes für die Besoldung beamteter Werk-

---

[373] BVerwGE 45, 77 (83).

leiter enthaltenen Richtwerte, so sind dem die spezifisch sozialen und wirtschaftlichen Funktionen kommunaler Daseinsvorsorge einerseits und die spezifisch unternehmensmäßigen Größenbedingungen des jeweiligen Eigenbetriebes andererseits gegenüberzustellen. Dies bedeutet, daß die Angleichungsvorschriften zunächst den gemeindlichen Selbstverwaltungskörperschaften in ihrer Personalwirtschaft für die Besetzung von Führungspositionen die notwendige Bewegungsfreiheit lassen müssen. Eine starre Bindung der Vergütungen an die staatliche Regelung scheidet hiernach, wie gezeigt, aus[374]. Die gemeindliche Personalhoheit, die in Art. 28 Abs. 2 GG, Art. 11 BV von Verfassungs wegen in besonderer Weise geschützt wird, fordert eine besondere Rücksichtnahme durch den staatlichen Gesetzgeber dort, wo es um die Besetzung der für die funktionelle Selbstverantwortung der Kommune essentiellen Führungspositionen geht[375]. Soll die gemeindliche Personalhoheit nicht vollends zur bloßen Vollzugszuständigkeit staatlicher Personalwirtschaft herabsinken, muß die Gemeinde bzw. die Stadt zumindest in diesem Abschnitt ihrer funktionellen Selbstverantwortung — d. h. in der Besetzung und Besoldung der Führungsspitzen von Einrichtungen kommunaler Daseinsvorsorge — über eine prinzipiell ungebundene Handlungszuständigkeit verfügen. Zutreffend betonen daher die Ausführungsbestimmungen und Richtlinien zur Besoldungsangleichungsverordnung[376] in ihrer Ziff. 2, daß in der Frage der Vergleichbarkeit gemeindlicher und staatlicher Angestelltenstellen der *„Eigenart des kommunalen Dienstes“* Rechnung zu tragen ist. Nicht zu folgen ist demgegenüber der späteren Entschließung des Staatsministeriums des Innern vom 4. Februar 1965[377], die dazu auffordert, „der Einräumung von Sondervergünstigungen aufgrund örtlicher Wünsche und Gegebenheiten ... aufmerksam und nachdrücklich entgegenzutreten“[378]. Wenn auf der Grundlage dieser Empfehlung sodann „Personalmangel“ als Kriterium einer außertariflichen Vergütung ausgeschlossen wird[379], so kann dem unter den dargestellten und prinzipiell bedeutsamen Aspekten der Gewinnung von Führungspersonal für die kommunalen Betriebe der Daseinsvorsorge nicht zugestimmt werden. Der Gemeinde bzw. Stadt muß in dieser Beziehung vielmehr und von Verfassungs wegen personalwirtschaftliche Bewegungsfreiheit eingeräumt sein. In der organisatorischen Kompetenz der Gemeinde[380] liegt

---

374 BVerwGE 45, 77 (83).

375 Vgl. statt aller *R. Scholz*, Gemeindewirtschaftsrecht (Fn. 30), 444 f. m. w. Nachw.

376 Vgl. Fn. 337.

377 Vgl. Fn. 339.

378 Vgl. Entschließung (Fn. 339), MABl. S. 55, r. Sp.

379 Vgl. Entschließung (Fn. 339), MABl. S. 55, r. Sp.

380 Vgl. hierzu Abschnitt G. des Textes.

es dabei, den Kreis der in Frage kommenden Führungspositionen bei den Eigenbetrieben zu umreißen, d. h. zu bestimmen, welche Dienstposten bzw. Planstellen der „Werkleitung“ zuzuordnen sind. Allerdings besteht insoweit eine funktionelle Einheit von Vergütungshöhe und Gewichtigkeit der Leitungsaufgabe: Die Freistellung der Gemeinde bzw. Stadt von einer strikten Besoldungsangleichung bezieht sich nur auf jene Positionen der Werke, bei denen es um tatsächliche Führungsaufgaben geht.

e) Die Möglichkeiten der Gemeinde bzw. Stadt, für die Beschäftigung von Werkleitern im Angestelltenverhältnis außertarifliche Vergütungen zu vereinbaren, sind gleichwohl nicht unbeschränkt. Ihre Bindung an die haushaltswirtschaftliche Gesamtverantwortung setzt auch der *außertariflichen Vergütung von Werkleitern im Angestelltenverhältnis eine Obergrenze.* Jedoch besteht hierfür, wie deutlich geworden ist, ein außerordentlich weiter Rahmen. Für dessen Ausfüllung ist der *Relationszusammenhang zwischen der daseinsvorsorgerischen Art der Führungsaufgaben und den spezifisch unternehmensmäßigen Größenbedingungen im allgemeinen Vergleich mit Unternehmen im staatlichen und kommunalen Bereich Bayerns maßgebend.* In diesem Sinne ist die rechtliche Bindung des § 1 Abs. 2 S. 2 Besoldungsangleichungsverordnung zu verstehen, wonach die Bezüge *aller* gemeindlichen Angestellten „in einem angemessenen Verhältnis“ zu den Bezügen der Angestellten des bayerischen Staates stehen müssen. Die hierdurch der außertariflichen Vergütung von Werkleitern im Angestelltenverhältnis durch die Gemeinde bzw. Stadt gezogene Grenze — jenseits derer dann die Ausnahmeregelung des § 1 Abs. 2 S. 3 Besoldungsangleichungsverordnung Platz greift[381] — ist allerdings fließend. Ihre Konkretisierung begründet sich sowohl aus den Konkurrenzüberlegungen hinsichtlich der Gewinnung qualifizierten Führungspersonals für die Gemeinde- bzw. Stadtwerke im Verhältnis zu der privaten Energie- und Versorgungswirtschaft als auch aus den daseinsvorsorgerischen Verwaltungsaufgaben der Eigenbetriebe und deren spezifisch wirtschaftlichen Funktionen sowie spezifisch unternehmensmäßigen Größenbedingungen. Über diese allgemeinen — und als solche wiederum ausfüllungsbedürftigen — Wertmaßstäbe hinaus sind *aus rechtlicher Sicht keine näheren und etwa gehaltsbeziffernd-abschließenden Vorgaben* zu verzeichnen.

[381] Vgl. hierzu oben im Text bei Fn. 372.

4. *Ergebnis*

Die Dienststellung der Werkleiter wird in der Rechtsordnung weder auf Gemeinde- noch auf Landes- oder auf Bundesebene abschließend geregelt. Damit steht zur Wahl, ob ein Werkleiter als Beamter oder als Angestellter beschäftigt wird. Zwingend ist allein die von Art. 42 GO aufgestellte Voraussetzung der *fachlichen Eignung*. Sie ist notwendig, um den ordnungsmäßigen Gang der Eigenbetriebsführung zu gewährleisten.

Für die Berufung eines Werkleiters in das Beamtenverhältnis gelten die dargelegten Grundsätze der Werkleiterbesoldungsverordnung des Bundes sowie des Bundes- und Landesbesoldungsrechts. Für den Fall, daß als Werkleiter ein kommunaler Wahlbeamter bestellt wird, gelten die voraufgehend umrissenen Maßgaben des Bundes- und Landesrechts.

Die Vergütung der Werkleiter im Angestelltenverhältnis richtet sich dagegen grundsätzlich nach dem BAT. Gleichwohl rechtfertigen es die besonderen Anforderungen an die Führungskräfte außergewöhnlich großer Eigenbetriebe, außertarifliche Verträge zu vereinbaren. Die damit gegebenen Möglichkeiten der Gewährung hoher Vergütungen unterliegen allerdings einer Obergrenze. Sie besteht jedoch weder in den Richtwerten der Werkleiterbesoldungsverordnung des Bundes noch in den landesrechtlichen Maßgaben der staatlichen Ausführungsbestimmungen zur Besoldungsangleichungsverordnung. Entscheidend ist vielmehr der ausfüllungsbedürftige Relationszusammenhang zwischen der Eigenart der Führungsaufgabe und vergleichbaren Positionen im staatlichen und kommunalen Bereich des Landes Bayern. Auf seiner Grundlage sind die erforderlichen Flexibilitäten einer auch in personalwirtschaftlicher Hinsicht effizienten Eigenbetriebes — bzw. gemeindlichen Selbstverwaltung zu gewährleisten. Für die Anstellung des oder der Werkleiter ergibt sich hiernach ein prinzipiell großer Gestaltungsspielraum der Gemeinden und der zuständigen Aufsichtsbehörde. Für die Anstellung oder Einstellung von Bediensteten unterhalb der Werkleiterebene sind die rechtlichen Grenzen enger gesteckt; auch insoweit ergeben sich jedoch, wie gezeigt, noch hinreichende (einzelfallorientierte) Gestaltungsmöglichkeiten.

K. Zusammenfassung

1. In dem Maße, in dem sich die öffentliche Hand und namentlich die Gemeinden bei zunehmender wirtschaftlicher Betätigung aus den Fesseln der Kameralistik zu befreien suchen, gerät die Organisation der Gemeindewirtschaft zu einem zentralen unternehmenspolitischen Problem. Die Ausdehnung daseinsvorsorgerischer Leistungsaufgaben und die Zunahme des wirtschaftlichen Konkurrenzdrucks einschließlich ständig wachsender Steuerbelastung verlangen nach einer mehr und mehr kaufmännisch orientierten Geschäftsführung.

Diesem Erfordernis schien zunächst die unter Abkehr vom überkommenen Regiebetrieb neugeschaffene Organisationsform des *Eigenbetriebes* zu entsprechen. Freilich zeigten sich angesichts des Verzichts, diesen mit eigener Rechtspersönlichkeit auszustatten, und wegen des im übrigen noch fortbestehenden engen Verbundes mit der allgemeinen Gemeindeverwaltung alsbald beträchtliche organisatorische und unternehmerische Führungsdefizienzen. Heute existiert kein Zweifel mehr daran, daß die eigenbetriebliche Gemeindewirtschaft in ihrer Zweckerreichung zahlreichen durch die Rechtsform begründeten Schwierigkeiten begegnet. Der Markt, auf welchem private und öffentliche Unternehmen gleichermaßen tätig werden, erzwingt in immer stärkerem Umfang ein unternehmerisches Verhalten *aller* Wirtschaftseinheiten.

In der Folge dieser Entwicklung bietet sich der Rechtsformenwechsel als Organisationsalternative an. Formenfreiheit und Organisationshoheit der Gemeinde begünstigen vor allem im klassischen Eigenbetriebssektor der Verkehrs- und Versorgungsbetriebe den Umwandlungsprozeß zu wirtschaftlichen Unternehmen des privaten Rechts in Gestalt der Aktiengesellschaft bzw. der GmbH. Demgemäß ist heute für die kommunalen Unternehmen ein breites Maß rechtlicher Formenvielfalt kennzeichnend.

Allerdings fehlte es schon frühzeitig nicht an Warnungen vor einer allzu starken Orientierung am privatwirtschaftlichen Vorbild. Auch die privatrechtliche Aufgabenerfüllung in der Daseinsvorsorge steht vor der grundsätzlichen Frage, wie Initiative und Flexibilität der Unternehmensleitung mit einer wirksamen, die Erfüllung der öffentlichen Aufgaben überwachenden Kontrolle in Einklang gebracht werden können.

2. In diesen, im Teil A der Untersuchung dargestellten Problemrahmen fügt sich die grundlegende *These* der hiesigen Untersuchung ein: Der Zusammenhang von Rechtsformenwahl, kommunaler Selbstverwaltung, sozialwirtschaftlichem Funktionsmandat und öffentlicher Unternehmenskontrolle benennt für den Verkehrs- und Versorgungssektor den *Eigenbetrieb* und nicht die Eigengesellschaft als *funktionsadäquates Organisationsmuster* wirtschaftender Daseinsvorsorge. Die eigenbetriebliche Führungsverantwortung bedarf jedoch einer entschiedenen Stärkung, um die unternehmerischen Defizienzen traditioneller Betriebsführung überwinden zu können.

3. Entsprechende Überlegungen hierzu haben allerdings davon auszugehen, daß gewisse rechtsformbedingte Restriktionen des eigenbetrieblichen Handelns grundsätzlich nicht überwunden werden können. Sie gründen auf den in Teil B der Untersuchung für das Land Bayern näher umrissenen Rechtsgrundlagen der gemeindlichen Eigenbetriebe, wie sie sich aus Verfassungsrecht, Bundesrecht und kommunalem Eigenbetriebsrecht, im konkreten und exemplarischen Untersuchungsrahmen aus den Vorschriften der Bayerischen Gemeindeordnung und der in Bayern prinzipiell fortgeltenden, jedoch modifizierten Eigenbetriebsordnung von 1938 herleiten.

Die insoweit unabdingbar vorgegebenen Ordnungsmaßgaben des Eigenbetriebsrechts enthalten ambivalente Vorstellungen über die wirtschaftliche Führung des Eigenbetriebes. Dieser soll auf der einen Seite nach den Grundsätzen einer modernen Wirtschaftsführung in weitgehender Selbständigkeit geführt werden. Dementsprechend sieht sich sein Handlungsinstrumentarium rechtlich ausgestaltet. Auf der anderen Seite darf aber die Annäherung an kaufmännisch-wirtschaftliche Formen in der Eigenbetriebswirtschaft nur als spezifische Ausprägung eines rechtlich unselbständigen Teils der Gemeinde stattfinden. Wie die hierauf bezogene Zusammenschau der kompetentiellen Grundstrukturen des Eigenbetriebes in Teil C der Arbeit zeigt, resultieren daraus zwingende Einwirkungsmöglichkeiten aller Gemeindeorgane auf die Betriebsführung. Funktionelle Kompetenzverflechtung in Verwaltung und Kontrolle des Eigenbetriebes heißen demzufolge seine rechtlichen Leitungsmaßgaben.

4. Die Analyse dieser funktionell vielschichtigen Kompetenzverflechtung ergibt die maßgebenden Grenzen wie unternehmenspolitischen Direktiven einer zukunftsorientierten Führungskonzeption des Eigenbetriebes. Das dadurch abgesteckte unternehmerische Leitbild eigenbetrieblicher Gemeindewirtschaft offenbart m. a. W. Spannungslagen, deren Bewältigung sich als ständige Aufgabe für die kommunale Organisationsgewalt darstellt.

Die insofern im unlängst vorgelegten Modellentwurf der ÖTV für ein Bayerisches Eigenbetriebsgesetz enthaltende Fortentwicklung des gesetzlichen Leitbilds durch *funktionelle Kompetenzentflechtung* vermag hieran nichts zu ändern. Sie birgt im Gegenteil die Gefahr zukünftiger Führungsdefizienzen durch Leitungskonflikte in sich. Darüber hinaus ist der Modellentwurf teilweise als rechtswidrig anzusehen.

Aufgegeben bleibt damit, die bereits nach gegenwärtigem Recht eingeräumten Reformspielräume für eine Neukonzeption der eigenbetrieblichen Führungsorganisation auszuschöpfen. Insoweit akzentuierte wirtschaftliche Führungsverantwortung bedarf vor allem eines möglichst großen Maßes an kompetentieller Geschlossenheit, funktioneller Selbständigkeit und personalpolitischer Eigenverantwortlichkeit der Betriebsleitung. Konkret geht es dabei um die Reichweite der Vertretung des Eigenbetriebes durch die Werkleitung in Gemeinderat und Werkausschuß, um die Verteilung der Zuständigkeiten für Personal- und Organisationsangelegenheiten sowie um Besoldung und Vergütung der Beschäftigten des Eigenbetriebes.

5. Die Einzeluntersuchungen zu diesen Fragenkomplexen, die sich vor allem auf den klassischen Sektor der Verkehrs- und Versorgungsbetriebe beziehen (Teile D - H der Untersuchung), bestätigen in ihren Ergebnissen die Vermutung, daß die kompetentiellen Grundstrukturen des Eigenbetriebes jedenfalls unter bayerischen Verhältnissen sehr viel mehr Raum für eine effizientere wirtschaftliche Führung eröffnen, als er bislang genutzt wird. So verfügt die Werkleitung bei entsprechend rechtlicher Interpretation des Eigenbetriebsrechts über weitgehende Teilnahme-, Vortrags- und Antragsrechte im Gemeinderat und Werkausschuß. Ebenso gehört die Bestimmung der inneren Organisation des Eigenbetriebes zu ihren Befugnissen. Auch soweit die effiziente Wahrnehmung der Führungsverantwortung nach einer Konzentration der Zuständigkeiten für die Personalangelegenheiten auf die Betriebsleitung verlangt, können dieser weitreichende Möglichkeiten eingeräumt werden. Freilich bleibt die Personalpolitik als solche der Gemeindevertretung vorbehalten. Gleiches gilt für die Beschlußfassung über die allgemeine Regelung der Bezüge und über den Stellenplan als Teil des Haushaltsplans, obschon auch hier noch mehr Raum für Selbständigkeit und Flexibilität gegeben ist, als gemeinhin angenommen wird.

6. Ein besonderes Kapitel stellt in diesem Zusammenhang die Personalgewinnung und Sicherung des Personalbestandes für den Eigenbetrieb durch Zahlung angemessener Bezüge für die dort Beschäftigten dar. Die betriebliche Führung nach kaufmännisch-wirtschaftlichen Grundsätzen setzt nämlich u. a. voraus, daß hinreichend qualifiziertes Personal für die Werkleitung selbst und auf den Ebenen unter ihr ge-

wonnen werden kann. Dies aber ist weitgehend ein Problem der leistungsgerechten Besoldung bzw. Vergütung.

Den Gemeinden wird hierbei von Rechts wegen ein relativ weiter Spielraum eingeräumt. Zwar besteht im Verhältnis der Eigenbetriebe zur Gemeinde- bzw. Stadtverwaltung nach Maßgabe kommunalrechtlicher Vorschriften ein einheitliches Bewertungsniveau für Planstellen. Doch ist dieses Erfordernis lediglich *struktureller* Natur; die Höherbewertung einzelner Dienstposten bzw. Planstellen kann nach materiellen Kriterien gleichwohl gerechtfertigt sein. Ähnlich liegen die Dinge hinsichtlich der gemeindeübergreifenden besoldungs- und vergütungsrechtlichen Bindungen für die Personalwirtschaft der Eigenbetriebe.

Prinzipiell ist zwar für die Beschäftigung der Beamten und Arbeitnehmer im Eigenbetrieb ein festes besoldungsmäßiges und tarifliches Gefüge vorgegeben. Doch bieten jedenfalls gegenüber den Besoldungsvorschriften die Möglichkeiten übertariflicher Eingruppierung für die Gemeinde einen beachtlichen Spielraum zur Angleichung der Einkommen betrieblicher Bediensteter an das Vergütungsniveau privater Wirtschaftseinheiten.

Anderes noch gilt für die Besetzung der Führungspositionen des Eigenbetriebes durch Werkleiter. Deren Anstellung *als Beamte* begründet zwar eine Bindung an das in der Werkleiterbesoldungsverordnung des Bundes vorgegebene Gehaltsgefüge. Doch steht dem Gemeinderat die Wahl frei, Werkleiter auch *als Angestellte* zu beschäftigen. Entschließt sich die Gemeinde hierzu, dann kann die Vereinbarung außertariflicher Vergütungen gerechtfertigt sein. Für die Anstellung von Werkleitern im Angestelltenverhältnis ergibt sich hiernach ein relativ großer Gestaltungsspielraum.

Eingegrenzt wird dieser Spielraum weder durch die Richtwerte der Werkleiterbesoldungsverordnung des Bundes noch durch die landesrechtlichen Maßgaben zur Besoldungsangleichungsverordnung. Die Obergrenze für die Gewährung hoher Vergütungen findet sich vielmehr und allein im ausfüllungsbedürftigen Relationszusammenhang zwischen der daseinsvorsorgerischen Art der Führungsaufgabe und den spezifisch unternehmensmäßigen Größenbedingungen des fraglichen Eigenbetriebes bei Berücksichtigung vergleichbarer Positionen im staatlichen bzw. kommunalen Bereich des Landes Bayern. Die erforderliche Flexibilität einer in personalwirtschaftlicher Hinsicht effizienten Eigenbetriebsführung kann daher auch insoweit vollauf gewährleistet werden.

FSC
www.fsc.org
MIX
Papier | Fördert gute Waldnutzung
FSC® C083411

Kolibri 360 GmbH
Ferdinand-Jühlke-Straße 7
99095 Erfurt, Deutschland
produktsicherheit@kolibri360.de

Druck:
CPI Druckdienstleistungen GmbH
im Auftrag der
Kolibri 360 GmbH
Ferdinand-Jühlke-Str. 7
99095 Erfurt